重庆文理学院学术专著出版资助

U0643126

CHUANZHA FENSAN SHUSHUI XITONG
CUOKONG XIANGXIANG SHELIU LIUDONG TEXING YANJIU

船闸分散输水系统
错孔相向射流流动特性研究

张星星　许光祥　陈明　詹志峰　著

中国电力出版社
CHINA ELECTRIC POWER PRESS

内 容 提 要

错孔相向射流是船闸分散输水系统中最重要、最基本的流动现象。本书基于错孔相向射流实验系统,采用二维粒子图像测速系统,分别对特定流动条件(有限空间中单孔射流)和常见流动条件下的错孔相向射流进行了系统的实验研究,研究内容主要包括有限空间中单孔射流流场的分区结构及流动特性、错孔相向射流流场的分区结构及可靠性、错孔相向射流的流动特性及相互作用机制等。这些研究成果不仅对认识错孔相向射流流动结构、揭示射流间相互作用机制有着重要的理论意义,而且对简化同类输水系统布置、提高输水效率和增加通过能力等具有重要的工程实践意义。

本书可供船闸水力学领域研究人员、工程设计人员参考使用,也适合水力学及河流动力学、水利水电工程和港口、海岸及近海工程等相关专业学生阅读学习。

图书在版编目(CIP)数据

船闸分散输水系统错孔相向射流流动特性研究/张星星等著.—北京:中国电力出版社,2021.1
ISBN 978-7-5198-5017-3

Ⅰ.①船… Ⅱ.①张… Ⅲ.①船闸—分散输水系统—射流—流动特性—研究 Ⅳ.①U641.3

中国版本图书馆 CIP 数据核字(2020)第 186358 号

出版发行:中国电力出版社
地　　址:北京市东城区北京站西街 19 号(邮政编码 100005)
网　　址:http://www.cepp.sgcc.com.cn
责任编辑:杨伟国　安小丹(010-63412367)　常丽燕
责任校对:黄　蓓　王海南
装帧设计:王红柳
责任印制:吴　迪

印　　刷:三河市万龙印装有限公司
版　　次:2021 年 1 月第一版
印　　次:2021 年 1 月北京第一次印刷
开　　本:787 毫米×1092 毫米　16 开本
印　　张:14.25
字　　数:164 千字
定　　价:85.00 元

前　言

错孔相向射流普遍存在于船闸分散输水系统中，其流动特性是闸室内众多水力现象形成的内在本质原因，亦是船舶停泊条件的微观体现，直接反映着输水系统水力性能的优劣。受限于闸室内复杂的几何边界和淹没水深，目前国内外普遍采用模型实验和数值模拟手段，依托实际工程，研究得到船舶停靠区域的流速分布，通过停泊条件和水流流态对输水系统进行宏观评价，而关于错孔相向射流流动特性的研究则较少。同时，在射流力学领域内，以往的研究成果大多集中于半无限或无限空间内的单孔射流或者多孔单向射流，涉及相向布置的错孔射流的研究则极少。因此，为了解和认识错孔相向射流的流动结构及射流间的相互作用机制，充实射流基础理论，进而为优化船闸分散输水系统设计、提高船闸输水效率和通过能力等提供参考，及时开展错孔相向射流流动特性的实验研究则显得尤为迫切。

本书为重庆文理学院学术专著出版资助图书，且亦为"重庆市教委科学技术研究计划项目（KJQN202001343）、重庆市土木建筑学会指导性科技计划重点项目（2021A05）、重庆文理学院科学研究基金资助项目（R2019STM09）、重庆文理学院塔尖计划项目（P2020TM15）"的重要研究成果。本书通过总结、对比国内外相关研究成果，设计了一套错孔相向射流实验系统，利用二维粒子图像测速系统，针对特定流动条件（有限空间中单孔射流）和常见流动条件下错孔相向射流的流场进行了系统研究，较为全面地揭示了错孔相向射流的流动特性。全书总共分为六章，依次为错孔相向射流研究概述、错孔相向射流实验系统及实验基础、有限空间中单孔射流流场分区结构及流动特性、错孔相向射流流场分区结构及可靠性、错孔相向射流流动特性及相互作用机制和研究总结。其中，第一章由张星星和许光祥撰写，第二章由张星星和陈明撰写，第三～五章由张星星独立撰写，第六章由张星星、许光祥、陈明、詹志峰共同撰写。

本书特色鲜明，逻辑性强，思路清晰，结论表述准确；在行文方面流畅自然，重点突出，详略得当，深入浅出地阐述了错孔相向射流的流动特性，适合不同层次的读者学习和参考。同时，本书理论分析和实验研究两种手段并重，不仅有助于以后相关科研人员研究类似复杂射流问题，而且能够为相关工程技术人员规划和设计实际船闸输水系统提供参考，也就是兼具理论研究和工程实践意义。

在本书的撰写过程中，重庆交通大学陈明栋教授、王多银教授、杨胜发教授、刘明维教授、杨斌教授、杨忠超教授、钟亮教授等提出了许多宝贵意见和建议，在此表示诚挚的感谢！

鉴于作者水平有限，本书难免存在疏漏、不足之处，诚请各位专家和读者批评指正！

著　者

2020 年 11 月

目　录

前言

第一章　错孔相向射流研究概述 ·· 1

　1.1　错孔相向射流研究背景 ·· 1

　1.2　错孔相向射流研究现状 ·· 7

　　1.2.1　闸墙长廊道侧支孔输水系统研究 ···················· 7

　　1.2.2　闸底长廊道侧支孔输水系统研究 ···················· 11

　　1.2.3　射流研究方法 ·· 14

　　1.2.4　壁面射流研究 ·· 23

　　1.2.5　错孔相向射流研究难题 ··································· 31

　本章小结 ·· 34

第二章　错孔相向射流实验系统及实验基础 ···················· 36

　2.1　错孔相向射流实验系统 ··· 36

　　2.1.1　射流实验系统 ·· 36

　　2.1.2　供回水系统 ·· 39

　2.2　二维粒子图像测速系统 ··· 40

　　2.2.1　硬件模块 ·· 41

　　2.2.2　软件模块 ·· 44

　　2.2.3　测量布置 ·· 46

　2.3　坐标系统 ··· 47

　2.4　实验方案 ··· 47

2.4.1　主要影响因子的选取 ･･････････････････････････････ 47

2.4.2　初始水深及最大入射流速 ････････････････････････ 49

2.4.3　实验工况 ･･････････････････････････････････････ 50

2.4.4　实验具体步骤 ･･････････････････････････････････ 53

2.5　计算速度场与实验系统稳定性分析 ･････････････････････ 54

2.5.1　u 速度值计算稳定性分析 ･･･････････････････････ 55

2.5.2　u 速度剖面分布稳定性分析 ･･･････････････････ 60

2.6　实验难点及解决措施 ･･･････････････････････････････ 62

2.6.1　实验装置的设计及建设 ･･････････････････････････ 62

2.6.2　二维粒子图像测速系统的硬件模块 ･･･････････････ 64

本章小结 ･･･ 65

第三章　有限空间中单孔射流流场分区结构及流动特性 ･･････ 67

3.1　有限空间中单孔射流流场分区结构 ･････････････････ 67

3.2　实测流场可靠性检验 ･･････････････････････････････ 70

3.2.1　Ⅰ区水平面 u 速度分布检验 ･･･････････････････ 70

3.2.2　Ⅰ区中垂面 u_m 速度分布检验 ･････････････････ 71

3.3　垂直挡板影响区特征物理量统计 ･･･････････････････ 72

3.3.1　垂直挡板影响区速度剖面分布 ･･･････････････････ 72

3.3.2　垂直挡板影响区速度半宽值分布 ･････････････････ 76

3.3.3　垂直挡板影响区最大速度衰减 ･･･････････････････ 90

3.3.4　垂直挡板影响区紊动特性 ･･･････････････････････ 97

3.4　近壁区特征物理量统计 ･･･････････････････････････ 105

　　3.4.1　近壁区速度剖面分布 ·················· 105

　　3.4.2　近壁区速度半宽值分布 ·················· 108

　　3.4.3　近壁区最大速度衰减 ·················· 110

　　3.4.4　近壁区紊动特性 ······················ 111

　本章小结 ································· 115

第四章　错孔相向射流流场分区结构及可靠性 ·········· 118

　4.1　错孔相向射流流场的分区结构 ·············· 118

　4.2　错孔相向射流流场分区结构的可靠性分析 ········ 121

　　4.2.1　紊流涡黏度和紊动能 ·················· 121

　　4.2.2　分区结构可靠性分析 ·················· 123

　4.3　探寻未受影响区和相向掺混区分界点位置 ········ 130

　　4.3.1　分界点位置识别方法 ·················· 130

　　4.3.2　识别结果分析 ······················ 131

　　4.3.3　分界点位置的可靠性检验 ················ 135

　4.4　错距和流速比与相向掺混区长度的关系 ·········· 141

　本章小结 ································· 145

第五章　错孔相向射流流动特性及相互作用机制 ········· 147

　5.1　相向掺混区 u 速度剖面分布 ·············· 147

　　5.1.1　对比有限空间中单孔射流 u 速度剖面分布 ····· 148

　　5.1.2　错距对 u 速度剖面分布的影响规律 ········· 151

　　5.1.3　流速比对 u 速度剖面分布的影响规律 ········ 155

　5.2　相向掺混区主射流内侧展向半宽值分布 ········· 158

5.2.1　错距对主射流内侧展向半宽值分布的影响规律 ·················· 158

5.2.2　流速比对主射流内侧展向半宽值分布的影响规律 ·················· 162

5.3　相向掺混区主射流轨迹线速度衰减变化规律 ·················· 164

5.3.1　错距对主射流轨迹线速度衰减变化的影响规律 ·················· 165

5.3.2　流速比对主射流轨迹线速度衰减变化的影响规律 ·················· 168

5.4　错孔相向射流流场中漩涡分布特性 ·················· 173

5.4.1　不同错距条件下错孔相向射流流场中漩涡分布 ·················· 173

5.4.2　不同流速比条件下错孔相向射流流场中漩涡分布 ·················· 178

5.5　相向掺混区紊动特性 ·················· 181

5.5.1　对比有限空间中单孔射流紊动特性 ·················· 182

5.5.2　错距对相向掺混区紊动特性的影响规律 ·················· 187

5.5.3　流速比对相向掺混区紊动特性的影响规律 ·················· 189

本章小结 ·················· 192

第六章　研究总结 ·················· 195

参考文献 ·················· 200

第一章

错孔相向射流研究概述

1.1 错孔相向射流研究背景

内河水运是实现经济社会可持续发展的重要资源，在国民经济中占有举足轻重的地位。发展内河水运一直是我国的基本战略，《全国内河航道与港口规划布局》明确提出，在内河航运方面，要大力构建"两横一纵两网十八线"的高等级航道。截至 2017 年年底，国家内河等级航道通航里程为66160km，占总里程 52.09%，其中：Ⅴ级及以上航道 30805km，占24.26%；Ⅲ级及以上航道 12458km，占 9.81%[1]。经过多年的建设与发展，运输船舶逐渐大型化、标准化，内河水运货运量逐年递增，水运市场日趋繁荣。例如，根据我国交通运输部的统计数据，2019 年 1 月全国水路货物运输量为 5.73×10^{11} kg，为 2018 年同期的 109.4%；货物周转量达 8.09×10^{14} kg，为 2018 年同期的 102.8%[2]。船闸作为内河航道中最常见的通航建筑物形式之一，它的作用是调节上下游航道集中水位落差，使船舶能够顺利通过闸坝，平稳地在不同水系中航行。船闸是沟通和连接各等级航道的控制性节点，直接影响着高等级航道网络的通畅和运输能力。在内河水运需求飞速增长的背景之下，建设和设计更高效快捷的船闸已经迫在眉睫。

20 世纪 90 年代以来，我国的船闸建设进入迅猛发展阶段，已陆续在长江、西江、湘江、嘉陵江、乌江、松花江、京杭大运河等高等级航道内建成百余座船闸，如葛洲坝船闸、三峡船闸、大源渡船闸、贵港船闸、水口船闸、金鸡滩船闸、沙溪口船闸等。进入 21 世纪，内河水运持续高速发展，大量已建船闸的设计通过能力早已提前达到饱和状态，远远不能满足现有水路运输快速增长的需求，显著制约了内河航运的发展。例如，2016 年三峡船闸的货物通过量达 $1.3 \times 10^{11} kg$，超过设计年通过量的 30%[3]。为改善这一情况，近年来，乌江彭水与银盘、嘉陵江草街、赣江新干、涪江潼南、西江长洲三四线船闸、湘江株洲二线船闸等一大批船闸已经建设完毕并投入运营。此外，为大幅提升水运能力，嘉陵江利泽、红水河大藤峡、乌江白马、京杭大运河二通道八堡、柳江红花二线、右江金鸡滩二线、郁江西津二线与贵港二线、赣江万安二线等船闸工程正在积极建设中。因此，船闸必将是未来水利工程领域的重点研究对象之一。

船闸工程的主要技术指标包括工作水头、闸室尺度、输水时间及船舶系缆力等，涉及的关键技术问题主要有两个：一是确保船舶能够迅速安全过闸且经济合理的输水系统形式；二是防止阀门段及阀门空化和振动的措施，以及安全先进的船闸结构形式。实际上，针对工作水头带来的阀门空蚀空化现象，李云等[4]基于国内外众多的工程实践资料，提出了阀门分级防空化成套技术，可比较成功地解决阀门段水力学问题。故输水系统水力性能研究是船闸水力学领域的重要工作，输水系统设计应满足输水迅速、安全及结构简单三方面的要求。不难看出，以上要求在一定程度上是相互矛盾的：要使输水时间缩短，就必须增加支孔数目、改变支孔宽高比或间距等，以加大灌泄水的流量和流量增率，而流量和流量增率越大，过闸船舶的停泊条件就越差；同时，由于船舶停泊条件主要取决于船闸灌泄水时水流对船舶作用力的大小，为保证船闸停泊安全，往往需要延长输水时间，或者采用更复杂的输水形式，通过消能设施消耗尽可能多的水流的剩余能量，以使闸室内水面平稳、流速分布均匀，而这将增加工程造价。如何有效地解决上述矛盾，一直是船闸水力学领域的技术难题，其关键在于了解和认识输水系统运行时闸室内的水流结构。

大量的原型观测和水工物理模型实验表明，错孔相向射流普遍存在于各类船闸输水形式中，是最基本也是最重要的流动现象，如闸墙长廊道侧支孔输水系统（图 1-1）、闸底长廊道短支管输水系统（图 1-2）、闸底长廊道侧支孔输水系统等。例如，闸墙长廊道侧支孔输水系统，目前美国 50% 以上的船闸均采用这种输水形式[5]；在国内，第一座采用该输水系统的船闸为 1989 年建成的西江桂平一线船闸，后又接连建成 20 多座此类船闸，如松花江大顶子山船闸、右江那吉船闸、汉江崔家营船闸等，见图 1-3。该输水系统将纵向主廊道布置在两侧闸墙内或闸室底部，使用一排或多排错位布置的短支孔（管）将廊道与闸室相连，构成水流进出闸室的通道。与集中输水系统相

图 1-1　闸墙长廊道侧支孔输水系统

图 1-2　闸底长廊道短支管输水系统

(a) 西江桂平一线船闸　　　　　　　　　　(b) 松花江大顶子山船闸

(c) 右江那吉船闸　　　　　　　　　　(d) 汉江崔家营船闸

图 1-3　国内部分采用闸墙长廊道侧支孔输水系统的船闸工程

比，闸墙长廊道侧支孔输水系统水流均匀分散地进入闸室范围，具有较好的
输水性能，虽然闸墙内部的工程量有所增加，但因其可不设镇静段而缩短了

闸室长度，所以船闸整体的工程量并未出现明显增长。较之其他分散输水系统而言，闸墙长廊道侧支孔输水系统结构简单，水下开挖量较少，施工难度低，工程投资小。针对这类输水形式，闸室完成一次灌水需经历三个过程：第一，开启上游输水阀门，库区水流经主廊道流入沿程各侧向支孔；第二，水流经过侧支孔分流后，以某一初始动量经单个侧支孔呈股状射入闸室静止流体中（即侧支孔射流），受闸室底板边界约束，每股水流在闸室水体中实际上呈现三维壁面射流特征；第三，多股射流之间存在极其复杂的相互作用，各大小流团碰撞激烈，同时与周围水体发生卷吸、掺混、分离等现象，耗散能量。船闸输水系统错孔相向射流流动示意图见图1-4。

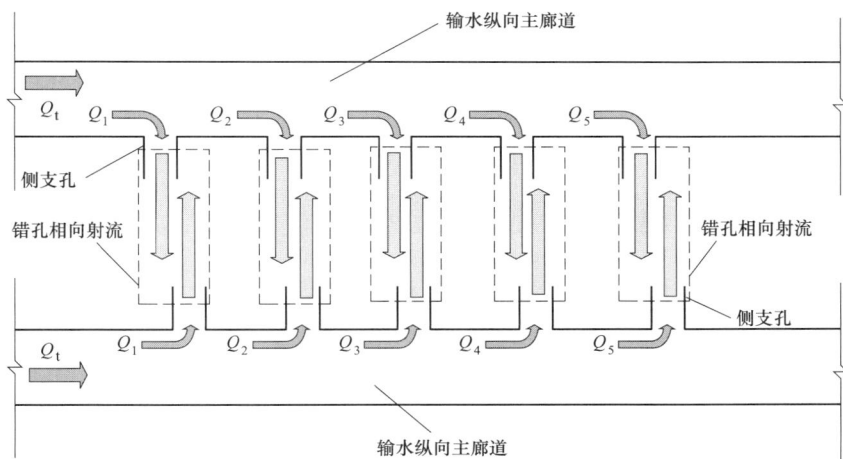

图 1-4 船闸输水系统错孔相向射流流动示意图

综合上述分析可知，船闸侧支孔射流与闸室内流体均为同种流体，密度差为零，加之入射初始速度较大，惯性力对流动起支配控制作用，是典型的动量紊动射流。但是，它与常见的动量射流存在明显的差异：①船闸侧支孔为淹没动量射流，闸室内水深随着时间的推移呈动态变化，且在整个灌水过程中没有规律可循；②船闸侧支孔射流为非自由射流，两侧闸墙和闸室底板将极大约束侧支孔射流的运动，边界条件较为繁杂；③船闸侧支孔射流为错孔相向射流，由于侧支孔交错布置在闸墙内或闸室底部，双侧阀门同时开启灌水时，闸室内形成复杂的错孔相向流动。因此，涉及船闸侧支孔射流，需考虑淹没条件和复杂几何边界条件下的射流相向碰撞、错流等复杂流动特性，这势必给研究工作带来许多困难。船闸底部的错孔相向射流流动特性是闸室内众多水力现象形成的内在本质原因，是船舶停泊条件的微观体现，直接反映着输水系统水力性能的优劣。但受限于问题的复杂性和测量设备，人们的研究常采用物理模型实验、原型观测以及数值模拟等手段，且大多都是基于某一具体的实际船闸工程，更多是通过宏观的船舶系缆力和船舶底部区域内的流态间接评价输水系统，优化相关部位的尺寸，如支孔数目、支孔面积、出水段长度等，研究成果的普适性和准确性在一定程度上仍有待商榷。目前，在船闸水力学领域内，关于错孔相向射流流动结构的研究文献极少。此外，在射流力学领域内，绝大多数的研究均集中于半无限空间中的单孔或者多孔单向射流，对于错孔相向射流流动特性的研究则少有涉及。

综上所述，及时开展船闸输水系统错孔相向射流流动特性的实验研究具有重要的理论意义和工程实践意义：①对认识错孔相向射流的流动结构，阐明射流间及射流与周围静止水体的掺混特性，揭示射流间的相互作用机制以及充实射流的理论基础有着十分重要的作用；②加深了对错孔相向射流复杂流动问题物理背景的理解，可为后续错孔相向射流的数值模拟研究提供必要的实验资料，以验证紊流模型选择的合理性与可靠性；③对进一步提高同类输水形式的工作水头，提升输水效率，简化输水系统布置和增加船闸通过能力，具有重要的工程实践意义。

1.2 错孔相向射流研究现状

根据船闸输水系统错孔相向射流的流动特性，本书基于船闸水力学和射流力学两大学科领域对错孔相向射流的国内外研究现状进行了综述，以期发现目前仍然存在的研究难题，并对克服难题做出自己的贡献。主要包括：①在船闸水力学方面，主要综述了闸墙和闸底长廊道侧支孔输水系统的研究现状；②在射流力学方面，重点综述了射流研究方法和壁面射流的研究现状。

1.2.1 闸墙长廊道侧支孔输水系统研究

闸墙长廊道输水系统是一种经典的简单类分散输水形式，与集中输水系统相比，其水流均匀分散地进入闸室范围，具有较好的输水性能，虽然闸墙内部的工程量有所增加，但因其可不设镇静段而缩短了闸室长度，所以船闸整体的工程量并未出现明显增长。同时，由于该输水形式在闸室内并未布置输水廊道，较之其他分散输水系统而言，其结构简单，水下开挖量较少，施工难度低。因此，该输水系统主要适用于中低水头、起始水深较大、采用重力式闸墙的船闸，在全世界范围内应用十分广泛。国内外科研基地对这种输水形式进行了许多极有价值的实验研究，总结形成了一系列布置原则并编制成设计手册及规范[6-9]，沿用至今。

闸墙长廊道输水形式最早出现在美国，针对这种输水形式，美国陆军工程兵团开展了系统的实验研究工作[10,11]，早期支孔最大限度地等距离布置在闸室长度内，支孔轮廓较为粗糙，仅适用于低水头船闸，后期通过实践探索，将水头提升至 10m 左右。这种输水系统的布置具体可分为两类，即侧支孔型和多支孔型。前者是由美国陆军工程兵团于 20 世纪初建设纽约州驳船运河上的船闸工程时首先研究并使用的，而后者是 20 世纪 50 年代由美国田纳西河流域管理局首创的。这两种类型的输水系统存在以下两点差异：一是侧支孔型水流较为集中而多支孔型水流分散。原因在于侧支孔型的孔口尺寸较大，数量较少，孔距大，布置成一排；而多支孔型的孔口尺寸小，数量多，排列紧密，通常用几百个标准管分成二三排。二是两者消能机理不同。侧支孔型通过水流自由扩散，利用船底富裕水深的水体消能，而多支孔型则是利用纵向明沟消能。美国陆军工程兵团对比了梅尔顿山（多支孔型）和老西考里（侧支孔型）两个船闸的水流情况，结果表明，多支孔型水流条件较好，输水效率高。但陆军工程兵团实验站认为，多支孔型形式繁杂，数量众多，施工及维修困难，因而在设计手册中不予推荐。

国内对闸墙长廊道输水系统的研究工作始于 20 世纪 70 年代。安徽省涡阳船闸（1973 年）是国内首先采用闸墙长廊道输水系统建成的船闸，它采用的是多支孔型，在每侧闸墙上布置 175 根直径为 15cm 的支孔，分成三排，消能设施以闸室空箱为主，并辅以导流梁消能。西南水运工程科学研究所进行了四川省莲花寺[12]及永安两座船闸多支孔输水系统的模型实验，分析了其布置原则、水力特性及适用范围。限于多支孔输水系统的缺陷，侧支孔输水系统越来越受到人们的关注。南京水利科学研究院完成了国内首座采用闸墙长廊道侧支孔输水系统的广西西江桂平一线船闸的实验研究，内容包括输水时间、闸室流量、阀门开启时间、廊道压力、船舶系缆力等，随后接连对贵港一线、长洲二线、沙颍、大源渡、大顶子山等船闸的侧支孔输水系统开展了水工模型实验，积累了丰富的经验。

美国陆军工程兵团设计的闸墙长廊道侧支孔输水系统主要是通过水流自由扩散，利用船底富裕水体进行消能，一般可不布设消能设施，这就要求闸室宽度和起始水深较大，水头亦不宜过高。对水力指标较高且起始水深较小的船闸，侧支孔前部 1/3 的支孔宜增加改善水流的设施，如将支孔向上偏斜、加导流板、三角形消力塘等，或前半支孔加三角形消力塘，后半支孔群加矩形消力塘以改善水流。文献［8］中明确规定，该类输水形式应用水头不超过 9.2m。

国内船闸情况与美国有所不同，主要表现在以下几点：①为节省投资，船闸初始水深较小，不能满足文献［8］中规定的船底富裕水深；②过闸船舶尺度较小，对局部水流作用更为敏感；③国内许多船闸的设计水头都超过10m。但国内的科研人员并没有摒弃这种输水形式，南京水利科学研究院通过长期的实验实践，完全放弃了美国关于这一输水系统的消能原理，创造性地提出了具有新型消能措施的闸墙长廊道侧支孔输水系统，即在侧支孔出口布置一道消力槛，以改善闸室内的水流条件，消除不良流态，将它的应用水头提至 15.6m，打破了美国陆军工程兵团规定的 9.2m 的限制。

输水系统布置是船闸设计的核心工作。刘平昌[13]指出，输水系统的布置本质上属于船闸复合管水力学的研究范畴，主要包括以下两个方面的内容：一是对复合管水力特性的研究，主要研究单支孔及多支孔群阻力系数和流量系数，复合管多支孔出水段阻力系数原型与模型的缩尺影响，复合支孔群的流量分配等；二是对复合管布置方面的研究，主要研究基于水力学比较支孔的进出口形式，复合管布置长度，阀门断面面积与主廊道面积比，复合管总面积与主廊道面积比，支孔宽高比等。输水系统布置的研究方法有理论推导、模型实验以及原型观测。首先，考察阻力系数的计算。早期国内外研究人员的研究手段大都集中在理论分析，并从基本理论出发，做一些必要的假定后，推导出理论公式。苏联的卡洽诺夫斯基[6]、依杰里奇克[14]等基于动量方程和能量方程建立了从主廊道至支孔出口前断面的阻力系数公式。由于各廊道支孔节点处水流紊乱，流态复杂，理论公式仅局限于一般的情况，故必须通过水工物理模型对不同支孔布置形式进行实验，德国、荷兰、美国等国家的水工试验机构都做了大量工作，得到了单支孔与多支孔群阻力系数的经验或者半经验公式[15,16]。国内关于闸墙廊道复合管水力学的研究工作可追溯到 20 世纪 90 年代，刘平昌等[17]以山区中小型船闸侧墙廊道常用的几种支管为研究对象，通过对单支管水力特性的实验，提出了单支管阻力系数的计算公式，并确定了支管出水段长度和面积比的合理布置范围。刘亚辉等[18]在考虑了阀门井水流、各水头损失及廊道和支孔惯性长度的影响之后，推导了船闸廊道复合管非稳定流的基本方程组。文献［19-24］对船闸闸墙廊道复合管的阻力系数进行了系统研究，建立了船闸复杂分散输水系统非恒定流通用的数学模型基本方程，给出了其在各种输水系统中的应用形式，提出了基本方程求解的全隐差分格式。这些研究成果为闸墙长廊道侧支孔输水系统布置奠定了基础。其次，研究支孔流量分配规律。在船闸输水过程中，支孔流量分配的均匀程度直接影响着闸室停泊条件。苏联学者米哈依洛夫基于既定的复合管面积与阻力系数，从理论上推导出几个计算方程式[25]，这样只需知道各部分的结构尺寸，就可得到各支孔的出流流量。刘平昌等[17]观测了侧支孔输水系统中圆形和矩形两种支管出水段的流速分布，并计算了各自上下游支管的流量比，发现各支管流量要在达到最大值的瞬间后才出现下游支管流量大于上游支管流量的现象。杨朝东等[19,20]通过数值计算，研究了闸墙廊道侧支孔流量的分配规律及其影响因素。刘亚辉等[18]运用迭代法对复合管非恒定流基本方程组进行求解，通过算例研究分析不同支孔的间距与面积布置，得出：①在等间距、等面积的布置条件下，灌水初期上游支孔流量远大于下游支孔流量，而当 $t=10s$ 时，各支孔流量基本相等，之后下游支孔流量则明显大于上游支孔流量；②保持支孔间距不变，支孔面积沿程递减，当 $t<10s$ 时，各支孔流量不均匀程度明显变大，而当 $t>10s$ 时，则相反；③如果只改变支孔间距，各支孔流量基本没有变化。这表明支孔面积对支孔流量分配规律影响较大，这也为后期研究闸墙廊道侧支孔布置的数值模拟研究打下了坚实的实验基础。王蛟[26]、王涛[27]运用 CFD 软件，选取 RNG k-ε 紊流模型，针对不同支孔间距与支孔断面面积排列等多种方案，模拟闸室灌水初期过程，阐述了各工况下的支孔流量分配规律和闸室水流条件，深度优化了侧支孔的布置。最后，总结输水系统布置原则。美国陆军工程兵团著有《通航船闸设计手册》，其中对闸室初始水深、支孔间距、支孔断面面积等都做了详细规定。国内科研人员也通过长期探索与实践，在诸多模型实验和原型观测资料的基础之上[28-36]，总结了一套经验性的布置原则。

1.2.2　闸底长廊道侧支孔输水系统研究

闸底长廊道侧支孔输水系统较多应用于条件较好的岩石基础之上，它与闸墙长廊道侧支孔输水系统相比，具有两个鲜明的特点：一是对船闸闸墙结构尺寸没有特殊要求，可避免大面积开挖，适用于闸墙断面尺寸较小的衬砌式船闸；二是闸室内水流消能效果较好，船舶停泊条件良好，对阀门单边开启或两侧阀门不同步开启的情况适应性较强。近年来，南京水利科学研究院对该布置形式进行了许多极有价值的研究，发现其具有优良的水力特性，于是在文献［9］中将闸底长廊道侧支孔输水系统调整为第二类较复杂式分散输水系统。

限于该输水形式水动力学的复杂性，物理模型实验仍是当前最主要的研究手段。在国外，早在 20 世纪三四十年代，苏联的水工实验室就有过大量的实验研究，其中也包括闸底长廊道输水形式。之后，美国陆军工程兵团在对已建船闸工程的规划和通航能力提升的研究过程中，STOCKSTILL 及 HITE 等人[37,38]对船闸闸室底板纵向廊道输水系统做了大量的模型实验研究工作，实验内容包括船闸运行性能、廊道设计、出水支孔布置以及消力槛布置等，研究成果为该输水形式的应用打下了坚实的基础。由于这种输水系统在水力条件上的突出优点，国外船闸设计者开始重视并进行了一系列深入的实验研究，陆续建成了康杰船闸（尼日利亚）和老邦纳维尔船闸（美国）。需要说明的是，前者采用闸底长廊道侧支孔出水布置，辅以明沟消能设施，运转良好，而后者采用顶支孔出水方案，但并未布设消能盖板，闸室内水面紊动剧烈，不得不延长输水时间，以保证船舶停泊安全，后该船闸被重建。

20 世纪 60 年代中期，国内相关科研基地开始对闸底长廊道输水系统展开模型实验研究。七里泷船闸是首先进行闸底长廊道输水系统实验的船闸，它是我国第一座单级高水头船闸，设计水头 19m，采用单根底部长廊道顶部出水支孔的输水系统布置方案（共 15 个出水支孔），输水时间为 11.36min。原型观测发现，灌水时该船闸闸室水面十分平稳，无不良水力现象，停泊条件较好。之后，该类输水系统逐步在全国得到了广泛应用，如沙溪口、那吉、红花、桂平二线、桥巩等船闸，其中大部分都进行了水工模型实验研究，结果表明，输水系统各项水力指标均满足规范要求。曾涛[39]结合渠江金盘子船闸的地质条件与衬砌式闸墙结构形式，确定了闸底长廊道侧支孔出水式输水系统及各部分尺寸，并进行了水力计算和模型实验，结果表明在条件较好的岩石基础及闸室宽度足够的情况下，选用该输水系统能收到较好的经济及使用效果。之后，刘平昌等[40]对渠江金盘子船闸输水系统进行了水力学原型观测，发现该船闸进出口、闸室内流态较好，闸室内船舶系缆力满足规范要求。宣国祥等[41]根据《船闸输水系统设计规范》和柳江红花船闸的特点，在调查和分析大量资料的基础上，设计确定了闸底长廊道侧支孔出水明沟消能布置形式及关键尺寸，水力计算表明其输水水力特性满足要求。为进一步研究闸底长廊道侧支孔输水系统的水力特性，赖子机等[42]通过1∶25的整体物理模型，对右江那吉航运枢纽船闸闸底长廊道侧支孔输水系统方案进行了实验研究，结果表明采用该布置型式，输水系统各水力指标均满足设计和规范要求。卢文蕾等[43]及何文辉[44]依托嘉陵江新政船闸，通过模型实验，对闸室灌泄水特性、廊道压力、出水支管的形式、支管管径与排列层数、消能明沟的体型、船舶系缆力等做了全面研究。宣国祥等[45,46]针对西江桂平二线船闸，在水力分析的基础上，建立了1∶30输水系统整体物理模型，重点研究了34m宽闸室单根主廊道的闸室水流条件和船舶系缆力，结果表明，输水水力特性满足相关规范要求，经过调整后的闸室出水布置可以满足闸室停泊条件要求。近年来，基于该输水形式水力指标优良、适用水头较高等优点，越来越多的船闸采用闸底长廊道侧支孔输水系统布置，其中包括部分改扩建工程。金国强等[47,48]根据富春江七里泷航道第二通道工程船闸及其上游通航隧道总体布置的特点，确定了富春江改扩建船闸输水系统形式（闸底长廊道侧支孔输水系统）及具体布置，通过 1∶30 的物理模型实验分析，得出该输水系统布置是合理的。同时，由于富流滩改扩建船闸水力指标较高，陈作强等[49]通过船闸整体物理模型实验对闸底长廊道侧支孔输水系统进行优化，结果表明，各项输水水力特性均满足设计和规范要求。吴澎等[50]通过物理模型实验，对比了闸底长廊道侧支孔输水系统方案和单侧闸墙长廊道闸底横支廊道输水系统，得出长洲三四线船闸宜采用闸底长廊道侧支孔输水系统的结论。

1.2.3 射流研究方法

迄今为止，国内外研究学者们采用多种研究方法对紊动射流的流动结构进行了细致深入的研究，概括起来方法主要有三种：实验研究法、理论分析法及数值模拟法[51-55]，这些方法彼此紧密联系、相互支持、相互印证。本小节主要对各研究手段的优缺点进行综述，同时简要地概述了自由紊动射流的流动特性。

1. 实验研究法

在紊动射流的研究中，实验研究是最重要、最基本的研究方法，是其他研究方法的基础，实测资料越详尽，人们对复杂射流流动结构的理解与认识就越深刻。首先，对于工程中出现的一些复杂射流问题，当用理论分析手段无法解决时，可通过实验数据得出一系列半经验公式，这有助于认识复杂射流的流动结构，了解其紊动特性及掺混机制，从而揭示流动机理；其次，实验研究是确定半经验公式中未知系数的基础，亦可为理论分析中的条件假设提供依据；最后，实验研究可为复杂射流运动的紊流模型选取与论证等提供数据支撑。但是，实验研究法自身也存在一些弊端：一方面，实验研究法一般需要修建实验装置与购买实验设备，投资巨大，同时测量工况与后期处理数据将耗费大量的时间，且不能快速进行多方案、多组次比选；另一方面，实验装置的设计、工况的率定、实施步骤的确定等经验性较强，为保证实验成果的可靠性，要求研究人员必须在实验前期做充分的准备工作，如查阅海量的文献资料、调研国内外科研基地、收集相关实际工程资料等。当前，实验研究法主要有以下几种常见的测速技术。

（1）多孔探针测速技术。早期的实验研究，测量的对象主要集中于不同流动参数下的射流轨迹线，后来人们才开始重点关注射流的时均特性和紊动特性。多孔探针是早期实验研究中主要使用的一种测速仪器。ANDREO-POULOS 和 RODI[56]应用三维热线探针对三维横向紊动射流三个方向的速度进行了测量，得到了三维流场。紧接着，SHERIF 和 PLETCHER[57]结合二维探针和一维探针做了相同的实验，分析了射流在横向流动条件中的掺混特性。SANG 等[58]利用五孔探针测量了横向斜射流的三维流场，研究得出了其涡量分布。

（2）热线流速仪和热膜流速仪测速技术。热线流速仪（hot wire anemometry，HWA）与热膜流速仪（hot film anemometry，HFA）测速技术的工作原理基本类似，都是基于热平衡原理，不同的是后者用金属薄膜替代了前者的热交换元件金属丝。国内外研究学者利用 HWA 或 HFA 对射流各种紊动量的变化及分布进行了详细测量，如脉动特征、间歇性、微分尺度、积分尺度等。例如，FERRELL 等[59,60]利用 HFA 测量了横向射流的流场、紊动强度及轨迹线。HONAMI 和 SHIZAWA[61]应用 HWA 对平面横向射流的流场和温度场展开了重点观测，得到了射流对主气流的影响范围。郭婷婷等[62]采用 IFA300 型 HFA，系统测量了入射角分别为 60°和 90°时，横向紊动射流对称平面内的速度场和紊动能分布，并给出了不同工况的轨迹线。PAPANICOLAOU 和 LIST[63]利用 HWA，针对不可压缩的轴对称紊动射流进行了研究，测量的内容包括平均流速、间歇系数、紊动应力、相关系数和各种尺度等，构建了射流的自相似理论。

然而，HWA/HFA 技术是一种单点式测量手段，无法对整个流场进行监控测量，且在每次测量前仪器都必须重新标定，每个剖面各个测点的选取与调试均需要人为控制，操作程序复杂，测量一个剖面速度场的过程极其繁杂，耗费时间较长，加之电路中各部件长期处于发热状态，极易损坏，须定期对整个电路进行检查维护，及时更换易损件，以确保测量精度，导致使用十分不便。另外，热线测速技术也属于接触式测量，须将仪器放置于流场中，这将对整个流场产生干扰，破坏流场的完整性，在一定程度上会影响测量的精度。

（3）激光流速仪测速技术。激光流速仪（laser doppler velocimetry/ane-mometry，LDV/LDA）是一种利用光学（激光）进行流体速度测量的测速技术，与 HWA/HFA 技术相比较，其最突出的优势在于几乎不干扰流场、测点小、动态响应快、灵敏度高。CATALANO 等[64]利用 LDA 技术，在有限横向射流的中心对称面上测量了射流流向速度及其时间导数的高阶统计量，并将实验统计结果与数值模拟计算做了比较，发现在射流下游的测量精度较高。BARATA 和 JORGE[65]运用 LDV 重点测量了横流中单孔和对置的双孔射流的流场，并结合双方程模型进行对比分析，二者结果吻合较好。

KASSAB 等[66]、FALCONE 和 CATALDO[67] 采用 LDV 技术，对轴对称紊动射流的卷吸过程进行了全面测量，着重分析了时均流速和紊动特性。在一般情况下，LDV 技术多为单点流速测量，若要实现全流场测量，需逐一测量流场中的各点速度，费时费力，虽然也有少量多点测量的研究，但由于实现的光路结构非常复杂，大大限制了它的应用范围。

（4）粒子图像测速技术。近年来，粒子图像测速（particle image velocimetry，PIV）技术逐渐兴起，已经成为研究射流速度场强有力的测量手段。姜国强等[68] 利用 PIV 技术，详细观测了横流中的湍射流，研究得到了轨迹线方程和射流发展情况。李炜等[69] 同样在横流条件中，观测了圆孔湍射流的漩涡结构，并清楚给出了四种涡系的发展过程及分布区域。周丰[70] 使用 PIV 技术，结合相位分析法，对有限水深规则波浪环境下的圆形垂直射流进行了实验研究，结果表明波浪周期对射流流场影响显著。肖洋等[71] 针对横向流动环境中的多孔动量射流流动，利用 PIV 技术开展了实验测量，获取了多孔射流的卷吸过程，并揭示了横向有效流速的沿程变化规律。GHASEMI 等[72] 利用高分辨率的粒子图像测速仪研究了方形湍流射流近场的流动特性，同时还研究了动量厚度、泰勒长度尺度和湍流与非湍流界面的演化过程。NEW 和 ZANG[73] 应用数字粒子图像测速（DPIV）技术，针对不同间距、流速比的情况，研究了横流条件中并列双射流的速度场，获取了整个流动的发展过程。

基于大量的自由紊动射流实验资料[74-77]，研究学者得到了自由紊动射流的基本流动特性：

1）根据不同的流动特征，研究得到了二维自由紊动射流的流场分区结构，可分为初始段、过渡段和主体段三部分，见图1-5。

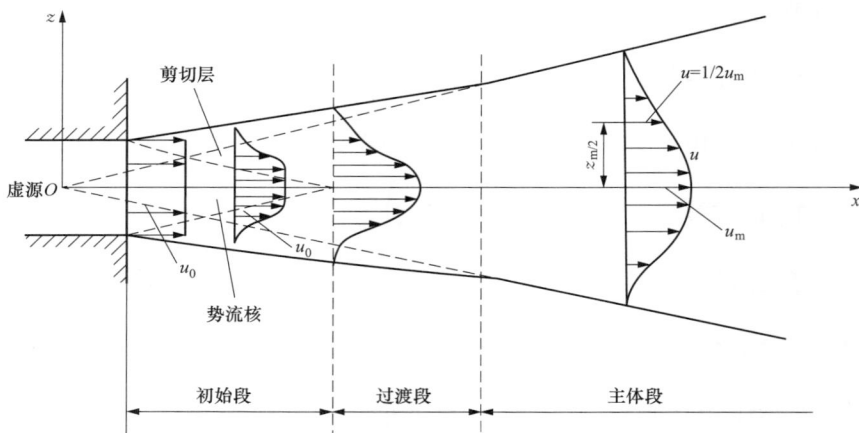

图1-5 二维自由紊动射流的流场分区结构

2）在自由射流主体段，边界层充分发展，各剖面纵向时均速度分布具有自相似性，且满足高斯分布，见式（1-1）：

$$\frac{u}{u_m} = \exp(-0.693\eta_z) \qquad (1-1)$$

当然，不同的实验背景可凝练出不同形式的高斯经验公式。例如，文献[54]列举了两个经验公式：

$$\frac{u}{u_m} = \exp[-0.6749\eta_z^2(1+0.0269\eta_z^4)] \qquad (1-2)$$

$$\frac{u}{u_m} = \exp[-0.6619\eta_z^2(1+0.0565\eta_z^4)] \qquad (1-3)$$

式（1-1）～式（1-3）中：u 为射流主体段内某剖面任一点的纵向时均速度；u_m 为该剖面中心轴线上的纵向最大时均速度；$\eta_z = z/z_{m/2}$，$z_{m/2}$ 为水平面内的速度半宽值，简称展向半宽值，即 $u = 1/2u_m$ 处的 z 值。虽然各经验公式的形式不完全相同，但纵向时均速度分布规律并未发生变化，均满足高斯方程。

3）实验发现，在统计意义上射流边界的扩展服从线性分布；同时实测资料表明，自由紊动射流沿纵向的时均压强梯度为零，这为理论分析研究提供了简化条件。此外，对于等密度的自由射流，动量通量守恒。

2. 理论分析法

由于在雷诺时均运动方程组中出现的雷诺应力项是未知的，因此该方程组不封闭。为寻求雷诺时均运动方程的解，早期的研究学者们主要通过半经验理论构建雷诺应力与时均流场之间的关系式。最初的紊流模型理论是由 BOUSSINESQ[78] 提出的，他利用涡黏度将雷诺应力与时均流速联系起来。后来，学者们根据经验假设和实验资料，又发展了一系列的半经验理论，比较著名的有 PRANDTL 半经验理论[79]、涡量传递理论[80]、卡门相似性理论等。迄今为止，虽然紊流理论已经取得了很大的进步，但紊流的机理还尚未搞清楚，不存在一种紊流理论可以解决工程中所有的紊流问题，所以半经验理论在工程紊流计算中占有十分重要的地位，至今仍广泛应用。限于篇幅，本书着重介绍 PRANDTL 半经验理论，它包括混合长度理论与自由紊流理论。

（1）混合长度理论。将紊流中流体微团的脉动类比为气体分子的运动，即假设流体微团也是在运行某一距离后才与周围流体发生掺混，失去原有的运动特征，而在这一距离的运行过程中流体微团的运动特征保持不变，则这个运行距离就是所谓的混合区长度 l。据此建立雷诺应力 τ 与时均速度梯度的关系式[53]：

$$\tau = \rho l^2 \left| \frac{\mathrm{d}u}{\mathrm{d}y} \right| \frac{\mathrm{d}u}{\mathrm{d}y} \tag{1-4}$$

式中：ρ 为流体密度；l 为混合区长度。

（2）自由紊流理论。由混合长度理论可知，在 $\mathrm{d}u/\mathrm{d}y=0$ 的那些点上，即时均速度最大值和最小值所在的点，涡运动黏性系数 $\upsilon_t=0$。但事实上，经过许多流体实验证实，在最大速度点上，紊动掺混并未消失。因此，PRANDTL 基于大量的实测数据，建立了一个相当简单的涡运动黏性系数关系式[53]：

$$\upsilon_t=\kappa b(u_{\max}-u_{\min}) \tag{1-5}$$

式中：κ 为常数，由实验确定；b 为混合区宽度。

式（1-5）表明涡运动黏性系数可由时均速度的最大差值与正比于混合区宽度的一个长度的积组成，亦即在每个横截面上的整个宽度上 υ_t 保持常数，从而雷诺应力可表示为[53]：

$$\tau=\rho\upsilon_t\frac{\mathrm{d}u}{\mathrm{d}y}=\rho\kappa b(u_{\max}-u_{\min})\frac{\mathrm{d}u}{\mathrm{d}y} \tag{1-6}$$

在半经验理论中，计算射流的时均特性，如剖面流速分布、射流扩展宽度等，最常用的是积分法，具有容易上手、简单实用、精度较好等特点。事实上，积分法是基于大量的实测资料，假设射流中各剖面上的诸特征物理量的分布存在自相似性的前提下，引入零方程模型、积分连续方程、时均运动方程等，将描述自由射流的一组偏微分方程转化为常微分方程，从而实现特征物理量分布的求解。同时需要指出的是，积分法虽然能够简化计算，但其应用的前提是需要射流流动在某一位置之后存在自相似性，这在一定程度上限制了该方法的应用范围。TOLLMIEN[81]基于混合长度理论模型，采用积分法，计算得到了轴对称自由射流主体段中心线的纵向速度分布数值解，称之为 TOLLMIEN 解，文献 [54] 给出了它的拟合公式：

$$\frac{u}{u_\mathrm{m}} = \left(0.86 + \frac{0.14}{1+\eta_z}\right)\exp(-0.621\eta_z^2) \tag{1-7}$$

GORTLER[82]通过 PRANDTL 提出的关于自由剪切层紊动切应力新的关系式，采用积分法求解了自由射流边界层控制方程，并给出了纵向时均速度分布的理论解，称之为 GORTLER 解：

$$\frac{u}{u_\mathrm{m}} = 1 - \tanh^2(0.881\eta_z) \tag{1-8}$$

3. 数值模拟法

随着计算机技术的高速发展，数值模拟法逐渐成为一种研究射流的重要手段。较之实验研究，数值模拟不占用场地，花费时间少，投资少，且不受模型缩尺效应的影响，方便快捷，便于快速进行多方案比选，具有较多的灵活性和较强的适应性。目前，国内外常用于射流计算的紊流模型主要有 Standard k-ε 模型、RNG k-ε 模型、Realizable k-ε 模型。张晓元等[83,84]通过 Standard k-ε 模型，分别对多孔平面射流和横流环境中铅直圆形射流进行了数值模拟，总结和评价了不同间距和射流比工况下的流动特性。郭婷婷等[85,86]采用 RNG k-ε 紊流模型对横流中单股紊动射流流场的流动特性进行了系统的数值模拟，研究结果表明较大射流比的内部已经形成了较为明显的反向涡对。李志伟等[87]利用 RNG k-ε 紊流模型的数值模拟结果，研究了横流中多孔射流在汇合前后的流场变化特征。高猛等[88]采用 RNG k-ε 紊流模型模拟计算了横流中垂直出流式多孔射流，并给出了射孔中心纵剖面的浓度分布、射流轨迹线以及浓度的沿程变化规律。文献 [89，90] 对于横向流动条件下多孔水平动量射流的流场和浓度场，分别采用 Realizable k-ε 紊流模型与 RNG k-ε 紊流模型进行数值计算，并对比实验资料，发现 Realizable k-ε 紊流模型更适合计算这种条件下的流动情况。

近十年来，随着现代科学技术的不断革新，一些新的数值模拟技术逐渐发展起来，如直接数值模拟（DNS）技术和大涡模拟（LES）技术。DNS 技术是直接计算紊流瞬时的 N-S 方程，可实时获取紊流流动的演化过程，从而得到紊流场的全部细节信息，是研究紊流机理与漩涡结构的有效手段。但受限于计算机的内存和运算速度，目前还无法用于真正意义上的工程计算。STANLEY 等[91]应用 DNS 技术，模拟了三维平面紊动射流的空间演变过程，并就射流中大小尺度涡结构的分布展开了讨论。BOERSMA 等[92]针对低雷诺数的自由射流，采用 DNS 方法计算了其空间运动规律。LES 技术将紊动射流中大涡和小涡分开模拟，其中对流动起较大作用的大尺度涡体进行直接数值模拟，而对起较小作用的小尺度涡体则采用紊流模型进行数值模拟。文献［93］针对不同质量流量的微粒在平面湍流射流中的运动，利用 LES 方法获得了流涡度的演化，并用拉格朗日方法对微小颗粒进行了跟踪。文献［94］采用 LES 技术对环形射流泵的流动特性进行了数值模拟，并从时间平均和瞬时两个方面系统地分析了其流动特性。

迄今为止，数值模拟技术取得了丰富的研究成果，能够快速提取不同细分工况的流动特性，且省时省力，方便快捷。但实际上，除却直接数值模拟技术外，其他的紊流模型或多或少都做了一些假设，对紊流运动进行了一定的简化或者近似处理。到目前为止，并不存在单个紊流模型能够适用于所有紊动射流问题的情况，即使是研究同一种射流形态，紊流模型的选取也不一定相同。如文献［88］和文献［89］的研究对象均为横向流动条件下的多孔射流，但由于边界控制条件不同，分别选取了 RNG k-ε 紊流模型和 Realizable k-ε 紊流模型进行计算。因此，在计算特殊复杂边界条件下的紊动射流问题时，紊流模型的选取与论证至关重要，这就需要大量的实验数据。

综上所述，在研究船闸输水系统错孔相向射流流动特性的前期过程中，应主要以实验研究和理论分析方法为主，这样不仅可以认识错孔相向射流的流动特性，深入理解其物理背景，还可为接下来数值模拟技术的全面开展奠定坚实的基础。

1.2.4　壁面射流研究

1. 单孔壁面射流研究

（1）壁面射流理论概述。壁面射流理论的构建首推 GLAUERT[95]，他假定切应力为零，将紊动壁面射流分为两层：①边界层和最大速度之间的区域壁面效应明显，称为内层，显然自由射流的思想不再适用，可采用 BLASIUS 管道流公式来描述内层的运动；②具有自由射流特征的其他区域，称为外层，可基于 PRANDTL 自由紊流理论进行求解。分别求出这两层的解，然后将二者在最大速度处进行匹配。在 GLAUERT 的研究基础之上，早期的研究学者立足于二维壁面射流角度，对层流和紊流、径向和平面射流问题做了许多实验工作[96-98]，研究结果表明随着壁面射流的发展，内层最后终将击穿外层，在射流下游某一位置之后，速度剖面将会出现完整的相似性，且服从 GLAUERT 理论解（$\alpha=1.3$）。同时，基于实测资料，VERHOFF[99]给出了该理论解的拟合公式，将之称为 VERHOFF 解：

$$\frac{u_{\mathrm{m}}}{u_{\mathrm{m0}}}=1.48\,(\eta_y)^{1/7}\big[1-\mathrm{erf}(0.68\eta_y)\big] \tag{1-9}$$

式中：u_{m0} 为中垂面内某剖面的最大时均流速；$\eta_y = y/y_{m/2}$，$y_{m/2}$ 为中垂面速度半宽值，简称垂向半宽值，即 $u_m = 1/2 u_{m0}$ 处的 y 值。

（2）单孔二维壁面射流。LAUNDERA 和 RODI[100,101] 综述了 1980 年以前的壁面射流实验与数值模拟研究，并测量了平面与径向壁面射流。ERIKSSON 等[102] 使用 LDA 技术，针对雷诺数为 9600 的初始流速，观测了光滑平面壁面射流的初始阶段和充分发展的流动过程，特别是对于近壁区域，测量了时均流速和紊动强度。GEORGE 等[103] 在无同向流动的情况下，根据湍流平面壁面射流控制方程进行相似性分析，提出了一种新的平面壁面射流控制理论。AHLMAN 等[104]、MOHAMMED[105] 从数值模拟的角度，分别采用 DNS 方法和两种相互作用的涡黏模型，观测了二维平面壁面射流内层和外层的平均速度和紊动特性的相似性，证明了壁面射流两层结构的合理性。DEJOAN 和 LESCHZINER[106] 在文献［102］的实验资料基础上，同样针对雷诺数为 9600 的平面紊动壁面射流，提出了内层与外层的速度比尺与长度比尺，运用 LES 方法，研究了其时均流场和紊动特性，发现紊动能和雷诺应力在内层和外层的相互作用中起着重要作用。TANGEMANN 和 GRETLER[107] 在二维壁面射流的数值模拟方面，提出了一个组合的代数应力模型，并与 Standard k-ε 紊流模型、雷诺应力模型的计算结果进行对比，结果表明新模型与实验测量结果吻合更好。文献［108］应用 SST k-ω 模型对径向壁面射流展开数值模拟，计算结果与 TANAKA 的实验数据基本一致。在水利工程领域内，后台阶流动和水跃中比较容易形成二维壁面射流现象。KANNA 和 DAS[109,110] 研究了一股二维不可压缩层流流体流经台阶后，由于几何形状突变，流动在台阶处分离，在台阶后形成回流区、冲击区和壁面射流区三个区域，采用 N-S 方程中瞬态流函数和涡量公式对该流动问题进行求解，并针对不同的台阶长度、高度及雷诺数，计算了回流区漩涡强度、冲击长度及壁面射流区的速度衰减等。WU 和 RAJARATNAM[111]、EAD 和 RAJARATNAM[112,113]利用普朗特管，针对闸门下游由水跃形成的壁面射流，研究了不同弗劳德数、水深、闸门高度等工况下的动量衰减和射流扩展。在此基础之上，KORDI 和 ABUSTAN[114]采用普朗特管，主要研究了不同共轭水深比下，自由水跃和扩大水跃的长度和速度比尺的变化。对于数值模拟方面，GUMUS 等[115]综合对比了 Standard k-ε、RNG k-ε、Realizable k-ε、SST k-ω 及 RSM 五种紊流模型，采用网格收敛指数分析的方法确定了网格无关解的离散化误差，最后推荐使用 RSM 紊流模型计算水跃现象中形成的二维壁面射流。需要说明的是，目前绝大多数研究学者更多关注的是光滑边界条件下的壁面射流，而对于粗糙壁面射流虽也有一定研究[116-118]，但是相对较少。

（3）单孔三维壁面射流。所谓三维壁面射流，主要是指从非对称喷嘴或孔口，如矩形、椭圆形、三角形等喷嘴或孔口中出射的水流。显然，三维壁面射流在实际工程中是更为普遍的水流运动，在各大学科领域中广泛存在，如航天飞机的起飞与降落、闸坝水流下泄、薄膜冷却、废水处理等。关于三维壁面射流流动特性的研究，可追溯到 20 世纪六七十年代，研究学者中当推 SFORZA 和 HERBST[119]。他们利用热线测速技术，在光滑平板上，水流自不同特征比 e（$e=0.025$、0.05、0.1、1）的矩形喷嘴射出，在半无限空间中形成三维壁面射流。研究发现，沿射流纵向方向具有 3 个明显不同的衰减区，分别为势流核心区、特征衰减区及径向型衰减区，各区内最大速度衰减指数均不相同。其中，在径向型衰减区内，各速度剖面满足自相似性理论。图1-6所示为半无限空间中单孔三维壁面射流流场的分区结构。紧接着，基于他们前期的研究工作，国外学者们主要利用热线测速技术开始对不同形状（如椭圆形、三角形、方形、圆形、矩形等）喷嘴产生三维壁面射流的速度场和紊动特性进行了系统的实验研究。文献［120-130］的研究工作表明：①速度分布在水平面服从高斯分布，在中垂面则服从 GLAUERT 理论解；②半宽值分布服从线性扩展，展向半宽值扩展率约为垂向半宽值扩展率的 4～5 倍；③三维壁面射流存在两个不同位置的虚源；④速度衰减变化服从幂指数分布，在径向型衰减区（RD）区衰减指数约为 1.0；⑤紊动强度在径向型衰减区（RD）区存在自相似性；⑥三维壁面射流的紊动强度比二维壁面射流的紊动强度高 50％左右。虽然热线测速技术是单点测量技术，但是由于其精度较高，在数据的采集和后处理方面比较简单灵活，至今仍在三维壁面射流实验领域内被广泛使用。

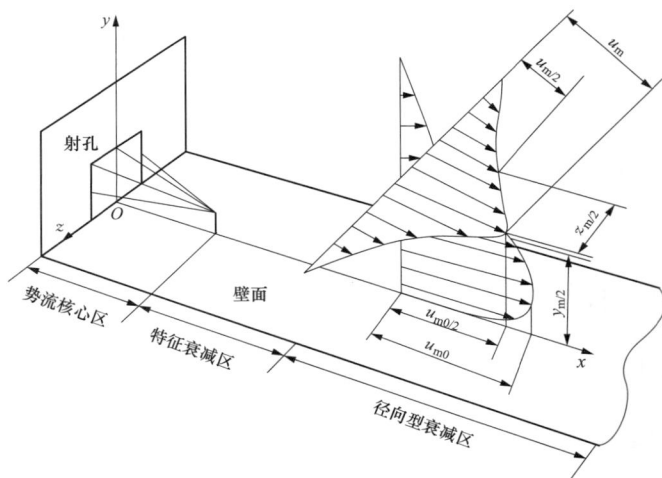

图 1-6　半无限空间中单孔三维壁面射流流场的分区结构

进入 21 世纪以来，SUN 和 EWING[131]、CRAFT 和 LAUNDER[132] 利用热线测速技术，测量了三维壁面射流两个方向的增长率、平均速度、紊动强度分布、涡量分布等，进一步验证了文献［100，101］中关于水平面的扩展率是垂向扩展率 4～5 倍的原因在于射流中存在强烈的二次流运动。HALL 和 EWING[133,134] 采用 HWA 技术，针对长矩形渠道不同的纵横比（1、3、4、8）的工况，测量了时均流场和紊动结构，并获取了射流内部存在的大尺度不对称的漩涡结构。POOLE 和 HALL[135] 则利用热线测速技术对布置在角落里的圆孔三维壁面射流进行了研究，发现其不同于标准壁面射流的地方在于它一半的平面逆时针旋转了 90°；针对长圆管内形成的壁面射流（$Re=159000$），测量了 0～40 倍圆孔直径剖面范围内的时均流场和紊动特性，揭示了这一现象的流动机理。应用 LDV 技术测量三维壁面射流的研究相对较少一些[136,137]，人们更倾向利用 PIV 这种全流场测量技术，其中最具有代表性的研究学者有 LAW 和 HERLINA[138]、PANI 和 PATIL[139]、AGELIN-CHAAB 和 TACHIE[140]。他们在前人的研究基础上，利用 PIV 技术对圆形射孔产生的三维壁面射流展开了研究，研究总结了水平面和中垂面的速度分布、半宽值扩展、速度衰减、紊动强度、雷诺应力分布等，同时还发现了射流中二次流的存在，从而使得三维壁面射流水平扩展是垂向扩展的 4～5 倍这一观点得到了更为有力的数据支撑。KIM 等[141]研究了弯曲壁面产生的三维壁面射流，针对不同的入射角度测量了速度场。在三维壁面射流的流动特性和紊动特性研究已经十分完善的前提下，研究学者们开始尝试利用 PIV 技术，结合本征正交分解法（POD）研究三维壁面的瞬态漩涡结构，开展了一些探索性的工作，如 HALL 和 EWING[142]、NAMGYAL 和

HALL[143]、PANIDIS 等[144]。在数值模拟方面，LÜBCKE 等[145]利用不同的显式雷诺应力闭合模型预测三维壁面射流，研究得出水平向的扩展大约为垂向扩展的5~9倍。ISHIKO 等[146]为了预测三维壁面射流的流场，将各向异性的本构关系引入 SPALART-ALLMARAS 紊流模型中，对模型进行了改进，提高了计算精度。文献［147］采用 Realizable k-ε 紊流模型对浮壁面射流的黏附长度、温度场、轨迹线等进行了数值研究。之后，GILDEH 等[148]采用数值模拟手段，选用不同的紊流模型，针对废水排放过程中形成的浮壁面射流展开研究，提出了流场的分区结构，将之划分为初始射流区、壁面射流区以及自由射流区，同时将文献［138］的实验数据作为基准，研究分析了速度剖面分布及射流轨迹线，并发现雷诺应力模型的计算精度较高。对此，NAGENDRA 等[149]也研究了 RSM 模型（LRR 模型），他们利用该模型计算了射流冲击凹凸圆柱表面产生的三维壁面射流，取得了较好的精度。文献［150，151］应用 LES 技术，对圆孔三维壁面射流进行了模拟，同时对比了实验结果，表明 LES 技术在三维壁面射流流动特性的模拟预报方面精度较高。

2. 多孔壁面射流研究

（1）单向射流。较之单孔射流而言，多孔射流的流场更加复杂。郭婷婷等[152]、芦琦玲等[153]针对多孔紊动射流的实验和数值模拟做了详细综述，比较分析了国内外多孔射流的研究现状和成果，并就存在的问题展开了讨论，同时展望了该领域的研究方向。KUNZ 等[154]对一排多孔三维壁面射流进行了实验研究，结果表明在强烈的二次流和进口条件以及雷诺应力各向异性的作用下，射流横向扩散十分强烈。PERUMAL 和 SRIDHAR[155]考虑壁面对多孔射流的影响，着重研究了射流衰减和扩散特性，同时与单孔射流特性进行了对比分析。文献［156］应用 LES 技术，主要从脉动场的角度研究了壁面射流的流动结构。KUMAR 和 DAS[157]、MONDAL 等[158]分别选用 Standard k-ε 和 RNG k-ε 紊流模型对由壁面射流和偏转射流组成的双射流进行了数值模拟研究，分析了汇合点、汇合后的轨迹方程、速度分布、紊动强度、紊动能等，并与单孔壁面射流和单孔偏转射流进行了对比。同时，基于多股多层水平淹没射流新型消能工形成的多孔单向壁面射流，国内学者应用 PIV 技术和大型流体力学计算平台，考虑不同的射孔特征比、跌坎高度、弗劳德数和射孔间距等，深入研究了速度剖面分布、消能率特性及漩涡特性，揭示了其消能机理[159-164]。

（2）相向射流。不难看出，上述研究主要针对多孔单向射流，而在船闸灌水时，闸室内的水流现象为复杂的错孔相向射流。为提高输水系统的工作效率，早期的研究学者主要考虑各侧支孔射流流量的沿程分配问题。STOCKSTILL 等[165]对船闸输水系统多支孔射流情况，将廊道中的每个支孔作为一个离散单元，开发研究了一套用于确定廊道及支孔射流流量及压力分布的水力计算程序，得出了各支孔的流量及分配情况，然而他们在计算过程中只考虑了恒定流，对计算条件做了简化，这必然影响计算结果的真实性。STOCKSTILL 和 BERGER[166]采用 RANS 方程，通过自适应水力特性的数值计算方法（ADH 法）和滑移网格技术的自由水面捕捉方法，对韦伯福尔斯船闸的整体输水系统水力特性进行了三维数值模拟，得到了典型剖面内的流速分布及沿程流量变化情况。杨朝东等[20-22]结合数学模型和物理模型实验，在计算过程中考虑支孔宽高比、支孔间距、廊道阻力等多种因素，分析了侧支孔流量的演化规律，但该研究成果并未充分考虑射流的三维流动性。

在侧支孔射流流动特性方面，国内关注较早的学者是黎贤访[167-169]，他提出了侧支孔射流这一概念，通过建立侧支孔射流水力学物理模型，使用 PIV 技术测量了多组流量条件下侧支孔射流无槛工况和设槛工况支孔前垂向中轴面的流速分布，并拟合得出了沿射流中心线的速度计算公式。不难发现，他的研究对象为二维壁面射流，尚未就支孔中心水平面的流速分布和速度半宽值展开讨论，而且文中公式采用多项式拟合，与经典的研究成果有所出入。随后，黎贤访[170]通过比较 RNG k-ε、Relizable k-ε、Standard k-ε 紊流模型与模型实验的吻合度，选择 RNG k-ε 模型对侧支孔射流进行数值模拟，得出了距闸底 1cm 处，从 0.5～10.0s 这个灌水过程中各支孔出流的流动特性。陈明等[171,172]以带格栅消能室的环绕短廊道输水系统为研究对象，采用数值模拟方法和动网格技术，对船闸输水全过程的三维流动进行了研究，获得了双侧廊道多孔对冲射流的流动特性。陈明等[173]基于国内外大量文献资料，综述了多孔相向射流的研究现状，提出了下一步需重点研究的课题。彭永勤等[174]通过建立闸墙廊道侧支孔输水系统的三维数学模型，对输水过程中闸室流场的垂向演变规律进行了分析。牛万芬[175]运用 CFD 软件，以闸墙长廊道侧支孔输水系统为研究对象，通过将 RNG k-ε、Relizable k-ε、Standard k-ε 以及 RSM 紊流模型模拟单孔射流的数值计算成果与模型实验进行对比，最后采用 RNG k-ε 紊流模型对单孔和串行双孔三维壁面射流进行数值模拟，通过改变径向距离与支孔间距，得出单孔和串行双孔射流的消能特性，但其所选工况均在同一水深，且尚未讨论相向射流。黄海津[176]同样基于闸墙长廊道侧支孔射流，选取 RNG k-ε 紊流模型研究了恒定水深情况下不同相向支孔的间距与射流动量通量比，初步得到了错孔相向射流的掺混特性。后来，陶园园[177]也选择 RNG k-ε 紊流模型，研究了船闸输水系统多孔单向壁面射流的掺混特性，然而在其数值实验中并未涉及射流的相向运动。综上所述，尽管国内外研究学者们在船闸输水系统错孔相向射流的数值模拟方面做了许多尝试，但由于缺乏较为准确的实测资料，紊流模型选取的合理性和计算精度还有待进一步研究。

另外，在石油化学工业领域内，很多化学反应过程均涉及撞击流，即两股相向运动的气固射流在局部小范围内进行撞击，在撞击的瞬间可达到极高的相间相对速度，能够显著地强化相间传递[178]。从本质上讲，撞击流为小间距正对冲相向射流。张建伟等[179]采用 PIV 技术，结合 POD 法，研究了单对射孔水平对置撞击流流场中的相干结构及能量，得到了不同动量比和不同间距下撞击流流场的形成机理及混合特性。进一步地，张建伟等[180]利用二维 PIV 技术，测量了两对射孔分层水平对置撞击流流场，研究得到了不同雷诺数、不同直径及上下射流不同流速比作用下撞击流的流动结构。文献[181，182]利用 HWA 技术，测量了平面和圆形撞击流流场，研究获取了不同雷诺数与不同间距下的锋面摆动变化规律。但撞击流与船闸输水系统错孔相向射流流动的边界条件显著不同：①在撞击流流场中，射孔的布置形式为正对相向布置，而船闸侧支孔一般采用交错相向布置，很少出现正对相向布置；②撞击流中单对射孔之间的径向距离较小，最大仅为 45mm，而船闸闸室宽度动辄十几米，甚至二十米以上，二者的尺度不在一个量级；③撞击流流场中并未考虑淹没水深。

1.2.5　错孔相向射流研究难题

以往的研究工作让人们对半无限空间中单孔壁面射流的流动结构有了充

分认识，并掌握了多孔单向壁面射流的流动特性和消能机理。在此基础之上，人们还利用数值模拟手段，对船闸输水系统错孔相向射流进行了初步的尝试性研究。然而，限于船闸输水系统错孔相向射流内在流动结构的复杂性，加之测量设备及实验系统等的限制，前人在此方面的相关研究工作较少，尤其是在流动特性上的探索分析工作更少。通过前面对船闸闸墙（底）长廊道侧支孔输水系统和壁面射流的综述，发现船闸输水系统错孔相向射流目前仍然存在一些亟待解决的研究难题：

（1）在船闸水力学领域内，缺乏一套能够较为准确地模拟船闸输水系统错孔相向射流的实验系统，且针对船闸闸室流场的测量通常采用固定接触式的单点测量手段。一般而言，船闸输水系统水工模型均是基于实际工程而建立的，其长度比尺通常设计为1∶25或1∶30，虽能完成灌泄水实验、船舶系缆力、廊道压力、消能工布置、输水系统选型等宏观内容，但较之闸室主廊道而言，侧支孔的尺寸十分微小，如此将产生较大的缩尺效应，加之错孔相向射流本身是一种精细的微观流动现象，故目前的物理模型并不能实现错孔相同射流的精准模拟。此外，文献［9］中对相邻支孔间距做出了明确规定，宜为闸室宽度的0.25倍。通常在输水系统布置中，相邻支孔间距与错距均是相同的，由于0.25是一个经验值，对于特定的实际工程，需通过物理模型实验和数值模拟技术进行多方案的比选确定，目前关于普适性的错距取值区间的研究较少。

当下针对船闸闸室流场的测量，大多利用声学多普勒流速仪（acoustic doppler velocimetry，ADV）进行，利用流场中运动粒子对声波产生的多普勒效应，能准确地测量单点的三维流速，这属于固定接触式单点测量手段。

利用 ADV 测量时探头布置在单个测点处，这对水流的流动会产生一定的干扰，为消除这种现象，采样体一般被置于探头下方 5cm 或者 10cm 处，因此无法精确捕捉闸室底部错孔相向射流的流场结构。另外，为获取特征剖面的流场，需要布置多个测点，同时要保证各测点之间的间隔距离足够小，这不仅使操作极其复杂，也将耗费大量的人力、物力、财力，势必给整个闸室内连续流场的测量工作带来许多困难。

（2）对有限空间中单孔射流流场的分区结构和流动特性认识不足。所谓有限空间中的单孔射流，实则为错孔相向射流的特例。这是因为，若两个射孔间错距（两错孔中心线之间的距离）被无限放大，两股射流之间互不影响，并未产生相互作用，各自保持原有的流动特性，其运动完全类似于两股单孔射流的运动；当两射孔的初始入射流速比为零，即只有一个射孔出流时，为单孔射流。由于船闸底板的约束，有限空间中单孔射流将表现出三维壁面射流特征。当下，对于有限空间中的单孔三维壁面射流的相关研究较少。ONYSHKO 等[183]利用 PIV 技术，针对大坝出口前布设一道垂直挡板的高速射流运动进行了测量，研究获取了其时均流动特性，并指出这种射流现象是非常复杂的流动：受垂直挡板影响，壁面射流流动方向将发生偏转，形成向上的自由紊动射流，一旦冲击至自由水面，射流形态将转变为表面射流。LANGER 等[184]采用平面激光诱导荧光（PLIF）技术，研究分析了横流作用下壁面射流冲击到前方台阶的流动规律，发现水流受台阶阻挡之后将形成具有椭圆截面的垂直射流，同时就不同台阶几何尺寸以及初始入射速度对椭圆截面纵横比和周长的影响进行了讨论。然而，上述边界下的射流运动较有限空间中的流动存在明显差异：①垂直挡板或台阶布置在靠近射孔的位置，导致受限水域的范围较窄；②射流流动受影响后将改变射流形态，不再保持壁面射流特征。可见，目前对于有限空间中单孔射流流动特性的认识严重不足，仍需加大研究力度。

（3）错孔相向射流流场的分区结构尚未可知，关键控制因子对错孔相向射流流动特性的影响作用机制也不明朗。在以往的研究成果中，还未见详尽的错孔相向射流实测资料，大多数错孔相向射流的现有研究成果均基于整场分析，其分区依据及分区结构均尚未可知。与此同时，也缺乏一套行之有效的方法以准确识别错孔相向射流流场中各区域的分界点纵向位置。

在关键控制因子的影响作用下，错孔相向射流的流动特性必然发生显著变化。然而，由于人们并不清楚它的流场分区结构及各区域内的流动特性，若对整场分析必然导致研究工作陷入被动，增大工作量，且无法得出可靠性较高的结果。因此，目前涉及关键控制因子对错孔相向射流流动特性的影响作用机制研究基本上处于一片空白。

本 章 小 结

本书设计了一套错孔相向射流实验系统（由射流实验系统与供回水系统组成），采用二维粒子图像测速（PIV）系统，并选取淹没水深、错距、流速比作为主要影响因子，对特定和常见流动条件下的错孔相向射流流动特性展开系统的实验测量研究。本书的主要研究内容如下：

（1）有限空间中单孔射流流场分区结构及流动特性。基于最大速度衰减变化规律，提出有限空间中单孔射流流场的分区结构；采用统计平均法，统计分析垂直挡板影响区内 u 速度分布规律；基于自相似性理论，采用积分法与量纲分析法，导出垂直挡板影响区内速度半宽值与最大速度衰减的理论公式；根据垂直挡板影响区与近壁区内的实测流场，研究分析各自的时均流动特性和紊动特性。

（2）错孔相向射流流场分区结构及可靠性分析。采用直接拍摄法和油流法，观测错孔相向射流运动和掺混的实验过程，揭示错孔相向射流流场的分区结构；基于错孔相向射流流场各区域内不同的掺混机制，采用无量纲轴线紊动能 k_d 的数学模型，研究探寻错孔相向射流流场中各区的分界点纵向位置；根据各工况中相向掺混区长度的计算结果，分别建立了相向掺混区长度与错距、流速比之间的关系式。

（3）错孔相向射流流动特性及相互作用机制。基于各工况相向掺混区 u 速度实验结果，探寻错距和流速比对 u 速度剖面分布的影响规律；根据各工况相向掺混区内实测数据，分析错孔和流速比对主射流内侧展向半宽值和轨迹线速度衰减变化的影响规律；基于错孔相向射流实测时均流场，应用流线分析法，探讨不同错距和流速比条件下时均流场中漩涡的分布特征；根据错孔相向射流脉动场的测量计算结果，研究获取错距和流速比对典型剖面内紊动量分布的影响规律。

第二章

错孔相向射流实验系统及实验基础

在船闸水力学领域内，目前绝大多数物理水工模型均是根据实际工程的需求而修建的，模型长度比尺一般为 1∶25 或 1∶30，但较之闸室主廊道而言，侧支孔的尺寸十分微小，因此存在较大的缩尺效应，不能够较为准确地模拟错孔相向射流流动现象。鉴于此，本书设计了一套错孔相向射流实验系统，采用二维粒子图像测速（PIV）系统对特定和常见流动条件下的错孔相向射流流场进行实验测量。本章主要介绍了错孔相向射流实验系统和二维粒子图像测速（PIV）系统的组成、实验方案的设计以及实验难点和解决措施等。

2.1　错孔相向射流实验系统

为保证错孔相向射流实验系统各部分结构设计的合理性和代表性，根据文献［185］中统计的国内外典型船闸闸墙长廊道侧支孔输水系统的闸室规模、支孔平均面积、支孔间距等资料，基于重力相似准则，本书设计了一套错孔相向射流实验系统，该系统主要由射流实验系统和供回水系统两大部分组成。图 2-1 所示为错孔相向射流实验系统各部分组件。

2.1.1　射流实验系统

射流实验系统是整个装置的核心部分，是按照长度比尺 1∶50、速度比

(a) 射流实验系统以及顶部蓄水箱　　　　　(b) 底部蓄水箱

(c) 激光发射器与相机可调支架

图 2-1　错孔相向射流实验系统各部分组件

尺 1.00∶7.07 设计修建的。它主要由实验段水槽、射流支管、阀门、电磁流量计、水位测针、溢流平水槽等组成，见图 2-2（a）。对于船闸实体工程，闸室宽度一般为 12～23m[185]，在本书的实验系统设计中取 20m。通过长度比尺换算，确定实验段水槽的宽度（错孔相向射流之间的径向距离）$s=$ 400mm，长度 $l=800$mm，高 $h=300$mm，以利于射流扩散。实验段水槽由透光性极好的平板玻璃拼接制成，以供激光发射器打入片光源。实验段左右两侧等间距分别交错布置六根长支管穿过玻璃边墙与实验段底部相连，形成的射流方向与底板中心线平行。为获取两个射孔间不同错距的实验组次，左

侧支孔间距设计为40mm，右侧支孔间距为20mm，见图2-2（b）。射孔断面

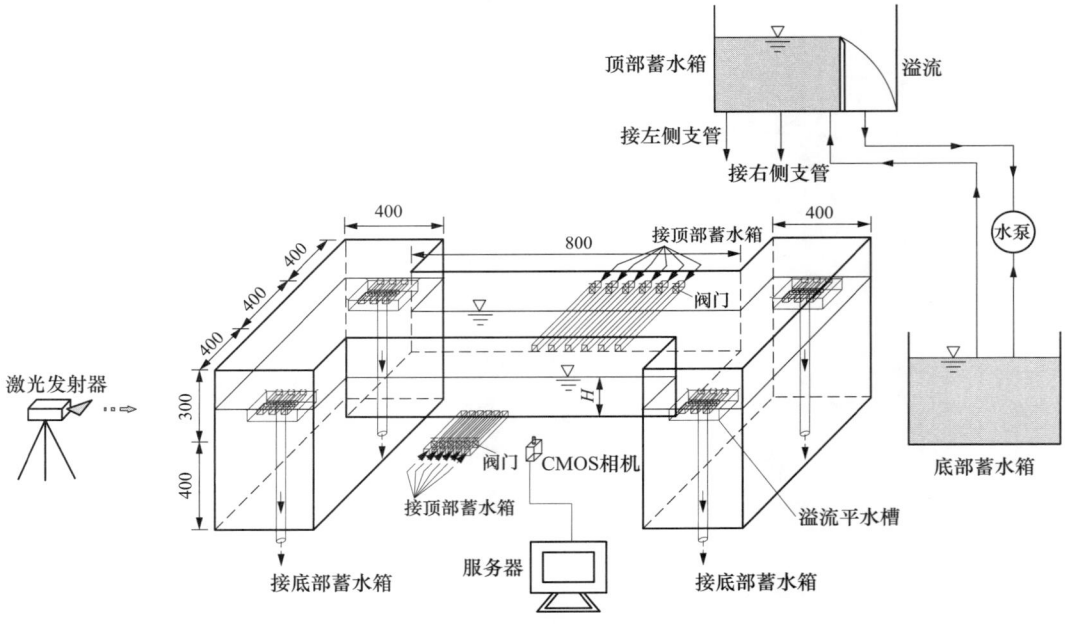

(a) 实验装置三维示意

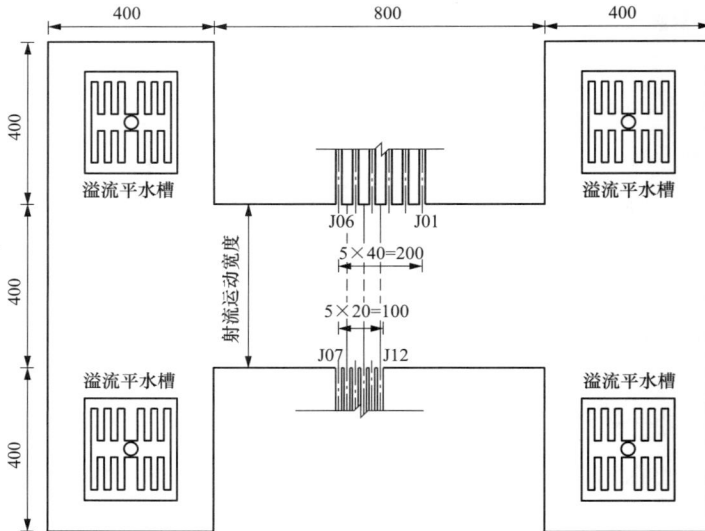

(b) 平面布置示意

图2-2　射流实验系统和供回水系统示意（单位：mm）

设计为矩形，宽 $b_0 = 14\text{mm}$，高 $h_0 = 16\text{mm}$，$e = h_0/b_0 = 1.14$。支管与顶部蓄水箱通过阀门连接，入射流量由电磁流量计控制。

此外，在实验段水槽的头部和尾部分别对称布置两个溢流平水槽，其底部与底部蓄水箱采用软管连接。如此设计可使水流以表流形式进入平水槽，之后流回底部蓄水箱，以确保支孔射流条件与船闸侧支孔射流条件基本相似。通过调整溢流平水槽的高度，同时借助布置在实验段对角线两端的高精度水位测针（见图 2-3），可实现实验段内不同水深的调整变换。

图 2-3　水位测针

2.1.2　供回水系统

供回水系统主要包括顶部蓄水箱、溢流板、水位测针、水泵、底部蓄水箱等部分。顶部蓄水箱内布设溢流板，外侧设置高精度水位测针，以利于调控顶部蓄水箱的水位。实验时，通过外部水源灌满底部蓄水箱，利用水泵（额定功率 370W，最大扬程 10m，最大流量可达 $1.5\text{m}^3/\text{h}$）将水流送入顶部蓄水箱，然后调整溢流板的角度同时辅以水位测针以控制顶部蓄水箱内水位保持恒定，剩余的水则通过溢流管道流回底部蓄水箱，从而构成自循环系统。当整个水循环过程达到稳定状态时，缓慢打开支管阀门开关，观测电磁流量计读数，并调整溢流平水槽高度，借助水位测针，以保持实验段内水位恒定，至此便完成了实验前期的调试准备工作，待水位稳定 15min 后，便可开始各工况实验条件的设定。

2.2　二维粒子图像测速系统

粒子图像测速（PIV）技术是在流场中均匀布撒跟随性、反光性良好且相对密度与流体相当的示踪粒子，把激光束经过组合透镜收缩成片光源照亮流场测试切面，并用高速相机以垂直片光源的方向对准测试切面，连续拍摄流场图片，然后通过算法计算得到图片中示踪粒子的位移，以此来反映速度场的技术。最近几年，PIV 技术在射流力学研究领域内逐渐兴起，其突破了空间单点测量的局限，能够在瞬间测量一个平面或三维内部流动信息，可从速度场角度揭示各类复杂射流流动现象的流动机理，如横流环境中多孔射流[186]、波浪环境中多孔射流[187]、波浪环境中不同排放角度的圆管射流[188]等。

相比利用传统的皮托管、多孔探针、热线（膜）流速仪、声学多普勒流速仪等设备手段的测量，PIV 技术具有以下三点无可比拟的优势：①无干扰、非接触式测量。在测量过程中，高速相机与激光光源均置于流场之外，对流场结构不产生干扰，可确保测量结果的真实性和准确性。②全场、动态测量。以往的测速手段（包括 LDV 技术）均属于单点测量，只能准确测量单点流速，必须沿各剖面密集地布置测点或大量的传感器才能描述整个流场。然而，PIV 技术不仅能显示流场流动的物理形态，而且能瞬间准确测量某一时刻的面流场，提供全场流动的速度信息。③PIV 技术精度高，可达到千分之一，测速范围大。

2.2.1 硬件模块

本书实验采用二维粒子图像测速（PIV）系统，其硬件模块由高速 CMOS 相机、8W 半导体连续激光光源、高精度可调支架、示踪粒子等组成。CMOS 相机属于美国 IDT 公司生产的 NR5-S2 系列，其最高分辨率为 2560×1920 像素，最高采样频率可达 2500Hz，工作模式分为高频模式和双曝光模式，可实现连续采样和独立采样功能。

激光发射器为北京镭志威光电技术有限公司生产的 LWGL532 系列，见图 2-4。它能发出波长为 532nm 的绿光，具有单色性好、相干性好、方向性好和高强度等特点，它的连续激光片光厚度约 1mm，见图 2-5。图 2-6 所示

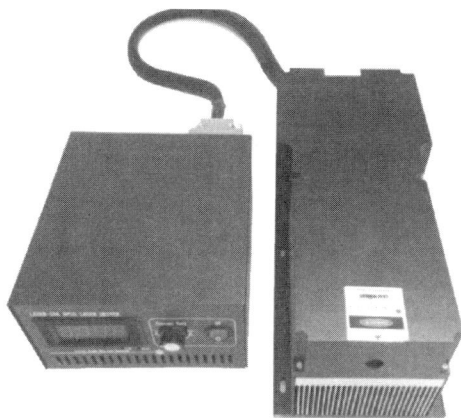

图 2-4 激光发射器与电源

图 2-5　激光厚度

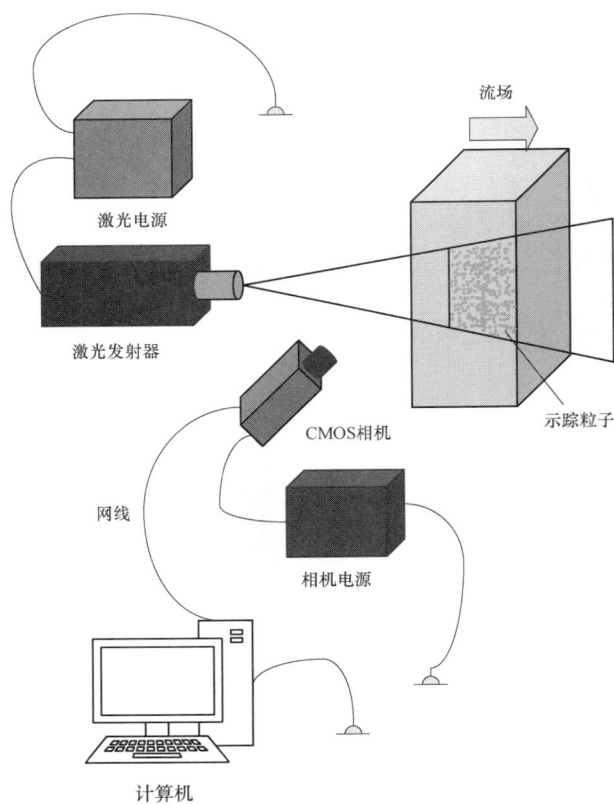

图 2-6　二维 PIV 系统的整体光路结构

为本书二维 PIV 系统的整体光路结构，其给出了本次实验各测量设备的具体连接工作情况。

为保障实验精度，在整个相机拍摄过程中，激光光源应保持稳定输出。通过分析激光光源的电流功率测试曲线（见图 2-7）可知，本书实验采用的激光发射器产生的片光十分稳定，不会在实验过程中出现功率衰减，从而导致激光强度突然减弱的现象，以确保实验的顺利进行。

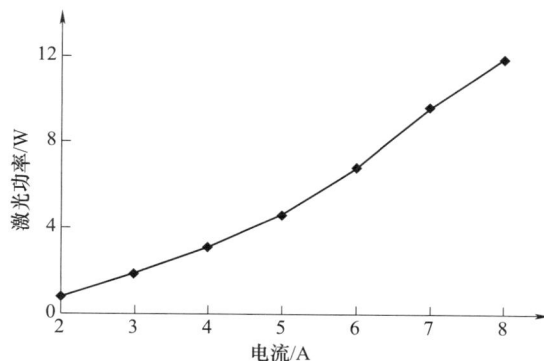

图 2-7　激光光源的电流功率测试曲线

流体的速度通过测量示踪粒子的速度获得，故示踪粒子的选取必须能很好地体现流体的流动特性，且基本不影响流体本身的性质。本次实验选取的示踪粒子为空心玻璃球，直径约 $10\mu m$，密度为 $1.03 g/mm^3$，其相对密度与实验流体的相对密度基本一致，且具有尺度足够小、形状呈圆球体、大小分布均匀、跟随性好、光散射效率高、不干扰流体的运动、粒子不易沉淀、不易挥发、无毒、无腐蚀等优点。在示踪粒子的布撒过程中，要求浓度合适且均匀性、稳定性好，以避免产生黑洞现象，从而实现被测区域的任何地方都能充满粒子的目的，保证测量的精度和流场的分辨率。

2.2.2 软件模块

软件模块包括图像采集软件（Motion Studio）和流体计算软件（joy fluid measurement，JFM）。

图像采集软件主要用于设置高速 CMOS 相机的采样参数，如拍摄区域（ROI）、采样频率、曝光时间、存储方式、采样模式等。其中，拍摄区域应根据测量范围和测量分辨率确定；采样频率根据实测流速大小和 PIV 计算网格等参数确定，确定基本原则是粒子在前后两张图像中的位移应小于 PIV 最大诊断窗口的四分之一；曝光时间应在满足图像亮度的前提下尽量小，以避免出现粒子拖尾现象。在首次使用相机时，需要设定相机的 IP 地址，使其与控制计算机位于相同局域网内，即 IP 地址前三位应彼此一致。但是，由于相机的启动以及相机与计算机之间组建局域网需要一定的时间，因此在打开相机电源后，程序需要等待约 30s 才能自动识别已打开的相机。

流体计算软件主要提供图片的前处理和后处理功能。前处理技术主要包括标定和图片文件的整理。标定是 PIV 技术中的必需步骤，其作用是将图像中的像素尺度换算为对应的实际物理尺寸。为了进行标定，需要在设定好相机的所有参数后，在实际测量剖面处放置标定尺，并用相机拍摄并存储标定尺图像。在进行流场分析前，应当打开标定尺图像，读出图像像素尺寸对应的物理尺寸，物理尺寸可根据标定尺直接读出，而像素尺寸则需要借助一定的辅助工具。在 JFM 中，选中标定之后，程序将弹出像素标尺，利用该标尺可以准确读出图像的像素尺寸。另外，在利用 Motion Studio 按照独立采样模式进行图像采样时，相机每间隔约 1s 一设定的频率采集两张图片，由这两张图片可以计算得到一帧流场。在每采集两张图片后，相机会将这两张图片保存到一个独立的文件夹下，在采集下一对图片时相机对将其存储到新的文件夹，故这种采集模式下新建的文件夹数等于图片对数，但这些文件夹是按一定的规则顺序命名的。为了在后期 PIV 计算中进行快速处理，需要将所有图片对移动到相同的文件夹下，并将所有图片按一定的规则顺序命名，在 JFM 中选中文件重命名，设置好相应的参数后即可按上述方式实现图片文件的整理。

对图片的计算处理即为后处理功能，也称 PIV 算法。由于 PIV 技术在近年来得到了长足的发展，其算法已然十分成熟，在明渠均匀流与非均匀流湍流结构的研究领域内应用相对较多[189-196]。PIV 算法的具体过程为：对于采用 PIV 技术连续采集的两张图片，采用基于图像变形的多次判读和多级网格迭代技术，利用快速傅里叶变换（FTT）实现诊断窗口对之间的互相关运算，同时采用三点高斯拟合公式对相关峰位置进行亚像素插值[194]。此外，在每次迭代计算完成之后，使用归一中值法剔除错误的流速矢量，并通过高斯加权插值法对它们进行重新插值，最后再对预测流场进行滤波，以利于消除迭代过程中的不稳定性，避免计算结果发散[191,194]。在 JFM 软件中，考虑到本次实验流速的大小及测量分辨率等因素，图片的最小诊断窗口设为 16×16 像素，水平与垂直方向网格重叠系数设为 0.5，得到的最终分辨率为 8×8 像素，以缩小流速节点之间的间距，加密测点，达到提高计算精度的目的；迭代次数为 2，亦即分别在尺寸为设定值 4、2 倍和 1 倍的窗口内进行 PIV 计算，水平偏移和垂直偏移均设为 0。

2.2.3 测量布置

本书实验旨在获取船闸输水系统错孔相向射流的流动特性，根据错孔相向射流不同的错距 d 与流速比 R 的情况，可分为特定流动条件下的错孔相向射流（$d \to \infty$ 或 $R=0$）和常见流动条件下的错孔相向射流（d 较小，$R \neq 0$）两种形态。对于特定流动条件下的错孔相向射流，其运动完全类似于有限空间中单孔射流的运动。由于受闸室底板的约束，有限空间中单孔射流实际上表现出三维壁面射流特征。因此，在进行有限空间中单孔射流实验时，需测量射孔中心水平面和中垂面内的流场。而考虑另一种射流形态时，由于在船闸闸墙长廊道侧支孔输水形式中，侧支孔都是采用水平交错布置的，故射孔中心水平面内能够较好地体现两股相向运动的射流之间的流动特性及相互作用。鉴于此，本书拟重点考察常见流动条件下的错孔相向射流中心水平面内的流场。

当测量射孔中心水平面内流场时，激光发射器放置于水槽头部，固定在高精度可调支架上，直接照射于实验段射孔中心水平面（距水槽底部 8mm 处），通过放置于实验段底部的高速相机进行拍摄；当测量中垂面内流场时，激光发射器放置于水槽底部，直接照射于实验段射孔中垂面，通过放置于水槽头部的高速相机进行拍摄。本书实验的高速相机采用双曝光模式，采样频率为 1Hz，采样样本总量为 5000 对，连续拍摄的两张图片之间的时间间隔为 1/600s，每个实验组次的采集时间大约为 83min。同时，本书在实验前期的准备过程中，通过比选多组相机曝光时间下拍摄的粒子图像，将曝光时间设定为 400μs，以利于获取高清的图片。实验时发现边壁处反光强烈，对拍摄精度影响较大。因此，为保证实验效果，本书二维 PIV 系统的测量范围设定为 5~395mm。

2.3 坐 标 系 统

对于实验段水槽，本书采用右手坐标系，如图 2-8 所示。规定如下：x 为沿实验段水槽的纵向（射流方向）；y 为沿实验段水槽的垂向，向上为正；z 为沿实验段水槽的横向。坐标原点 O 位于 J03 射孔底部的中心，$(u，v，w)$ 分别代表流速沿 $(x，y，z)$ 方向的时均分量。射孔中心水平面为平行于 xOz 的平面，其高度为 $y=8mm$；射孔中垂面为 xOy 平面（$z=0$），与 y 轴平行。

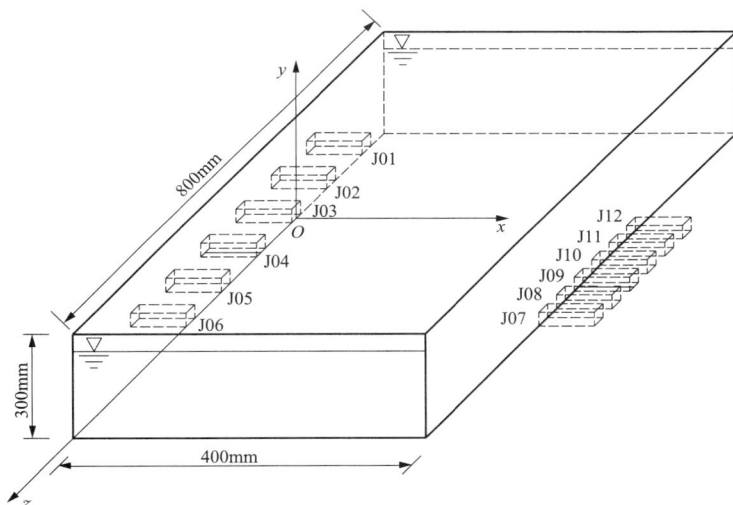

图 2-8　本书定义的坐标系统

2.4 实 验 方 案

2.4.1　主要影响因子的选取

探寻主要影响因子是研究船闸输水系统错孔相向射流的首要任务。在输水系统工作过程中，淹没水深、错距、流速比、支孔断面面积、支孔总面积、沿程流量、支孔数目、出水段长度、入射动量等皆是影响错孔相向射流流动特性的因子。因此，如何准确辨识主要影响因子，就成为本书实验条件、工况设定和边界设置的重要技术瓶颈之一。

1. 淹没水深

船闸输水系统在执行灌水程序时，库区水流经输水阀门进入纵向主廊道，然后通过一排交错布置的侧支孔以某一初始动量射入闸室，随着时间的推进，闸室内水位逐渐被抬高。可见，在整个灌水过程中，侧支孔一直处于淹没环境中，则水深理应成为影响错孔相向射流流动特性的主要因子之一。

2. 错距

在错孔相向射流流场中，当错距较大时，两股射流之间的相互作用较小，增强了单股射流进入闸室的集中程度，能量不能快速耗散，导致各支孔流量分配不均而引起闸室水面纵坡降，威胁船舶安全。当错距布置较小时，射流与周围水体掺混强烈，消能较好，但在闸室内易形成明显的水流对冲现象，造成中央水面凸起，使船舶产生摇晃、颠簸等现象。对此，美国陆军工程兵团多采用降低闸室底高程的工程措施，即增加侧支孔射流与闸室水面的水垫层厚度以减小水面紊动，但这样会增加工程的开挖量和经济投入。因此，错距的选择在输水系统布置中至关重要，不同的错距布置势必对错孔相向射流流动特性产生不同的影响。

3. 流速比

上游库区水流经输水阀门进入纵向主廊道后，总流量在沿程各侧支孔之间的分配与闸室水面的起伏波动密切相关，直接影响着闸室内船舶的停泊条件，这是船闸水力学研究的一个重要课题。文献［20-22，26-27］利用模型实验和数值模拟方法对该课题进行了深入研究，结果表明当各侧支孔之间的流量分配比较均匀时，水流比较均匀地进入闸室各区段，水面在上升过程中起伏波动较小，闸室内几乎没有任何不良水力现象，对船舶停泊十分有利。但是，对于实际船闸工程而言，各侧支孔之间的流量分配显然并不均匀，各自的分配比例随时间而变化，与输水主廊道内沿程惯性压力的变化相耦合，这是一个极为复杂的水力学现象，因此极易在闸室内形成泡水、漩水、横流等现象，从而可能导致船舶发生摇晃、颠簸，威胁船舶的停泊安全。由于入射流速与支孔流量密不可分，可直接反映侧支孔流量的分配比例，故本书选取流速比替代流量分配比，将其列为错孔相向射流流动特性的主要影响因子。

2.4.2 初始水深及最大入射流速

船闸输水系统作为完成闸室灌泄水程序的主要设备，运行繁忙，是船闸最重要的组成部分，包括进水口、阀门段、输水廊道、支孔（管）和消能工等。目前研究学者通常采用宏观的船舶系缆力作为衡量停泊条件好坏的量化指标，从而间接评价输水系统的水力性能。船闸灌水过程可分为灌水初期、灌水中期及灌水后期，文献［197］表明在灌水初期船舶纵向系缆力陡增，在 $0\sim50s$ 可达到$-4.2kN$，显著高于其他两个时期。同时考虑到灌水中后期停靠船舶所受的水流作用来源于初期阶段错孔相向射流流动特性随着时间推移而充分发展的结果，故本书将灌水初期作为研究阶段，而这个阶段内尤以船闸起始水深环境为最不利条件。综上所述，本书实验初始水深的设定主要基于船闸的起始水深数据，根据文献［185］的统计资料，闸墙长廊道侧支孔输水系统的起始水深约为 3.5～4.5m，本书选取 4.0m，按照模型长度比尺换算，初始水深为 80mm。另外，根据文献［198］的数值模拟计算结果，最大侧支孔出流流速为 2.5～6.0m/s，本书选取 5.0m/s，按速度比尺关系换算，设计支孔的最大入射流速 u_0 为 0.7m/s。

2.4.3　实验工况

本书基于错孔相向射流实验系统，并采用二维 PIV 系统开展系列实验测量，主要分为有限空间中单孔射流和错孔相向射流实验两大部分，旨在获取特定流动条件和常见流动条件下的错孔相向射流流动特性。

本书在设计有限空间中单孔射流实验工况时，由于单孔射流流场中并不涉及错距与流速比，故重点对实验段淹没水深和射孔出口雷诺数的变化进行了考量，旨在分析它们对单孔射流流场中特征物理量的影响规律，如速度剖面分布、速度半宽值、最大速度衰减、紊动强度及雷诺应力等，具体的实验工况见表 2-1。分析表 2-1 可知，本书选取 J03 号射孔，实验段内水深呈

表 2-1　　　　　　　　　有限空间中单孔射流实验工况

工况序号	射孔编号	水深 H/mm	初始入射流速 u_0/(m/s)	雷诺数 Re
P1JH1-P1JV1	J03		0.5	7409
P1JH2-P1JV2	J03	80	0.6	8891
P1JH3-P1JV3	J03		0.7	10373
P1JH4-P1JV4	J03		0.5	7409
P1JH5-P1JV5	J03	100	0.6	8891
P1JH6-P1JV6	J03		0.7	10373

工况序号	射孔编号	水深 H/mm	初始入射流速 u_0/(m/s)	雷诺数 Re
P1JH7-P1JV7	J03		0.5	7409
P1JH8-P1JV8	J03	120	0.6	8891
P1JH9-P1JV9	J03		0.7	10373
P1JH10-P1JV10	J03		0.5	7409
P1JH11-P1JV11	J03	140	0.6	8891
P1JH12-P1JV12	J03		0.7	10373

$0.25H$ 递增，在 $80\sim140$mm 内变化，即在实际工程中水深递增的等差为 1m，射孔入射流速设计为 0.5m/s、0.6m/s、0.7m/s，对应的雷诺数 Re 分别为 7409、8891、10373。考虑其三维壁面射流特征，分别对射孔中心水平面和中垂面进行测量，共计 24 个工况。

对于常见流动条件下错孔相向射流流场的分析研究，需综合考虑淹没水深、错距以及流速比的变化，详细的实验工况见表 2-2。从表 2-2 可以看出，实验段淹没水深 H 的设计未发生变化；错距 d 呈 20mm 递增，在 $20\sim100$mm 内变化，与径向距离 s 的比值分别为 0.05、0.10、0.15、0.20、0.25；两股射流初始入射流速比（以 0.7m/s 为基准流速）R 呈 0.1 递增，在 $0.6\sim1.0$ 内变化。为检验流速比是否为影响错孔相向射流流动特性的关键控制因子，本书采用控制变量法，在水深 $H=80$mm、$d=40$mm 的实验条件下改变流速比值。考虑船闸输水系统中侧支孔大多为水平交错布置，实验过程中重点对射孔中心水平面进行测量，共计 24 个工况。

表 2-2　　　　　　　　　　　错孔相向射流实验工况

工况序号	射孔编号	水深 H/mm	错距 d/mm	d/s	流速比 R
P2JH13	J03、J12		20	0.05	1
P2JH14				0.10	0.6
P2JH15				0.10	0.7
P2JH16	J03、J11		40	0.10	0.8
P2JH17		80		0.10	0.9
P2JH18				0.10	1
P2JH19	J03、J10		60	0.15	1
P2JH20	J03、J09		80	0.20	1
P2JH21	J03、J08		100	0.25	1
P2JH22	J03、J12		20	0.05	1
P2JH23	J03、J11		40	0.10	1
P2JH24	J03、J10	100	60	0.15	1
P2JH25	J03、J09		80	0.20	1
P2JH26	J03、J08		100	0.25	1
P2JH27	J03、J12	120	20	0.05	1
P2JH28	J03、J11		40	0.10	1
P2JH29	J03、J10		60	0.15	1
P2JH30	J03、J09		80	0.20	1
P2JH31	J03、J08		100	0.25	1

工况序号	射孔编号	水深 H/mm	错距 d/mm	d/s	流速比 R
P2JH32	J03、J12		20	0.05	1
P2JH33	J03、J11		40	0.10	1
P2JH34	J03、J10	140	60	0.15	1
P2JH35	J03、J09		80	0.20	1
P2JH36	J03、J08		100	0.25	1

在此，对表 2-1、表 2-2 中实验工况的编排格式进行必要说明：P 表示测量设备，即二维 PIV 系统；1、2 表示射流的个数，J 为 Jet 的缩写，即 1J 表示单孔射流，2J 表示双孔射流；H、V 表示测量平面，分别代表射孔中心水平面（Horizontal plane）和中垂面（Vertical plane）；最后两个数字表示工况序号。

2.4.4 实验具体步骤

图 2-9 所示为本书实验的具体步骤，主要分为实验前期准备、PIV 测量和实验后期处理三个部分。首先，完成实验前期准备工作：①打开外部水源阀门灌满底部蓄水箱，连通水泵电源，打开供水管道阀门，向顶部蓄水箱充水；②调整溢流板角度，使顶部蓄水箱达到设计高水位，多余的水则通过溢流管道流回底部蓄水箱，直至顶部蓄水箱水位达到恒定状态，这表明水流形成了稳定的自循环系统；③打开实验工况中对应射孔编号的支管阀门，同时使用电磁流量计和溢流平水槽控制支孔入射流量和实验段内水位，使实验段内水位和支孔入射流量达到稳定状态。其次，进行 PIV 测量：①安置激光发射器及 CMOS 相机，连接好各设备的光路结构，通过精平激光发射器及相机支架，同时调整相机镜头及拍摄区域，使激光照射面与相机成像面重合；

②均匀布撒示踪粒子，使测量区域内达到合适的浓度；③放置标定板，拍摄标定图片；④设置相机的采样参数，开始图像的采集；⑤采集完毕后，关闭激光和相机电源，清洗实验水槽、顶部蓄水箱及底部蓄水箱，为下一个工况做好准备。最后，进行实验后期处理：采用 JFM 软件，进行图片后处理，获取各实验工况的速度信息，并进行成果整理与分析。

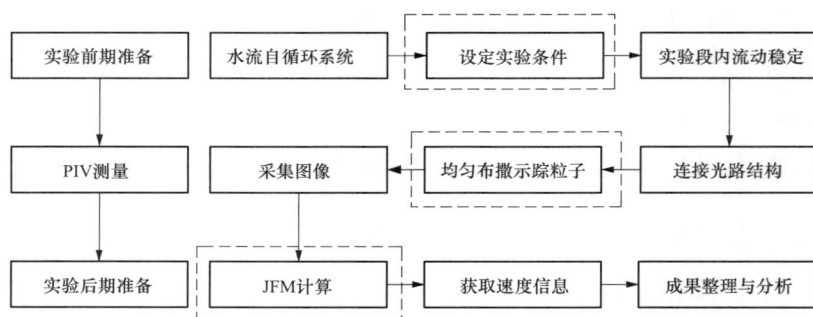

图 2-9　本书实验的具体步骤

可见，为实现本书的研究内容，实验各个阶段内均有十分重要的工作，如图 2-9 中虚线框所示：实验前期准备的关键工作是准确设定各工况的实验条件；PIV 测量阶段的核心在于均匀布撒示踪粒子，以利于获取高质量的图片；实验后期处理的关键工作则主要是利用 JFM 软件，提取各工况的速度信息，进行数据的分析与整理，这涉及庞大的数据量，对计算机运算速度和内存的要求极高。

2.5　计算速度场与实验系统稳定性分析

本书所研究的错孔相向射流初始入射流速较大，属于紊动射流，各流动特征量随时间和空间坐标而呈现随机的脉动，如速度、紊动强度、雷诺应力等均为随机函数。由于紊流的随机性，可用统计的方法对其进行处理，文献［55］列举了三种常用的平均方法，即时间平均法、空间平均法和统计平均法，并给出了各自的适用范围。时间平均法适用于恒定紊流运动，空间平均法适用于均匀紊流流场，而统计平均法对流动本身没有特殊要求，常应用于非恒定或不均匀的紊流流动，适用范围较广，文献［189，191，194］中均有详细阐述。因此，本书采用统计平均法对计算速度场进行处理分析，以研究统计各流动特征物理量的分布规律。

本书实验基于错孔相向射流实验系统，采用二维 PIV 系统，对船闸输水系统错孔相向射流流动特性展开研究。然而，实验系统和实测流场计算结果的稳定性均有待进一步检验，以保证实验成果的合理性。通过查阅国内外大量文献资料，发现以往的研究成果多集中于单孔射流，关于错孔相向射流流动特性的研究则很少。有鉴于此，本书主要针对有限空间中单孔射流进行实验，选取代表性实验工况 P1JH1～P1JV1，由于射流的纵向时均速度远远大于横向和垂向时均速度，故此处仅对 u 速度进行统计，并拟从以下两个方面考察计算速度场与实验系统的稳定性：一是不同样本数量对 u 速度值的影响；二是 u 速度剖面分布是否服从经典的三维壁面射流流动规律。

2.5.1　u 速度值计算稳定性分析

紊流统计理论认为，从理论上来讲无穷大的样本容量必然包含了绝大部分流速值出现的情况，如此统计的平均值才能无限接近于实际值，当然在真实的实验环境中要做到这一点非常困难，受场地、设备、人员、经费等因素限制，只能测量有限样本容量[194]。本书的采样样本容量为 5000 对，亦即对

5000 对图片的测量结果进行统计平均，并以之来代替实际值。因此，本书以 5000 对图片的测量结果作为基准，参考文献［194］的计算方法，分别对 u 速度的平均值、平均值偏差、标准差偏差与样本容量 q 之间的关系以及 u 速度概率密度曲线展开分析探讨。

1. u 速度平均值与样本容量 q 之间的关系

以 P1JH1 工况为例，沿射流轴线依次随机选取 3 个特征点，记为点 1、点 2、点 3。点 1 与射流孔口之间的距离为 30mm，点 2 与射流孔口之间的距离为 190mm，点 3 与射流孔口之间的距离为 350mm，分别位于计算流场的前、中、后部。基于统计平均法，定义不同样本容量 q 的 u 速度平均值计算公式：

$$u_q(x,y,z,t) = \frac{1}{q} \sum_{i=1}^{q} u_i(x,y,z,t) \qquad (2-1)$$

式中：x，y，z 为射流流场中某一点；u_i 为第 i 个实验的瞬时 t 的流速值；q 为不同样本容量，$1 \leqslant q \leqslant Q$，其中 Q 为样本总量。

图 2-10 所示为 3 个特征点的 u 速度平均值与不同样本容量 q 之间的关

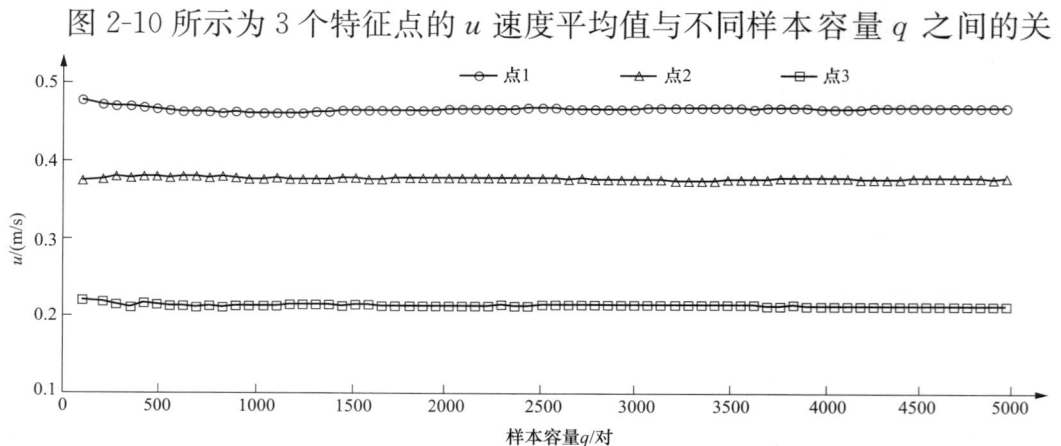

图 2-10　3 个特征点 u 速度平均值与样本容量 q 之间的关系

系。可见，样本容量 q 超过 500 对以后，3 个特征点的 u 速度平均值基本趋于稳定；样本容量 q 继续扩大，当其达到 3000 对甚至以上时，u 速度平均值的波动非常微小，大致均在 0.18mm/s 以内。

2. u 速度平均值偏差与样本容量 q 之间的关系

将样本总量（$Q=5000$）的统计平均值 $u_Q(x，y，z，t)$ 作为基准值，分别计算点 1、点 2、点 3 的 u 速度平均值与基准值的偏差 λ：

$$\lambda(q) = \frac{u_q(x,y,z,t) - u_Q(x,y,z,t)}{u_Q(x,y,z,t)} \times 100\% \quad (2\text{-}2)$$

图 2-11 所示为 3 个特征点的 u 速度平均值偏差与样本容量 q 之间的关系。分析可知，样本容量 q 不足 500 对时，3 个特征点的 u 速度平均值偏差在 $-1.2\%\sim2.0\%$ 内变化，波动十分剧烈，这种不规则的显著波动一直持续到 2500 对；样本容量 q 超过 2500 对以后，波动明显减小，变化基本维持在 $\pm0.2\%$ 以内。

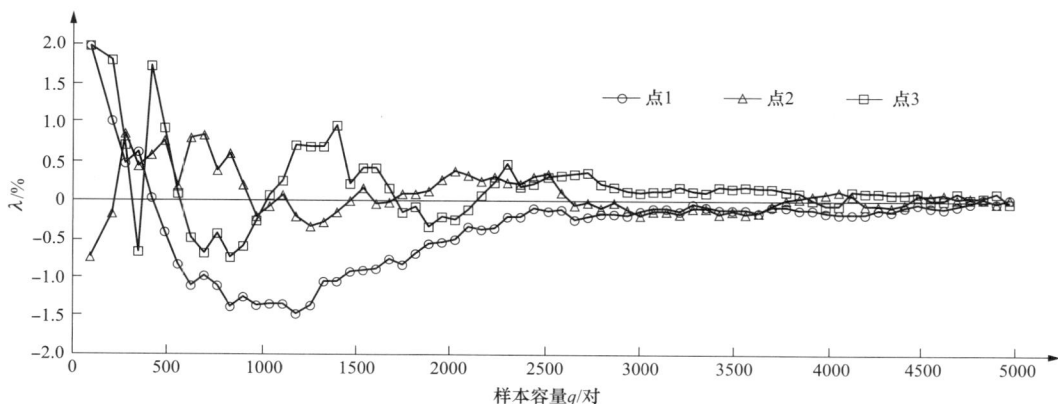

图 2-11　3 个特征点 u 速度平均值偏差与样本容量 q 之间的关系

3. u 速度标准差偏差与样本容量 q 之间的关系

定义特征点的 u 速度标准差的计算公式：

$$S(q) = \sqrt{\frac{1}{q-1}\sum_{i=1}^{q}\left[u_i(x,y,z,t)-u_Q(x,y,z,t)\right]^2} \qquad (2\text{-}3)$$

定义不同样本容量 q 的标准差偏差计算公式：

$$\xi(S_q) = \frac{S_q - S_Q}{S_Q} \times 100\% \qquad (2\text{-}4)$$

图 2-12 所示为 3 个特征点的 u 速度标准差偏差与样本容量 q 之间的关系。不难发现，样本容量 q 少于 500 对时，特征点的 u 速度标准差偏差的变化规律与图 2-11 类似，波动强烈，最大值达 10%，最小值也接近 -9%；样本容量 q 增至 3000 对时，波动变化基本控制在 $\pm 0.8\%$ 以内；样本容量 q 继续增加，波动变化幅度减至 $\pm 0.2\%$，基本趋于稳定。

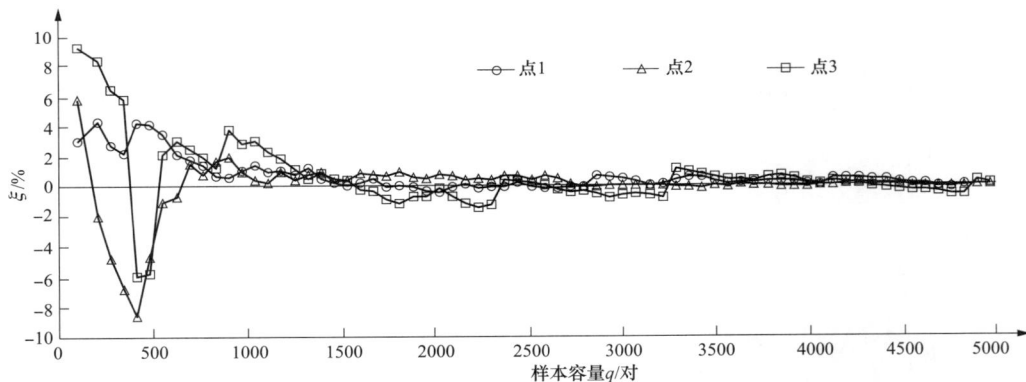

图 2-12　3 个特征点 u 速度标准差偏差与样本容量 q 之间的关系

分析图 2-10～图 2-12 可以看出，样本容量 q 达到 3000 对及以上时，u 速度非常稳定，波动可忽略不计。

4. u 速度概率密度曲线

紊流是一种随机运动过程，在时间上具有不规则性，但它具有规则性的概率分布。大量的流体物理实验研究表明，紊流的流速大小服从正态分布，见式（2-5）：

$$p(x) = \frac{1}{(2\pi\sigma^2)^{1/2}} \exp\left[-\frac{(x-\mu)^2}{2\sigma^2}\right] \tag{2-5}$$

式中：$p(x)$ 为概率密度；$x = u_i(x, y, z, t)$ 为某点的流速；σ 为样本总量标准差，表征概率密度函数的集中程度；μ 为样本总量统计平均值。

图 2-13 所示为 3 个特征点的纵向速度概率密度曲线，其中实线为正态分布概率密度曲线，平均值和标准差均以样本总量的测量值为基准计算而来。由图 2-13 可知，3 个特征点的纵向速度概率密度曲线的走势与正态分布曲线基本一致，可近似为正态分布，表明本书的实验测量结果具有较高的精度。

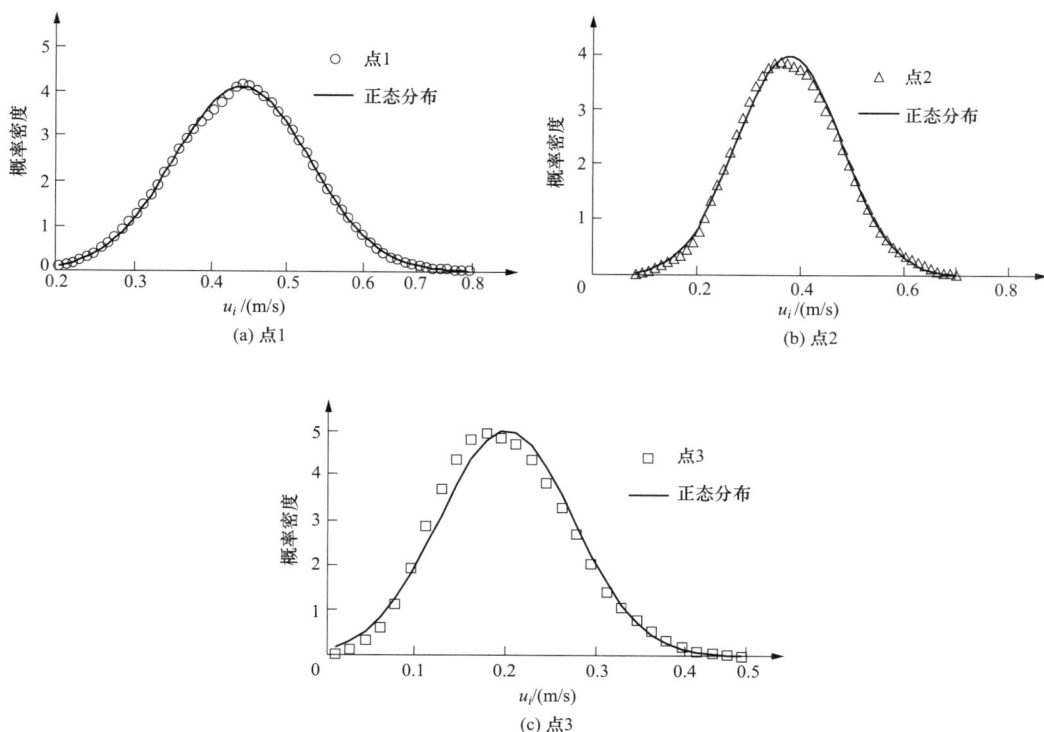

(a) 点1

(b) 点2

(c) 点3

图 2-13　3 个特征点纵向速度概率密度曲线

综上分析，可充分说明以下两点：①本次实验的射流实验系统和供回水系统十分稳定，可长时间提供稳定、可靠的恒定流水流；②本书确定的采样样本总量为 5000 对，已经能够满足射流流场中各统计物理量对于稳定性的需求。

2.5.2 u 速度剖面分布稳定性分析

1. u 速度水平面剖面分布

在计算 P1JH1 所得水平面流场的前、中、后部随机选取 3 个特征剖面，记为剖面 1、剖面 2、剖面 3，其位置与 3 个特征点的位置相同，绘制射流流场中水平面内 u 速度剖面分布，见图 2-14，统计范围为 $0 \sim 2z_{m/2}$。将实测值

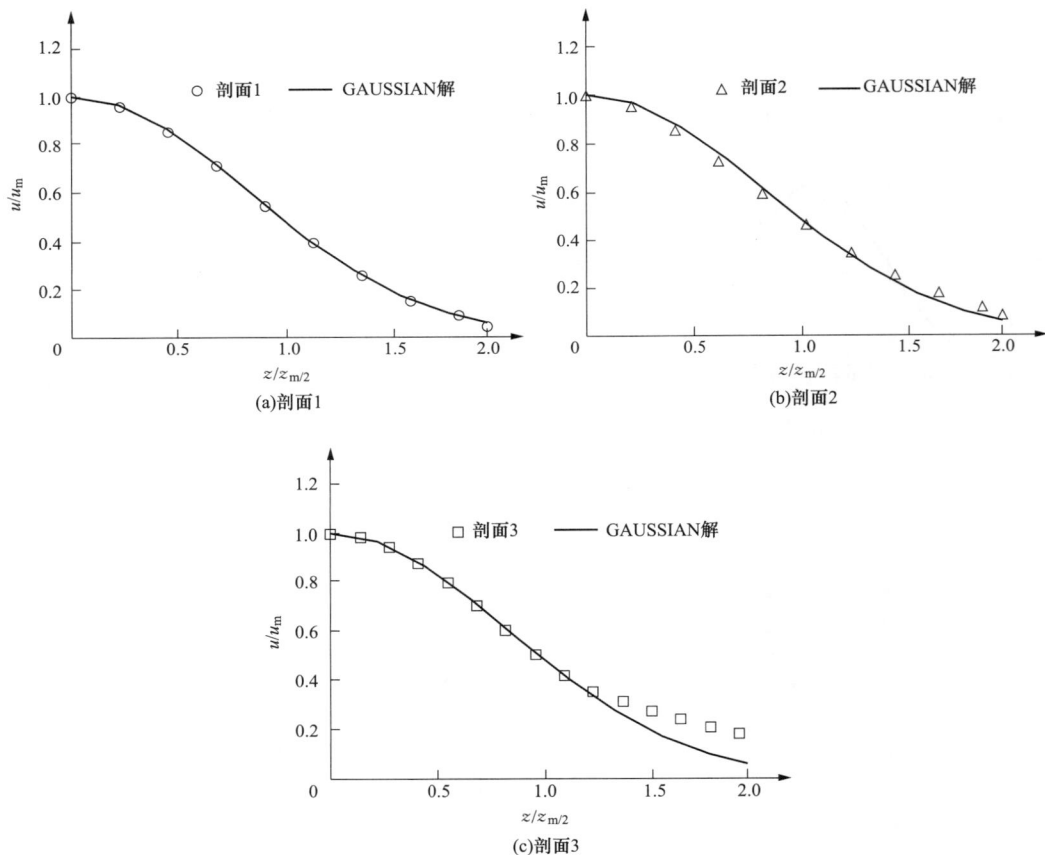

图 2-14　P1JH1 工况 u 速度剖面分布

与 GAUSSIAN 解［式（1-1）］进行比较，发现靠近射孔孔口部分的剖面内 u 速度分布与 GAUSSIAN 理论解曲线基本重合；位于实测流场中部的剖面，实测值与理论值大致一致；而较为靠后的剖面，在 $0 \leqslant z/z_{m/2} \leqslant 1.3$ 内，实测值与理论解吻合较好；在 $1.3 < z/z_{m/2} < 2$ 内，由于受垂直挡板的影响，实测值略大于理论解，但整体曲线与 GAUSSIAN 理论解的曲线走势大体一致。

2. u 速度中垂面剖面分布

根据 GLAUERT 壁面射流理论，在射流的下游，内层终将击穿外层，u 速度剖面分布服从 GLAUERT 解（$\alpha = 1.3$），并可用 VERHOFF 解描述［式（1-9）］。因此，在计算 P1JV1 所得中垂面流场后部选取 3 个特征剖面，记为剖面 1、剖面 2、剖面 3，它们与射流孔口之间的距离分别为 330mm、340mm、350mm，绘制射流流场中 u 速度中垂面剖面分布，见图 2-15，统计范围为 $0 \sim 2y_{m/2}$。由图 2-15 可知，3 个特征剖面内 u 速度分布与 VERHOFF 解吻合度较高。

分析图 2-14、图 2-15，P1JH1～P1JV1 工况中 u 速度剖面分布计算结果基本符合经典三维壁面射流的研究成果。结合 u 速度值计算稳定性与剖面分布稳定性分析，可充分说明以下几点：①错孔相向射流实验系统供水水流非常稳定，能够满足本书的实验条件；②实验采用的二维 PIV 系统性能稳定、精度高，能够满足本书的精度要求；③二维 PIV 系统中所确定的 5000 对样本容量，已然能满足各统计量对于稳定性的需求。

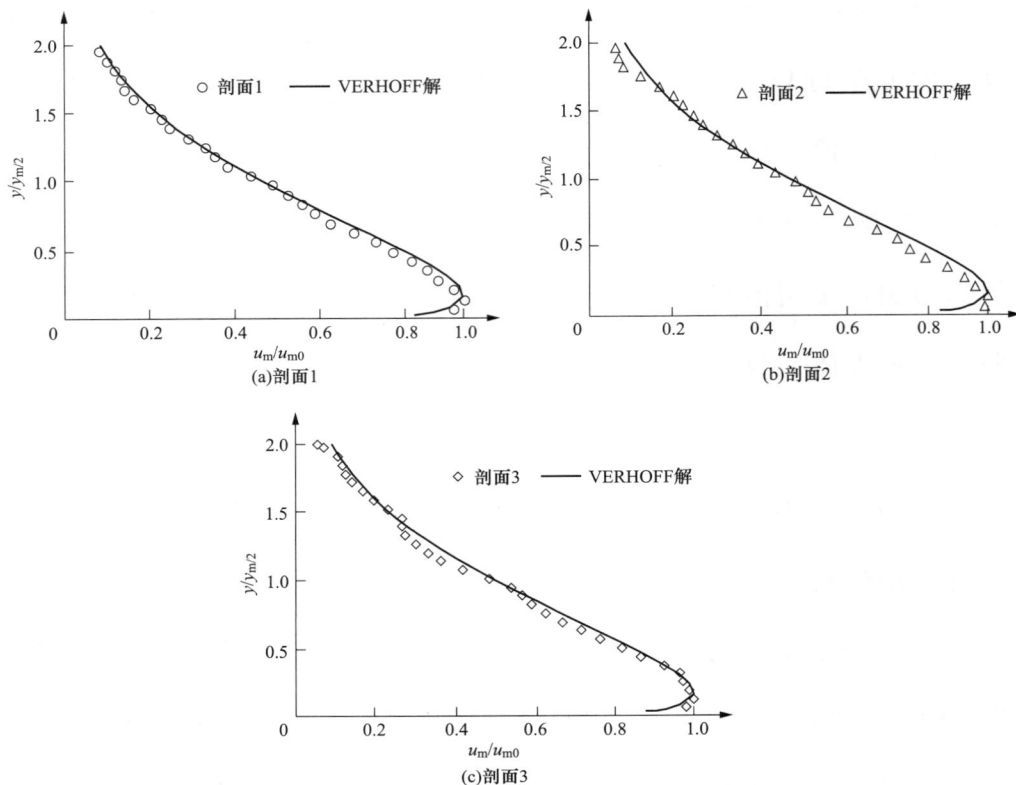

(a)剖面1

(b)剖面2

(c)剖面3

图 2-15　P1JV1 工况 u 速度剖面分布

2.6　实验难点及解决措施

本书在实验过程中，遇到一些难点技术问题，概括起来主要集中在实验装置的设计及建设、二维 PIV 系统的硬件模块两方面。

2.6.1　实验装置的设计及建设

本书的实验装置是基于船闸闸墙长廊道侧支孔输水系统而设计的，在设计和建设过程中存在一些技术难题：①支孔相向运动间距（闸室宽度）、支孔断面面积、支孔间距等的确定；②各工况实验条件的设置，包括顶部蓄水箱内水位恒定、实验段内水位恒定、支管流量的恒定；③实验段玻璃底板的精平；④供回水及实验段内溢流管路的设计；⑤各组件部分材料的选取、制作及整体装置的稳定性问题；⑥各组件部分的密封性问题。

针对上述难题，本书提出了具体的解决措施以保证实验能够顺利进行：对于问题①，在设计之初，查阅了大量国内外文献资料，并咨询了相关科研院所的设计经验，最终确定了闸室宽度、支孔断面面积以及支孔间距的数据。对于问题②，在顶部蓄水箱布设高精度水位测针，以监控顶部蓄水箱中水位的变化，而实验段内水位的实时控制主要依靠布置在左右两侧的高精度水位测针和溢流平水槽，支管流量的调控则需同时借助支管阀门和电磁流量计，待水位和入射流量均达到稳定状态之后，方可进行 PIV 测量，这个过程大致需要 20min。对于问题③，实验段内玻璃底板的四个角必须处于同一高程，以保证壁面绝对水平，一旦壁面发生倾斜，则可能导致射流形态发生变化，从而改变流场结构。在实验段水箱整体的安装过程中，要利用全站仪对四个角进行高精度测量，精平实验段玻璃底板，使高程误差控制在 ±0.1mm。对于问题④，供回水管路的设计与布置不能遮挡激光发射器与 CMOS 相机的测量，且供水管路的过流断面面积须小于回水管路的过流断面面积，以保障顶部蓄水箱足够的溢流能力。四个溢流平水槽与底部蓄水箱通过软管连接形成溢流回路，以保证实验段内水位恒定。对于问题⑤，由于本次实验使用二维 PIV 系统，加之每个工况测量的持续时间较长，这就对顶部蓄水箱和底部蓄水箱的承载能力及稳定性、实验段的透光性提出了极高的要求。实验段水槽、顶部蓄水箱及底部蓄水箱的四周均采用边长为 8cm 的方钢包裹，顶部和底部蓄水箱采用厚度为 15mm 的塑料板制作，同时实验装置整体采用边长为 5cm 的角钢作为斜支撑，以保障它们具有较高的承载能力和稳定性，从而避免在实验过程中由于水压力过大造成的变形、开裂等现象，影响实验条件。实验段水槽由透光性极好的平板玻璃构成，并且在专业的玻璃厂进行生产、切割、拼接、组装、钻孔。对于问题⑥，由于二维 PIV 系统属于高精度测流手段，在实验过程中不能出现大面积漏水或者小范围滴水情况，一旦出现将损坏激光发射器和 CMOS 相机，因此每次实验前均应对实验装置各部件的密封性进行检查，若发现漏水问题必须及时处理，处理完毕并检查无误之后，才能进行 PIV 测量。

2.6.2　二维粒子图像测速系统的硬件模块

本书实验在利用二维粒子图像测速（PIV）系统测量流场的过程中，遭遇了几个难点问题：①实验支孔射流段与激光发射器之间距离为 1m，而且之间相隔一个 400mm 厚的水域（见图 2-1、图 2-2），激光需要穿过该水域才能到达实验段，这势必会造成激光能量大幅衰减，导致实验段内激光强度和照射范围达不到拍摄要求；②示踪粒子的布撒；③激光发射器与相机的精平。

这 3 个问题将直接影响流场高质量图像的采集，具体的解决办法为：对于问题①，激光穿过水域会发生能量急速衰减，而穿过空气发生的衰减将明显减少。基于此，联系专业的玻璃厂定制了一个密封的玻璃水箱，长 400mm，宽 400mm，高 50mm，将其置于激光发射器的前端，使激光直接穿透玻璃箱进入实验射流段，保证了激光强度。关于照射范围，将相关参数报送给北京镭志威光电技术有限公司，经过专业人员的反复调试，定制一组光学镜头，以满足实验的照射范围。对于问题②，根据 PIV 原理，粒子到达被测区域是实现 PIV 测量的前提，故粒子的布撒技术非常重要，在测量区域内粒子分布需达到均匀性、稳定性及合适的浓度。对于问题③，设计了高精度可调激光发射器和相机支架，并借助水平尺，对激光发射器和相机进行精平。

本 章 小 结

本书基于国内外典型船闸闸墙长廊道侧支孔输水系统各部分尺寸的统计资料，设计了一套错孔相向射流实验系统，采用二维 PIV 系统进行系统的实验测量研究。本章主要介绍了这两套系统的构造和组成、实验方案的设计以及实验难点等，具体如下：

（1）研发的错孔相向射流实验系统按照长度比尺 1：50、速度比尺 1.00：7.07 进行设计修建，包括射流实验系统和供回水系统。射流实验系统是整个系统的核心，由实验段水槽、射流支管、阀门、电磁流量计、水位测针、溢流平水槽等组成，实验段水槽宽 400mm，长 800mm，高 300mm。支孔断面设计为矩形，宽 14mm、高 16mm，左侧支孔间距为 40mm，右侧支孔间距为 20mm。实验段内水位溢流平水槽由水位测针调控，支孔入射流量由电磁流量计和阀门控制。此外，错孔相向射流实验系统还配备了可靠的供回水系统，它由顶部蓄水箱、溢流板、底部蓄水箱、水泵及水位测针组成。

（2）实验采用的二维粒子图像测速（PIV）系统，由硬件模块和软件模块组成。硬件模块主要包括高速 CMOS 相机、8W 半导体连续激光光源、高精度可调支架、示踪粒子等。软件模块包括图像采集软件（Motion Studio）

和流体计算软件（JFM），并详细阐述了各自的功能和实现步骤。高速相机采用双曝光模式，采样频率为 1Hz，采样样本总量为 5000 对，连续拍摄的两张图片之间的时间间隔为 1/600s，相机的曝光时间为 400μs，每个实验组次的采集时间大约为 83min，测量范围设定为 5～395mm。

（3）基于船闸侧支孔射流流动特性，选取淹没水深、错距和流速比作为影响错孔相向射流流动特性的主要因子，设计初始淹没水深为 80mm，最大入射流速为 0.7m/s。本书实验主要分为有限空间中单孔射流实验和错孔相向射流实验两大部分，基于淹没水深、雷诺数、错距和流速比的变化，分别确定了二者的实验组次，共计 48 个工况。同时，对本书的实验步骤进行了说明，分为实验前期准备、PIV 测量和实验后期处理。其中，实验前期准备的关键工作是准确设定各工况的实验条件；PIV 测量阶段的核心在于均匀布撒示踪粒子，以利于获取高质量的图片；实验后期处理的关键工作则为实验数据的分析与整理。

（4）采用统计平均法对实测流场计算结果进行处理分析，以 P1JH1～P1JV1 为例，重点统计 u 速度值及其剖面分布规律，对错孔相向射流实验系统和 PIV 测量结果的稳定性展开分析研究。结果表明，错孔相向射流实验系统供水水流非常稳定，能够满足本书的实验条件；二维 PIV 系统性能稳定、精度高，能够满足精度要求；5000 对样本容量能够满足统计量对于稳定性的需求。另外，本章还探讨了实验过程中遇到的难点问题，主要包括实验装置设计及建设、二维 PIV 系统的硬件模块两方面，并提出了解决措施，以保障实验的顺利进行和测量精度。

第三章

有限空间中单孔射流流场
分区结构及流动特性

在错孔相向射流流场中，存在两种特定情况：一是流速比 $R=0$，即只有一个射孔出流，另一个射孔不出流；二是错距 d 趋于无穷大，即两股相向运动的射流之间完全不存在复杂的相互作用。可见，上述两种流动情况均可视为单孔射流，但不同的是，射流运动的范围将受到垂直挡板的限制，即该射流为有限空间中的单孔射流。它受闸室底板的约束，实际表现出三维壁面射流特征。本章主要基于错孔相向射流实验系统，选取 J03 号射孔，水流以某一初始动量自支孔射出，主要沿纵向运动，撞击前方垂直挡板，根据表 2-1 拟定的系列实验工况，采用 PIV 技术，针对有限空间中单孔射流的速度场进行了详细测量，探明了其时均流场的分区结构；在此基础之上，考虑雷诺数和水深的改变，重点统计分析了垂直挡板影响区和近壁区内速度剖面分布、速度半宽值分布、最大速度衰减、紊动特性的变化规律。

3.1　有限空间中单孔射流流场分区结构

基于前面的分析，特定流动条件下的错孔相向射流，由于受到垂直挡板的影响，其流动区域将受到限制；同时加之闸室底板的约束，其运动也表现出三维壁面射流特征，整体流动结构十分复杂，因此有必要对流场进行分区研究。参考文献［119］关于半无限空间中单孔三维壁面射流的实验资料，本书选取最大速度衰减变化规律作为有限空间中单孔射流流场的分区依据，以 P1JV1 工况为例，考察中垂面 xOy 内最大速度 u_{m0} 的变化情况。图 3-1 中将矩形射孔面积 A 的算术平方根 D 作为特征长度比尺，亦即 $D = \sqrt{A} = \sqrt{b_0 h_0}$，统计了最大速度沿纵向 x 的沿程衰减变化规律。值得指出的是，根据后续图 3-14 可知，最大速度衰减变化规律独立于雷诺数，且对小量级水深变化的敏感度较差。因此，图 3-1 中统计的实测数据具有较好的代表性。

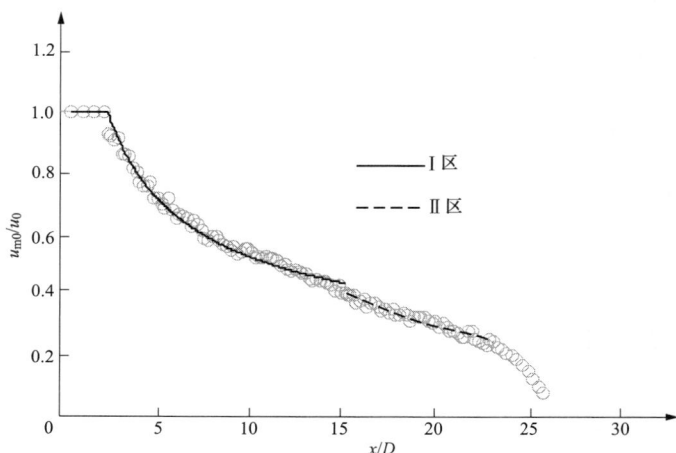

图 3-1　P1JV1 工况沿程最大速度衰减

图 3-1 中，在 $0 \sim 2.5D$ 区内，速度保持一个常量，等于支孔入射初速度 u_0，认为此时射流处于势流核心区。随后 u_{m0} 开始衰减，但是各区段的衰减程度不尽相同。在 $2.5D \sim 15.36D$ 区内，最大速度衰减呈幂函数形式变化，具体方程可用式（3-1）表示，衰减指数 $n = 0.468$，拟合相关系数 $R^2 = 0.982$。

$$\frac{u_{m0}}{u_0} = 1.56 \left(\frac{x}{D} \right)^{-0.468} \tag{3-1}$$

分析 $15.36D \sim 23.38D$ 区，u_{m0} 加速衰减，$n = 1.095$，曲线走势仍然符

合幂函数方程，见式（3-2），$R^2 = 0.948$。

$$\frac{u_{m0}}{u_0} = 8\left(\frac{x}{D}\right)^{-1.095} \tag{3-2}$$

在靠近垂直挡板边壁的区域，即在 $23.38D \sim 26.72D$ 区内，u_{m0} 继续减小，衰减幅度加剧，但与 x 不再保持幂函数关系。

通过上述分析，研究得到有限空间中单孔射流流场的分区结构，见图 3-2。在 $2.5D \sim 15.36D$ 内，$n = 0.468$。较之以往研究成果中特征衰减区段内的衰减指数[125]，本书的实验结果相对偏小，充分说明在 $2.5D \sim 15.36D$ 区段内并未受到射孔正对面布置的垂直挡板的影响，与半无限空间中的边界条件基本一致，考虑 $0 \sim 2.5D$ 区为势流核心区，故本书将 $0 \sim 15.36D$ 区定义为自由边界下三维壁面射流区（Ⅰ区）；在 $15.36D \sim 23.38D$ 内，边界条件发生变化，射流流动开始受到垂直挡板影响，u_{m0} 衰减加速，$n = 1.095$，故将 $15.36D \sim 23.38D$ 区定义为垂直挡板影响区（Ⅱ区）；而 $23.38D \sim 26.72D$ 区则定义为近壁区（Ⅲ区）。

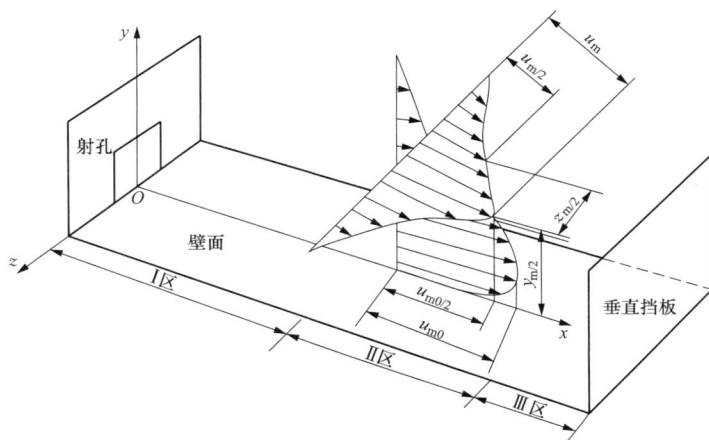

图 3-2　有限空间中单孔射流流场的分区结构

3.2 实测流场可靠性检验

对于有限空间中单孔射流流场的分区结构，Ⅰ区为自由边界下的三维壁面射流区。因此，为检验分区结构的正确性和实验结果的可靠性，本节主要将Ⅰ区的速度分布规律与经典的三维壁面射流实验资料进行对比分析，其他物理量的检验将贯穿在后续章节中。

3.2.1 Ⅰ区水平面 u 速度分布检验

本节以 P1JH1 工况为例，主要采用经典的 u 速度分布理论解（GAUSSIAN 解、TOLLMIEN 解以及 GORTLER 解）对实测Ⅰ区纵向时均速度分布进行检验。

对于 P1JH1 工况，测量得到Ⅰ区 xOz 平面 u 速度剖面分布，见图 3-3。从图 3-3 中可以看出：①在射孔附近，$2D$ 和 $4D$ 速度剖面分布规律与 GAUSSIAN 解［式（1-1）］、TOLLMIEN 解［式（1-7）］、GORTLER 解［式（1-8）］吻合较好，但与其他剖面的相似性较差，这与文献［119］统计的结果大致一致。②在 $6D \sim 14D$ 区内，各速度剖面分布具有自相似性，且均服从高斯分布。同时，在 $0 \leqslant z/z_{m/2} \leqslant 1.6$ 区内，实测流速值与各理论解基本吻合；在 $1.6 < z/z_{m/2} < 4$ 区内，实测值稍大于理论值。分析这种现象产生的原因，TOLLMIEN 解与 GORTLER 解均是基于 PRANDTL 半经验理论，针对计算流场的各个剖面，在靠近射流轴线位置处与实测值吻合较好，但随着射流的沿程发展，射流不断与周围更多的静止水体发生掺混，相应产生了对射流的阻力，使射流外边缘部分流速降低，紊动掺混并未消失，且在横断

面整个宽度上涡黏性系数亦不是一个常数，不再满足 PRANDTL 混合长度理论与自由紊流理论的基本假设。至于 GAUSSIAN 解，其本身就是一个很理想的实验解，距离射孔越远的横剖面，其外区由于存在射流的卷吸、掺混等作用，流速值势必不会迅速衰减至零。

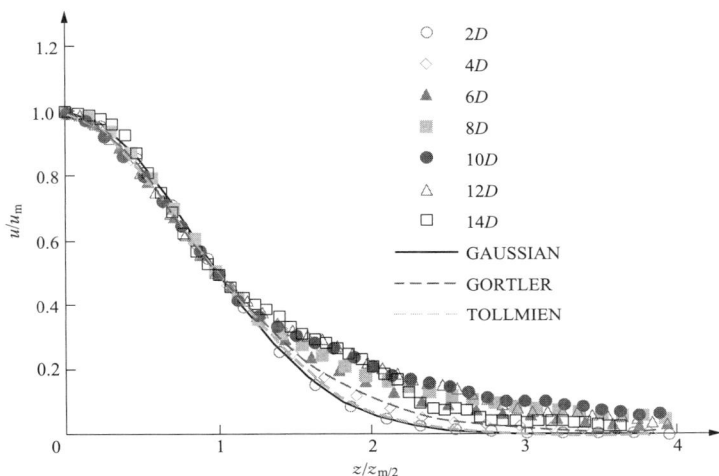

图 3-3　P1JH1 工况 Ⅰ 区 u 速度剖面分布

3.2.2　Ⅰ区中垂面 u_m 速度分布检验

在Ⅰ区中垂面内，射流还未充分发展，内层没有完全击穿外层，速度剖面分布不存在完整的相似性。图 3-4 所示为 P1JV1 工况Ⅰ区 xOy 平面 u_m 速度剖面分布。在 $2 < y/y_{m/2} < 3$ 区内，由于受垂直挡板的影响，射流循挡板向上流至自由水面而形成较大范围的回流现象，从而导致 u 速度出现负值。而在 $0 \leqslant y/y_{m/2} \leqslant 2$ 区内，靠近孔口的 2D 与 4D 剖面受射孔出流的影响较大，不具有相似性，而其余各速度剖面之间的相似性较好，分布规律满足 GLAUERT 理论解（$\alpha = 1.25$），这与文献［119］的统计结果相符。

综合分析图 3-3、图 3-4，本书Ⅰ区实测流场数据统计的 u 速度剖面分布

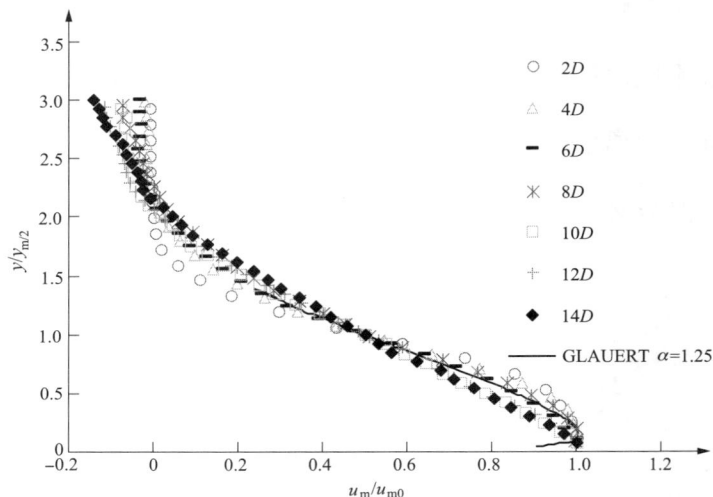

图 3-4　P1JV1 工况 Ⅰ 区 u_m 速度剖面分布

与既有成果相吻合，说明测量的 Ⅱ 区及 Ⅲ 区流场可靠，可进行速度剖面分布、速度半宽值变化、最大速度衰减规律、紊动特性的统计分析。

3.3　垂直挡板影响区特征物理量统计

3.3.1　垂直挡板影响区速度剖面分布

1. 水平面速度剖面分布

（1）u 速度剖面分布。选取 16D、18D 和 20D 作为特征剖面，图 3-5 统计了不同雷诺数和水深条件下的垂直挡板影响区水平面 u 速度剖面分布。其中，图 3-5（a）旨在获取不同雷诺数下的 u 速度剖面分布规律；图 3-5（b）旨在观测 u 速度分布对小量级水深改变的敏感程度。

由图 3-5 可知，Ⅱ 区水平面 u 速度剖面分布与雷诺数和水深的变化均不相关。同时，与文献［138］和文献［140］的实验成果相比较，分析 $0 \leqslant z/z_{m/2}$

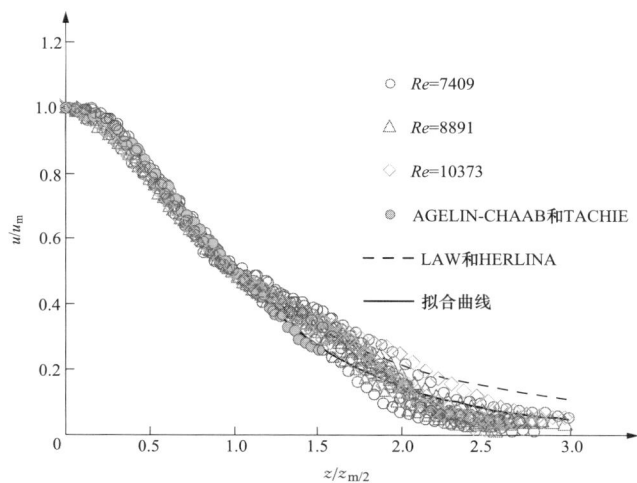

(a) P1JH1~P1JH3 工况实测数据

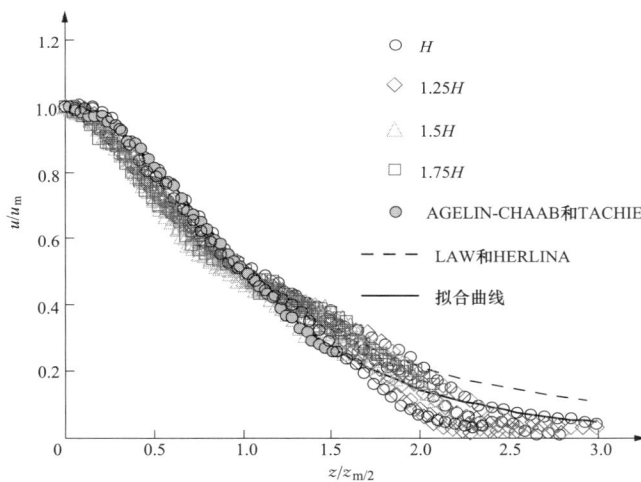

(b) P1JH1、P1JH4、P1JH7和P1JH10工况实测数据

图 3-5　Ⅱ区水平面 u 速度剖面分布

≤1.3 区，各剖面流速分布基本一致，与以往实验结果高度吻合；在 $1.3<$ $z/z_{m/2}<3$ 区内，与以往的实测值比较，本书实验结果出现了一定的起伏。分析其原因，可能是射流碰撞垂直挡板之后，流向发生改变，加剧了射流与周围更多静止流体的掺混，从而引起速度分布在掺混区域内产生不同程度的波动。更为重要的是，垂直挡板影响区水平面 u 速度剖面分布具有较好的自

相似性，服从高斯分布。根据本书实测数据，参考高斯方程，对其进行拟合，见式（3-3），相关系数 $R^2=0.972$。

$$\frac{u}{u_{\mathrm{m}}}=\frac{1}{\left[1+0.405\left(\frac{z}{z_{\mathrm{m/2}}}\right)^2\right]^2} \tag{3-3}$$

（2）w 速度剖面分布。由于 II 区水平面 u 速度剖面分布与雷诺数和水深无关，则选取 P1JH1 工况，统计分析 II 区 w 速度剖面分布，见图 3-6。可见，各剖面 w 速度的整体变化趋势为：w 速度均为正值，从孔口底部零点处开始增长，至半宽值位置处达到最大值；各剖面分布的相似性较差，且随着运动的发展，w 速度值呈现逐渐递增的趋势，最大值出现在 22D 剖面，为 $0.156u_{\mathrm{m}}$。另外，图 3-6 中对比了文献［127］的实验数据，针对圆孔射流，测量范围为 $0\sim80$ 倍圆孔直径，发现在射流的远处，w 值呈现出很好的规律。同时，比较文献［138］的实验结果，其测量范围为 $25\sim50$ 倍圆孔直径，发现各剖面分布的曲线趋势基本与前人的研究成果保持一致。

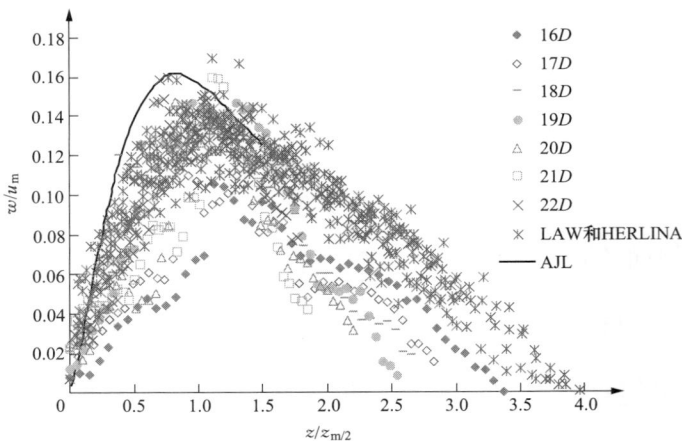

图 3-6　P1JH1 工况 II 区 w 速度剖面分布

2. 中垂面速度剖面分布

（1）u_m 速度剖面分布。图 3-7 所示为 Ⅱ 区中垂面 u_m 速度剖面分布情况。P1JV1～P1JV3 工况展示了不同雷诺数的变化［见图 3-7（a）］，而 P1JV1、P1JV4、P1JV7、P1JV10 工况则给出了四种水深的改变［见图 3-7（b）］。显然，Ⅱ 区中垂面 u_m 速度剖面分布与雷诺数和水深亦无关。在 $2 < y/y_{m/2} < 3$ 区内，受垂直挡板影响，形成回流区，u_m 均为负值，分布较为散乱，不具有自相似性；在 $0 \leqslant y/y_{m/2} \leqslant 2$ 区内，各速度剖面分布自相似性较好，满足 VERHOFF 解，见式（1-9）。

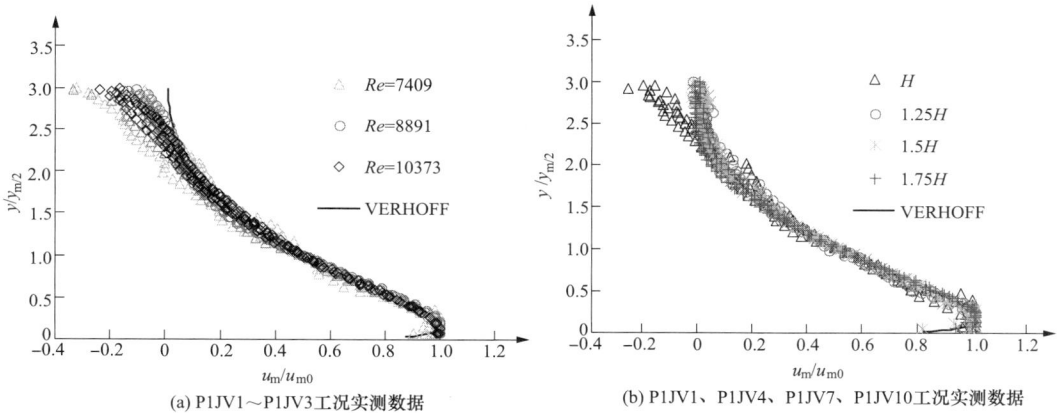

(a) P1JV1～P1JV3工况实测数据 　　　 (b) P1JV1、P1JV4、P1JV7、P1JV10工况实测数据

图 3-7　Ⅱ 区内中垂面 u_m 速度剖面分布

（2）v 速度剖面分布。随着射流的发展，Ⅱ 区 v 速度各剖面分布开始展现出一定的规律性，但仍然不相似，将文献［138］的实验数据与 P1JV1 工况的实测数据进行对比，见图 3-8。根据图 3-8 中实测数据可知，v 速度值均为负值，且在 $y = 2y_{m/2}$ 附近有最小值，$v_{min} = -0.06u_{m0}$，说明水流的流动方向总是指向壁面的方向，这与文献［138］的观测结果基本重合。同时，结合 Ⅱ 区 w 速度分布规律（见图 3-6），发现在水平面内即使在很远的距离，

水流的运动方向也是远离中垂面。如果仅仅将紊动卷吸作为射流掺混的诱因，那么周围静止的水体会直接被吸引到射流的中心，然而这与实验的观测结果相反。这可充分说明在三维壁面射流流场中的确存在二次流结构，亦即流体被吸向壁面，然后水平地偏离靠近壁面的中心线，这与文献［100，101］的实验成果大体一致，从侧面也说明本书的实验数据具有较高的精度。

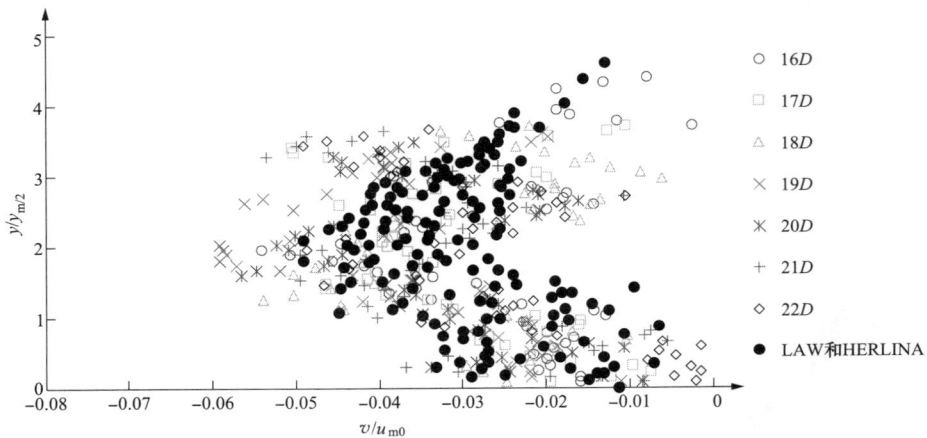

图 3-8　P1JV1 工况 Ⅱ 区 v 速度剖面分布

3.3.2　垂直挡板影响区速度半宽值分布

由于在垂直挡板影响区内，纵向时均速度剖面分布具有高度的自相似性，在水平面内符合式（3-3），中垂面内则满足 VERHOFF 解。对于 Ⅱ 区速度半宽值分布的理论推导，根据自相似性原理，可采用以下两种方式：一是通过时均运动微分方程，直接推导出 Ⅱ 区速度半宽值分布的理论公式；二是采用积分法，对时均运动微分方程进行积分，得到动能积分方程，并导出速度半宽值分布的理论公式。

1. 时均运动微分方程

文献［55］基于黏性流动的瞬时运动方程（N-S 方程）和连续性方程，

结合 $u_i = \overline{u_i} + u_i'$（即瞬时速度由时均速度和脉动速度组成），推导得到了雷诺时均运动方程：

$$\rho\,\frac{\partial \overline{u_i}}{\partial t} + \rho\,\overline{u_j}\,\frac{\partial \overline{u_i}}{\partial x_j} = \rho\,\overline{F_i} - \frac{\partial \overline{p}}{\partial x_i} + \frac{\partial}{\partial x_j}\left(\mu\,\frac{\partial \overline{u_i}}{\partial x_j} - \rho\,\overline{u_i' u_j'}\right) \tag{3-4}$$

在本书定义的笛卡尔坐标系中，为简化计，常脱掉冠在变量上的时均等号，式（3-4）具体可写为：

$$\frac{\partial u}{\partial t} + u\,\frac{\partial u}{\partial x} + v\,\frac{\partial u}{\partial y} + w\,\frac{\partial u}{\partial z}$$

$$= -\frac{1}{\rho}\,\frac{\partial p}{\partial x} + \upsilon\left(\frac{\partial^2 u}{\partial x^2} + \frac{\partial^2 u}{\partial y^2} + \frac{\partial^2 u}{\partial z^2}\right)$$

$$- \left(\frac{\partial \overline{u'^2}}{\partial x} + \frac{\partial \overline{u'v'}}{\partial y} + \frac{\partial \overline{u'w'}}{\partial z}\right) \tag{3-5}$$

$$\frac{\partial v}{\partial t} + u\,\frac{\partial v}{\partial x} + v\,\frac{\partial v}{\partial y} + w\,\frac{\partial v}{\partial z}$$

$$= -\frac{1}{\rho}\,\frac{\partial p}{\partial y} + \upsilon\left(\frac{\partial^2 v}{\partial x^2} + \frac{\partial^2 v}{\partial y^2} + \frac{\partial^2 v}{\partial z^2}\right)$$

$$- \left(\frac{\partial \overline{u'v'}}{\partial x} + \frac{\partial \overline{v'^2}}{\partial y} + \frac{\partial \overline{v'w'}}{\partial z}\right) \tag{3-6}$$

$$\frac{\partial w}{\partial t} + u\,\frac{\partial w}{\partial x} + v\,\frac{\partial w}{\partial y} + w\,\frac{\partial w}{\partial z}$$

$$= -\frac{1}{\rho}\,\frac{\partial p}{\partial z} + \upsilon\left(\frac{\partial^2 w}{\partial x^2} + \frac{\partial^2 w}{\partial y^2} + \frac{\partial^2 w}{\partial z^2}\right)$$

$$- \left(\frac{\partial \overline{u'w'}}{\partial x} + \frac{\partial \overline{v'w'}}{\partial y} + \frac{\partial \overline{w'^2}}{\partial z}\right) \tag{3-7}$$

式（3-5）～式（3-7）中，除去各时均项外，新增了 9 个脉动相关项，这是雷诺方程所特有的，称之为雷诺应力项。

以 xOz 平面内的平面射流（喷嘴的宽度与厚度之比大于 20）为例，从二维的角度推导射流的时均运动微分方程。根据平面射流的流动特性有：

$$v=0,\frac{\partial}{\partial y}=0,\overline{u'v'}=0,\overline{v'w'}=0,u\gg w,\frac{\partial}{\partial z}\gg\frac{\partial}{\partial x} \tag{3-8}$$

当射流流动稳定以后，则：

$$\frac{\partial u}{\partial t}=0,\frac{\partial w}{\partial t}=0 \tag{3-9}$$

将式（3-8）、式（3-9）代入式（3-5）和式（3-7），整理可得：

$$u\frac{\partial u}{\partial x}+w\frac{\partial u}{\partial z}=-\frac{1}{\rho}\frac{\partial p}{\partial x}+\upsilon\frac{\partial^2 u}{\partial z^2}-\left(\frac{\partial \overline{u'^2}}{\partial x}+\frac{\partial \overline{u'w'}}{\partial z}\right) \tag{3-10}$$

$$0=-\frac{1}{\rho}\frac{\partial p}{\partial z}-\frac{\partial \overline{w'^2}}{\partial z} \tag{3-11}$$

从 z 到射流区域外无穷远处积分式（3-11）可得：

$$p=p_\infty-\rho\overline{w'^2} \tag{3-12}$$

式中：p_∞ 为射流区域外的压强。式（3-12）对 x 取微分并代入式（3-10）得：

$$u\frac{\partial u}{\partial x}+w\frac{\partial u}{\partial z}=-\frac{1}{\rho}\frac{\mathrm{d}p_\infty}{\mathrm{d}x}+\upsilon\frac{\partial^2 u}{\partial z^2}-\frac{\partial \overline{u'w'}}{\partial z}-\frac{\partial}{\partial x}(\overline{u'^2}-\overline{w'^2}) \tag{3-13}$$

$$\qquad\qquad\qquad ① \qquad\qquad ② \qquad ③ \qquad\qquad ④$$

式（3-13）方程中右边第②、③项可变形为：

$$\frac{1}{\rho}\frac{\partial}{\partial z}\left(\mu\frac{\partial u}{\partial z}\right)+\frac{1}{\rho}\frac{\partial}{\partial z}(-\rho\overline{u'w'})=\frac{1}{\rho}\frac{\partial}{\partial z}\left[\mu\frac{\partial u}{\partial z}+(-\rho\overline{u'w'})\right] \tag{3-14}$$

$$\qquad\qquad\qquad ① \qquad\qquad\qquad ②$$

式（3-14）中，第①项表示黏性切应力；第②项表示紊动切应力。在平面紊动射流中，紊动切应力远远大于黏性切应力。加之在式（3-13）中，第④项远小于其他项，一般可将其忽略不计。此外，对于平面射流来说，轴向时均压力梯度是一个可忽略的小量，认为 $dp_\infty/dx=0$。

综上所述，并结合式（3-14）与连续性方程，进一步化简整理式（3-13），可得到二维射流的时均运动微分方程为：

$$u\frac{\partial u}{\partial x}+w\frac{\partial u}{\partial z}=\frac{1}{\rho}\frac{\partial}{\partial z}(-\rho\overline{u'w'})$$

$$\frac{\partial u}{\partial x}+\frac{\partial w}{\partial z}=0 \tag{3-15}$$

同理，对于三维紊动射流而言，基于式（3-5）～式（3-7），采用量级比较的方法，忽略方程中量级较小的项可推出三维紊动射流的时均运动微分方程：

$$u\frac{\partial u}{\partial x}+v\frac{\partial u}{\partial y}+w\frac{\partial u}{\partial z}=\frac{1}{\rho}\frac{\partial}{\partial y}(-\rho\overline{u'v'})+\frac{1}{\rho}\frac{\partial}{\partial z}(-\rho\overline{u'w'})$$

$$\frac{\partial u}{\partial x}+\frac{\partial v}{\partial y}+\frac{\partial w}{\partial z}=0 \tag{3-16}$$

2. 时均动能积分方程

参照时均运动微分方程的推导过程，还是先对二维平面射流的动能积分方程进行推导。从 $z=0$ 到 $z=\infty$ 积分式（3-15），并同时乘以 ρu 可得：

$$\int_0^\infty \rho u^2\frac{\partial u}{\partial x}dz+\int_0^\infty \rho uw\frac{\partial u}{\partial z}dz=\int_0^\infty u\frac{\partial}{\partial z}(-\rho\overline{u'w'})dz \tag{3-17}$$

① ② ③

令 $E=\rho u^2/2$，E 表示单位流体质量的动能，则对式（3-17）第①项进行

79

重塑，可得：

$$\int_0^\infty \rho u^2 \frac{\partial u}{\partial x}\mathrm{d}z = \int_0^\infty u\frac{\partial}{\partial x}\frac{\rho u^2}{2}\mathrm{d}z = \int_0^\infty u\frac{\partial E}{\partial x}\mathrm{d}z = \int_0^\infty\left(\frac{\partial}{\partial x}Eu - E\frac{\partial u}{\partial x}\right)\mathrm{d}z \quad (3\text{-}18)$$

变形第②项可得：

$$\int_0^\infty \rho uw\frac{\partial u}{\partial z}\mathrm{d}z = \int_0^\infty w\frac{\partial E}{\partial z}\mathrm{d}z = |wE|_0^\infty - \int_0^\infty E\frac{\partial w}{\partial z}\mathrm{d}z \quad (3\text{-}19)$$

考虑二维射流边界条件和连续性方程，整理式（3-19）可得：

$$|wE|_0^\infty = 0,\ \frac{\partial w}{\partial z} = -\frac{\partial u}{\partial x} \rightarrow \int_0^\infty w\frac{\partial E}{\partial z}\mathrm{d}z = \int_0^\infty E\frac{\partial u}{\partial x}\mathrm{d}z \quad (3\text{-}20)$$

重写式（3-17）的左边：

$$\int_0^\infty \rho u^2\frac{\partial u}{\partial x}\mathrm{d}z + \int_0^\infty \rho uw\frac{\partial u}{\partial z}\mathrm{d}z = \int_0^\infty \frac{\partial}{\partial x}Eu\,\mathrm{d}z = \frac{\mathrm{d}}{\mathrm{d}x}\int_0^\infty Eu\,\mathrm{d}z \quad (3\text{-}21)$$

进一步地，对式（3-17）第③项进行变形，为简化计，令 $\tau_t = -\rho\overline{u'w'}$，则：

$$\int_0^\infty u\frac{\partial}{\partial z}\tau_t\mathrm{d}z = |u\tau_t|_0^\infty - \int_0^\infty \tau_t\frac{\partial u}{\partial z}\mathrm{d}z = -\int_0^\infty \tau_t\frac{\partial u}{\partial z}\mathrm{d}z \quad (3\text{-}22)$$

结合式（3-21）、式（3-22），整理二维平面射流的时均动能积分方程：

$$\frac{\mathrm{d}}{\mathrm{d}x}\int_0^\infty Eu\,\mathrm{d}z = -\int_0^\infty \tau_t\frac{\partial u}{\partial z}\mathrm{d}z \quad (3\text{-}23)$$

同时采用 EULER 法，引入 E 的随体导数，如式（3-24）所示：

$$\frac{\mathrm{d}E}{\mathrm{d}t} = \frac{\partial E}{\partial t} + u_i\cdot\nabla E = \frac{\partial E}{\partial t} + u\frac{\partial E}{\partial x} + w\frac{\partial E}{\partial z} \quad (3\text{-}24)$$

①　　　②

式中：第①项表示随时间的变化率，称为当地导数，由 E 的非定常性产生；第②项表示随空间的变化率，称为迁移导数，由流场的非均匀性产生。由于二维射流为定常流动，则：

$$\frac{\partial E}{\partial t}=0 \rightarrow \frac{\mathrm{d}E}{\mathrm{d}t}=u\,\frac{\partial E}{\partial x}+w\,\frac{\partial E}{\partial z} \tag{3-25}$$

综合式（3-18）、式（3-19）及式（3-22），时均动能积分方程也可写为：

$$\int_0^\infty \frac{\mathrm{d}E}{\mathrm{d}t}\mathrm{d}z=-\int_0^\infty \tau_{\mathrm{t}}\,\frac{\partial u}{\partial z}\mathrm{d}z \tag{3-26}$$

同理，可推得三维紊动射流的时均动能积分方程为：

$$\iint\limits_0^\infty \frac{\mathrm{d}E}{\mathrm{d}t}\mathrm{d}y\,\mathrm{d}z=-\iint\limits_0^\infty \left[(-\rho\,\overline{u'v'})\,\frac{\partial u}{\partial y}+(-\rho\,\overline{u'w'})\,\frac{\partial u}{\partial z}\right]\mathrm{d}y\,\mathrm{d}z \tag{3-27}$$

3. Ⅱ 区速度半宽值分布的理论推导

（1）通过时均运动微分方程直接推导。假设垂直挡板影响区内压力梯度为零，同时根据垂直挡板影响区内水平面和中垂面 u 速度分布均具有较好的自相似性，可将式（3-3）和 VERHOFF 解描述则：

$$\frac{u}{u_{\mathrm{m}}}=f\left(\frac{z}{z_{\mathrm{m/2}}}\right)=f(\eta_z) \tag{3-28}$$

$$\frac{u_{\mathrm{m}}}{u_{\mathrm{m0}}}=g\left(\frac{y}{y_{\mathrm{m/2}}}\right)=g(\eta_y) \tag{3-29}$$

同时，可做如下假设：

$$\frac{v}{u_{\mathrm{m}}}=f_1\left(\frac{z}{z_{\mathrm{m/2}}}\right)=f_1(\eta_z);\frac{w}{u_{\mathrm{m}}}=f_2\left(\frac{z}{z_{\mathrm{m/2}}}\right)=f_2(\eta_z) \tag{3-30}$$

$$\frac{\overline{u'v'}}{u_{\mathrm{m}}^2}=f_3\left(\frac{z}{z_{\mathrm{m/2}}}\right)=f_3(\eta_z);\frac{\overline{u'w'}}{u_{\mathrm{m}}^2}=f_4\left(\frac{z}{z_{\mathrm{m/2}}}\right)=f_4(\eta_z) \tag{3-31}$$

将式（3-28）～式（3-31）代入式（3-16），可得：

$$2gg'f_3 = -\frac{y_{m/2}}{z_{m/2}}g^2 f'_4 - \frac{y_{m/2}u'_{m0}}{u_{m0}}g^2 f^2 + y'_{m/2}\eta_y gg'f^2 + \frac{y_{m/2}z'_{m/2}}{z_{m/2}}\eta_z g^2 ff'$$

$$-gg'ff_1 - \frac{y_{m/2}}{z_{m/2}}g^2 f'f_2 \tag{3-32}$$

式中：f' 和 g' 分别代表 f 与 g 函数对 η_z、η_y 的微分。基于以往三维壁面射流的实测资料，可做以下假设：

$$u_{m0} \propto x^a, z_{m/2} \propto x^b, y_{m/2} \propto x^c \tag{3-33}$$

观察式（3-32），等式左边为一个关于 η_y 与 η_z 的函数，则等式右边必然也是 η_y 与 η_z 的函数关系式。为满足这个条件，等式右边 f 与 g 函数的各系数项均应独立于 x，则将式（3-33）代入各系数项中有：

$$x^{b-c} \propto x^0, x^{b+a-1-a} \propto x^0, x^{b-1} \propto x^0,$$

$$x^{b+c-1-c} \propto x^0, x^{b-c} \propto x^0 \tag{3-34}$$

求解式（3-34）可得 $b=c=1$，则：

$$z_{m/2} \propto x; y_{m/2} \propto x \tag{3-35}$$

亦即：

$$z_{m/2} = C_1 x + C_2 \tag{3-36}$$

$$y_{m/2} = C_3 x + C_4 \tag{3-37}$$

式中：C_1、C_2、C_3、C_4 均需要通过实验数据求得。

（2）通过时均动能积分方程间接导出。在式（3-27）中 E 的随体导数为：

$$\frac{dE}{dt} = \frac{\partial E}{\partial t} + u_i \cdot \nabla E = \frac{\partial E}{\partial t} + u\frac{\partial E}{\partial x} + v\frac{\partial E}{\partial y} + w\frac{\partial E}{\partial z} \tag{3-38}$$

①　　　②　　③　　　④

式中，由于射流流动为定常流动，第①项等于零；参考式（3-18）、式（3-

19），并结合三维紊动射流连续性方程和边界条件，对第②、③、④项分别进行变形整理之后可得：

$$\iint_{0\ 0}^{\infty\infty} \frac{\mathrm{d}E}{\mathrm{d}t} \mathrm{d}y\,\mathrm{d}z = \frac{\mathrm{d}}{\mathrm{d}x}\iint_{0\ 0}^{\infty\infty} Eu\,\mathrm{d}y\,\mathrm{d}z \tag{3-39}$$

将式（3-24）～式（3-27）代入式（3-39），并整理方程中各项得：

$$\frac{\mathrm{d}}{\mathrm{d}x}\iint_{0\ 0}^{\infty\infty} Eu\,\mathrm{d}y\,\mathrm{d}z = \frac{\mathrm{d}}{\mathrm{d}x}\iint_{0\ 0}^{\infty\infty}\left(\frac{\rho}{2}z_{m/2}y_{m/2}u_{m0}^3 f^3 g^3\right)\mathrm{d}\eta_y\,\mathrm{d}\eta_z \tag{3-40}$$

$$(-\rho\,\overline{u'v'})\frac{\partial u}{\partial y} = (-\rho u_{m0}^2 g^2 f_3)u_{m0}fg'\frac{\partial \eta_y}{\partial y} \tag{3-41}$$

$$(-\rho\,\overline{u'w'})\frac{\partial u}{\partial z} = (-\rho u_{m0}^2 g^2 f_4)u_{m0}gf'\frac{\partial \eta_z}{\partial z} \tag{3-42}$$

$$\frac{\partial \eta_y}{\partial y} = \frac{1}{y_{m/2}}; \frac{\partial \eta_z}{\partial z} = \frac{1}{z_{m/2}} \tag{3-43}$$

通过式（3-40）～式（3-43），整合式（3-27）可得：

$$\frac{\mathrm{d}}{\mathrm{d}x}(z_{m/2}y_{m/2}u_{m0}^3)\iint_{0\ 0}^{\infty\infty}\left(\frac{\rho}{2}f^3 g^3\right)\mathrm{d}\eta_y\,\mathrm{d}\eta_z$$
$$= -\iint_{0\ 0}^{\infty\infty}[u_{m0}^3 z_{m/2}(-\rho g^2 f_3 fg') + u_{m0}^3 y_{m/2}(-\rho g^3 f_4 f')]\mathrm{d}\eta_y\,\mathrm{d}\eta_z \tag{3-44}$$

令：

$$\left.\begin{array}{l} J_1 = \iint_{0\ 0}^{\infty\infty}\left(\frac{\rho}{2}f^3 g^3\right)\mathrm{d}\eta_y\,\mathrm{d}\eta_z \\[2em] J_2 = -\iint_{0\ 0}^{\infty\infty}(-\rho g^2 f_3 fg')\mathrm{d}\eta_y\,\mathrm{d}\eta_z \\[2em] J_3 = -\iint_{0\ 0}^{\infty\infty}(-\rho g^3 f_4 f')\mathrm{d}\eta_y\,\mathrm{d}\eta_z \end{array}\right\} \tag{3-45}$$

83

式中：J_1、J_2、J_3 均为常量。则在式（3-44）中有：

$$\frac{u_{m0}^3 z_{m/2}}{\dfrac{d}{dx}(y_{m/2} z_{m/2} u_{m0}^3)} \propto x^0 \, ; \, \frac{u_{m0}^3 y_{m/2}}{\dfrac{d}{dx}(y_{m/2} z_{m/2} u_{m0}^3)} \propto x^0 \qquad (3\text{-}46)$$

亦即：

$$3a + b - (c + b + 3a - 1) = 0 \qquad (3\text{-}47)$$

$$3a + c - (c + b + 3a - 1) = 0 \qquad (3\text{-}48)$$

计算式（3-47）、式（3-48）可得：

$$b = c = 1 \rightarrow z_{m/2} \propto x \, ; \, y_{m/2} \propto x \qquad (3\text{-}49)$$

从而可得到垂直挡板影响区内速度半宽值的理论公式，与通过时均运动微分方程直接推导的结果一致。

4. 水平面速度半宽值分布

（1）水平面速度半宽值分布与雷诺数的关系。为研究水平面速度半宽值分布与雷诺数之间的关系，在水深 $H = 80\text{mm}$ 的环境中统计了 P1JH1～P1JH3 工况 Ⅰ 区和 Ⅱ 区 $z_{m/2}$ 的实测数据，见图 3-9，结果表明 $z_{m/2}$ 的分布规律与 Re 无关。

同时实测发现，Ⅰ 区和 Ⅱ 区的 $z_{m/2}$ 分布均服从线性分布，观测结果满足式（3-36）的理论推导结果，但是这两个区域的扩展率并不相同。

在 Ⅰ 区内，$dz_{m/2}/dx = 0.1005$，相比自由紊动射流，误差仅为 $+0.0005$，进一步印证了本书实验的精确度。具体方程见式（3-50），$C_1 = 0.1005$，$C_2 = 0.07$，$R^2 = 0.950$。

$$\frac{z_{m/2}}{D} = 0.1005 \frac{x}{D} + 0.07 \qquad (3\text{-}50)$$

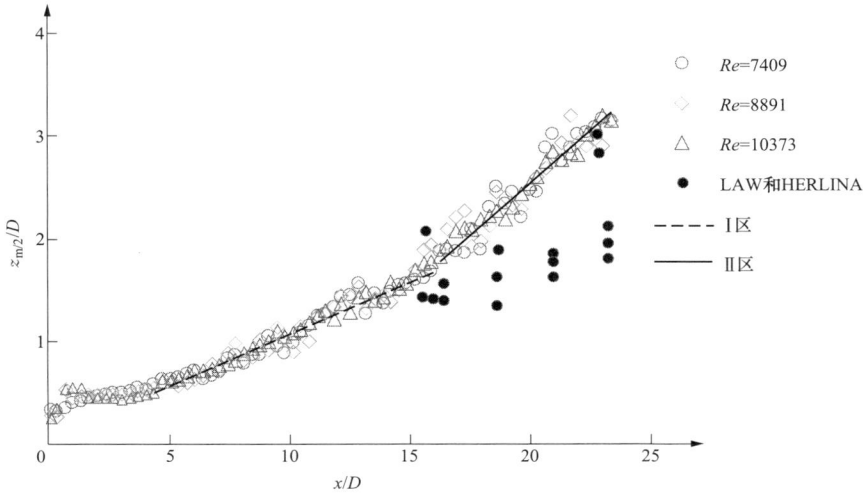

图 3-9   I 区和 II 区水平面速度半宽值分布与雷诺数的关系

在 II 区内，$\mathrm{d}z_{\mathrm{m/2}}/\mathrm{d}x = 0.205$，较之 I 区，扩展率增长了一倍，说明壁面射流进入 II 区之后，扩展范围增加，发展更为充分。分析其原因，可能是射流碰撞垂直挡板后流向发生改变，带动周围更多的静止流体参与掺混，使 II 区扩展范围增大。具体方程如式（3-51）所示，$C_1 = 0.205$，$C_2 = -1.55$，$R^2 = 0.940$。

$$\frac{z_{\mathrm{m/2}}}{D} = 0.205 \frac{x}{D} - 1.55 \tag{3-51}$$

分析现有的研究成果，发现研究者们主要研究的是径向型衰减区段的流动，即 20 倍圆孔直径以后的流动区域[125,138]，故在本书研究的垂直挡板影响区范围内可供参考对比的数据较少。图 3-9 给出了文献［138］在 $15.36D \sim 23.38D$ 内 $z_{\mathrm{m/2}}$ 的实验数据，从中可见各数据点分布比较零散，射流还处于发展不充分阶段，其扩展率远远小于 0.205。此外，对比以往研究成果中径向型衰减区内 $\mathrm{d}z_{\mathrm{m/2}}/\mathrm{d}x$ 的实验结果（$0.21^{[138]} \sim 0.32^{[124]}$），说明本书的实测值处于前人实验研究的取值区间之内。

（2）水平面半宽值分布与水深的关系。为了解淹没水深对 $z_{m/2}$ 的影响，本书实验段水深分别为 80mm、100mm、120mm、140mm，对三个不同雷诺数条件下的流动进行 12 次测量，计算分析 $z_{m/2}$ 对小量级水深变化的敏感程度，统计了 P1JH1～P1JH12 工况Ⅰ区和Ⅱ区 $z_{m/2}$ 的分布变化情况，见图 3-10。

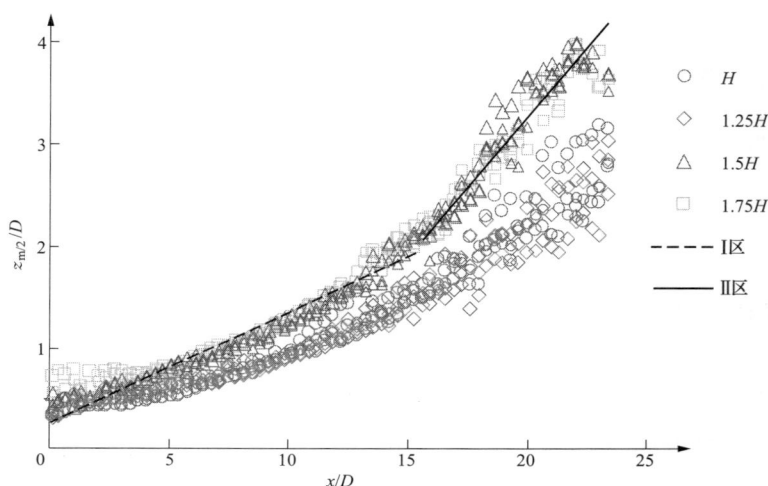

图 3-10   Ⅰ区和Ⅱ区水平面速度半宽值分布与水深的关系

研究表明：①在Ⅰ区和Ⅱ区内，$z_{m/2}$ 分布规律仍然满足线性方程，与式（3-36）相符；②Ⅰ区 $z_{m/2}$ 受水深影响较小，$dz_{m/2}/dx=0.108$，具体方程见式（3-52），$C_1=0.108$，$C_2=0.27$，$R^2=0.957$；③当实验段处于 $1.25H$ 淹没条件下，Ⅱ区 $z_{m/2}$ 分布与 H 环境中的实验数据基本一致，说明 $0.25H$ 的改变对其几乎没有影响，通过对比 $1.5H$ 和 $1.75H$ 的实验结果，更好地佐证了这一点；④比较 H 与 $1.5H$ 实验条件下Ⅱ区 $z_{m/2}$ 的统计数据可见，$0.5H$ 递增对 $z_{m/2}$ 影响较大，扩展范围进一步增加，$dz_{m/2}/dx=0.27$，扩展率增长了约 1.32 倍，具体方程如式（3-53）所示，$C_1=0.27$，$C_2=-2.17$，

$R^2 = 0.940$。

$$\frac{z_{m/2}}{D} = 0.108 \frac{x}{D} + 0.27 \tag{3-52}$$

$$\frac{z_{m/2}}{D} = 0.27 \frac{x}{D} - 2.17 \tag{3-53}$$

5. 中垂面速度半宽值分布

本书实验统计了 P1JV1~P1JV3 工况的中垂面速度半宽值分布，主要考察 Re 对Ⅰ区和Ⅱ区 $y_{m/2}$ 的影响，见图 3-11（a）；为了反映 $y_{m/2}$ 与 H 的关系，统计了 P1JV1、P1JV4、P1JV7、P1JV10 工况的中垂面速度半宽值分布，见图 3-11（b）。从图 3-11 中可以看出，Ⅰ区和Ⅱ区 $y_{m/2}$ 分布与雷诺数和水深均没有关系，但两区也显示出不同规律：①Ⅰ区 $y_{m/2}$ 呈阶梯形增长，扩展率很小，接近于零，不符合式（3-37）的理论推导结果。分析其原因，主要是由于壁面边界层的影响，在Ⅰ区内射流尚处于初步形成阶段，速度剖面随壁面射流的发展而逐渐变化，内层逐渐侵占外层，但这个过程并不是线性均匀发生的，而是随着射流发展，这种过程将越来越快。因此，Ⅰ区半宽值的变化不服从线性分布，且呈现阶梯形。②Ⅱ区 $y_{m/2}$ 呈线性分布，与式（3-37）的形式基本一致，$\mathrm{d}y_{m/2}/\mathrm{d}x = 0.043$，具体方程见式（3-54），$C_3 = 0.043$，$C_4 = 0.61$，$R^2 = 0.930$。

$$\frac{y_{m/2}}{D} = 0.043 \frac{x}{D} + 0.61 \tag{3-54}$$

对比文献 [138] 的实验成果 [图 3-11（a）]，可知在Ⅱ区范围内，扩展率几乎为零，然而在本书实验中，其扩展率已达 0.043，得到了显著提高。同时，较之既有成果中径向型衰减区内 $\mathrm{d}y_{m/2}/\mathrm{d}x$ 的实测范围（$0.037^{[124]}\sim$

$0.054^{[140]}$），本书的实验结果位于该范围内。

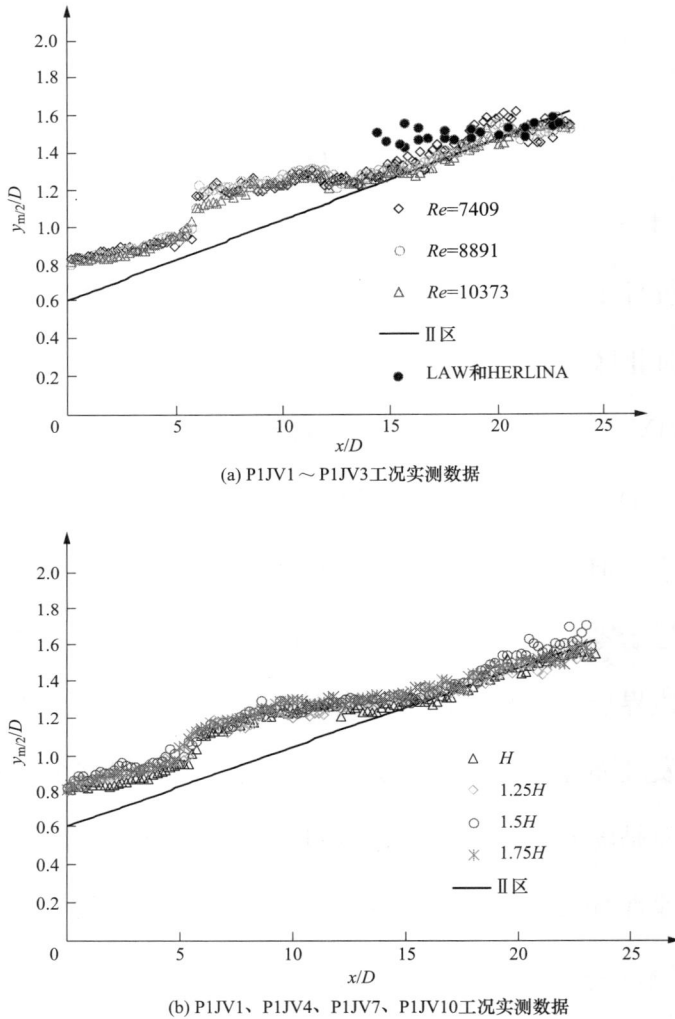

(a) P1JV1～P1JV3工况实测数据

(b) P1JV1、P1JV4、P1JV7、P1JV10工况实测数据

图 3-11　Ⅰ区和Ⅱ区中垂面速度半宽值分布与雷诺数和水深之间的关系

通过式（3-51）、式（3-53）、式（3-54）计算可得$(\mathrm{d}z_{m/2}/\mathrm{d}x)/(\mathrm{d}y_{m/2}/\mathrm{d}x)=4.78\sim6.28$，亦即Ⅱ区水平面速度半宽值的扩展率为中垂面速度半宽值扩展率的 $4.78\sim6.28$ 倍。分析其原因，主要是受三维壁面射流中二次流结构的影响。通过第 3.3.1 节中关于 v 与 w 速度的分析可知，在Ⅱ区内，v

速度始终为负值，指向壁面的方向；w 速度恒为正值，且从 0 开始增加，到 $z = z_{m/2}$ 附近位置达到最大，后又沿程逐渐减小，在射流很远的位置处，水流的运动方向也是远离射孔中垂面。这表明在二次流作用下，流体被吸向壁面，到达壁面后，流体的运动方向由垂直壁面向下（指向 y 轴负方向）变为平行于 z 轴的方向，即在水平方向逐渐偏离射孔中心线，致使水流产生了沿水平方向的位移。通过二次流的作用，II 区中垂面速度半宽值一直被压缩，而水平面内速度半宽值却处于快速增长的状态。因此，在 II 区，水平面速度半宽值的扩展率约是中垂面速度半宽值扩展率的 5～6 倍。这也是三维壁面射流独有的流动特征之一，与以往研究资料中径向型衰减区内速度半宽值的统计成果基本一致。

6. 虚源位置

（1）II 区水平面内虚源位置。II 区水平面内的速度半宽值分布与雷诺数无关，但却与水深的改变密切相关，图 3-12 所示为不同水深环境中 II 区水平面内的虚源位置 O_1 与 O_1'。当射流处于 H 与 $1.25H$ 环境中时，根据式（3-51）可计算出虚源位置 O_1，即：

$$\frac{x}{D} = 7.56 \qquad (3\text{-}55)$$

同理，当水深为 $1.5H$ 与 $1.75H$ 时，则由式（3-53）可得虚源位置 O_1' 为：

$$\frac{x}{D} = 8.04 \qquad (3\text{-}56)$$

（2）II 区中垂面内虚源位置。根据式（3-53）可计算得到中垂面内射流的虚源位置 O_2，即：

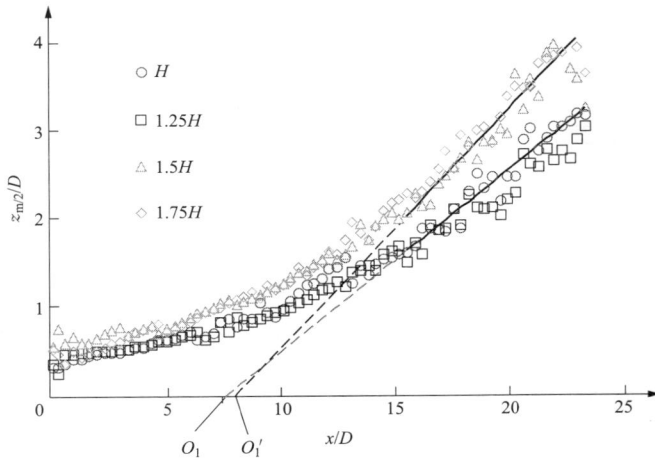

图 3-12　不同水深环境中Ⅱ区水平面内虚源位置 O_1 与 O_1'

$$\frac{x}{D} = -14.19 \tag{3-57}$$

图 3-13 所示为Ⅱ区中垂面内的虚源位置 O_2。对比图 3-12，不难发现，水平面内的虚源位置 O_1、O_1' 与中垂面内虚源位置 O_2 明显不同。发生两种位置不同的虚源，这正是半无限空间中三维壁面射流在径向型衰减区内所特有的又一个流动特征。此外，本书实验还观测到当水深由 H 增至 $1.5H$ 时，Ⅱ区水平面内虚源位置将向前移动，由 $x/D=7.56$ 变换至 $x/D=8.04$ 位置处，这表明其对 $0.5H$ 的改变亦较为敏感，而中垂面内虚源位置则对小量级水深变化的敏感性较差。

3.3.3　垂直挡板影响区最大速度衰减

在式（3-33）中，对于 a 的求解，仅仅依靠式（3-34）、式（3-47）及式（3-48）显然不够，还必须通过其他方程建立新的关系式才能解出。在此，本书仍采用积分法，对时均运动方程进行积分，导出时均动量积分方程，从

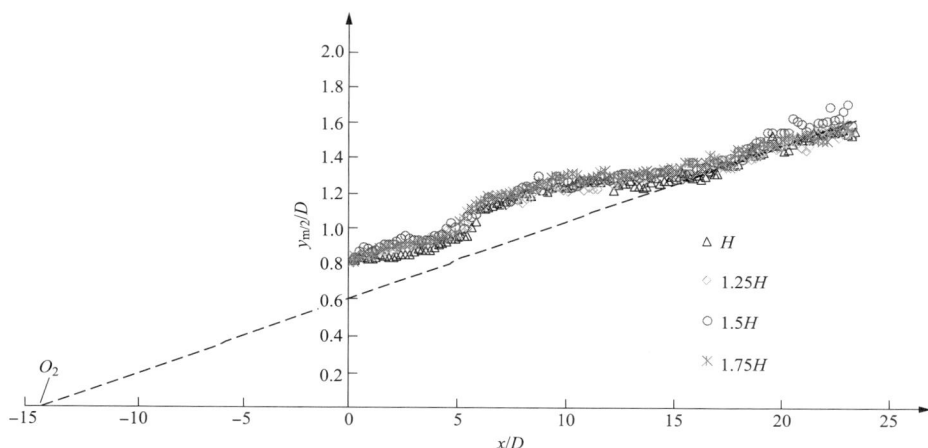

图 3-13　Ⅱ区中垂面内虚源位置 O_2

而解出 a 的值，并通过量纲分析法，推导得出垂直挡板影响区内最大速度衰减的理论公式。

1. 时均动量积分方程

首先考虑二维射流的时均动量积分方程，由于二维射流周围水体的压力梯度是一个量级较小的项，可忽略不计，且没有外力存在，忽略质量力，则射流沿纵向动量保持守恒。在射流横断面内，从喷嘴的中心到射流区域外无穷远处，积分二维时均运动微分方程得：

$$\int_0^\infty u\,\frac{\partial u}{\partial x}\mathrm{d}z + \int_0^\infty w\,\frac{\partial u}{\partial z}\mathrm{d}z = \frac{1}{\rho}\int_0^\infty \frac{\partial}{\partial z}(-\rho\,\overline{u'w'})\mathrm{d}z \qquad (3\text{-}58)$$

　　　　①　　　　　　　②　　　　　　　　③

根据莱布尼茨法则对式（3-58）中各项进行变形，则第①项可写为：

$$\int_0^\infty u\,\frac{\partial u}{\partial x}\mathrm{d}z = \frac{1}{2}\int_0^\infty \frac{\partial u^2}{\partial x}\mathrm{d}z = \frac{1}{2}\,\frac{\mathrm{d}}{\mathrm{d}x}\int_0^\infty u^2\mathrm{d}z \qquad (3\text{-}59)$$

第②项可写为：

$$\int_0^\infty W\frac{\partial u}{\partial z}\mathrm{d}z = \left| uw \right|_0^\infty - \int_0^\infty u\frac{\partial w}{\partial z}\mathrm{d}z \qquad (3\text{-}60)$$

在平面射流中，考虑连续性方程和射流的边界条件则有：

$$\left| uw \right|_0^\infty = 0,\ \frac{\partial w}{\partial z} = -\frac{\partial u}{\partial x} \qquad (3\text{-}61)$$

据此进一步整理式（3-60）可得：

$$\int_0^\infty w\frac{\partial u}{\partial z}\mathrm{d}z = \int_0^\infty u\frac{\partial u}{\partial x}\mathrm{d}z = \frac{1}{2}\frac{\mathrm{d}}{\mathrm{d}x}\int_0^\infty u^2\mathrm{d}z \qquad (3\text{-}62)$$

第③项可写为：

$$\frac{1}{\rho}\int_0^\infty \frac{\partial}{\partial z}(-\rho\,\overline{u'w'})\mathrm{d}z = \left| -\overline{u'w'} \right|_0^\infty = 0 \qquad (3\text{-}63)$$

综合式（3-59）、式（3-62）和式（3-63），且方程两边同时乘以 ρ，即可得到二维射流时均动量积分方程：

$$\frac{\mathrm{d}}{\mathrm{d}x}\int_0^\infty \rho u^2\mathrm{d}z = 0 \qquad (3\text{-}64)$$

同理积分式（3-16），通过变形整理可得到三维紊动射流时均动量积分方程：

$$\frac{\mathrm{d}}{\mathrm{d}x}\int_0^\infty\int_0^\infty \rho u^2\mathrm{d}y\mathrm{d}z = 0 \qquad (3\text{-}65)$$

将式（3-28）、式（3-29）代入式（3-65）进行变形，可得：

$$\frac{\mathrm{d}}{\mathrm{d}x}u_{\mathrm{m0}}^2 y_{\mathrm{m/2}}z_{\mathrm{m/2}}\int_0^\infty\int_0^\infty f^2 g^2\mathrm{d}\eta_y\mathrm{d}\eta_z = 0 \qquad (3\text{-}66)$$

式中：$\displaystyle\int_0^\infty\int_0^\infty f^2 g^2\mathrm{d}\eta_y\mathrm{d}\eta_z = \mathrm{const}$。则：

$$\frac{\mathrm{d}}{\mathrm{d}x}u_{\mathrm{m0}}^2 y_{\mathrm{m/2}}z_{\mathrm{m/2}} = 0 \qquad (3\text{-}67)$$

式（3-67）表明，$u_{m0}^2 y_{m/2} z_{m/2}$ 独立于 x，亦即：

$$x^{2a+b+c} \propto x^0 \rightarrow 2a+b+c=0 \tag{3-68}$$

由于 $b=c=1$，则：

$$a=-1 \rightarrow u_{m0} \propto x^{-1} \tag{3-69}$$

2. 量纲分析

根据自相似原理，采用积分法，对时均运动微分方程进行积分，得出时均动量积分方程，计算得到 a 的值，推出了最大速度 u_{m0} 与 x 之间的变化规律，但其具体的方程形式尚未可知。根据以往的实测资料有：

$$u_{m0}=f(M_0,\rho,x) \tag{3-70}$$

式中：M_0 为射孔初始动量通量。对于三维紊动射流中 M_0 的计算，可通过积分式（3-65）得到：

$$M_0=\rho u_0^2 A \tag{3-71}$$

运用量纲分析基本定理，即 Π 定理对式（3-70）进行整理分析得：

$$\Pi=\frac{u_{m0}}{M_0^{x_1}\rho^{x_2}x^{x_3}} \tag{3-72}$$

由于 Π 为量纲为 1 的常数，故等式右边的分子与分母的量纲应该相同。将式（3-72）中各物理量的量纲用 L、M、T 来表示，L、M、T 分别表征长度、质量以及时间，则有：

$$LT^{-1}=(ML^{-3}L^2T^{-2}L^2)^{x_1}(ML^{-3})^{x_2}L^{x_3} \tag{3-73}$$

式（3-73）中相同量纲的指数相等，据此可得：

$$\left.\begin{array}{l} L:1=x_1-3x_2+x_3 \\ T:-1=-2x_1 \\ M:0=x_1+x_2 \end{array}\right\} \tag{3-74}$$

求解式（3-74）可得：$x_1 = 0.5$，$x_2 = -0.5$，$x_3 = -1$。

则式（3-72）可写为：

$$\frac{u_{m0}}{\sqrt{M_0/\rho x^2}} = C_5 \qquad (3-75)$$

式中：C_5 为一个常数。利用长度比尺 D 代入式（3-75），即可推得Ⅱ区最大速度衰减公式为：

$$\frac{u_{m0}}{u_0} = C_5 \left(\frac{x}{D}\right)^{-1} \qquad (3-76)$$

式中：衰减指数为 1，常系数 C_5 的取值则需要通过实验数据确定。

3. 最大速度衰减分布规律

图 3-14 所示为Ⅰ区和Ⅱ区最大速度衰减变化特征。其中，图 3-14（a）旨在研究分析雷诺数与最大速度衰减之间的关系；图 3-14（b）旨在研究分析水深与最大速度衰减之间的关系。结果表明：①u_{m0} 变化与雷诺数无关，而当水深增加时，u_{m0} 衰减幅度稍微放缓，但整体趋势与 H 条件下的实验结果相吻合；②Ⅰ区与Ⅱ区内的衰减运动都满足幂函数方程，衰减指数 n 分别为 0.468 和 1.095，说明射流进入Ⅱ区后，衰减率增大，最大速度衰减开始提速，具体方程见式（3-1）及式（3-2）。

分析式（3-2），衰减指数 $n = 1.095$，$C_5 = 8$。将实验所测得的衰减指数与理论推导的结果（$n = 1$）相比，误差为 $+0.095$，表明本书实验的精度较高。对比本书所定义的垂直挡板影响区内文献［138］的实验数据［图 3-14（a）］，在 $20D \sim 23.38D$ 区内，最大速度值小于文献［138］的结果。原因在于，受垂直挡板影响，早在 $15.36D \sim 20D$ 区内，最大速度已经开始加速衰

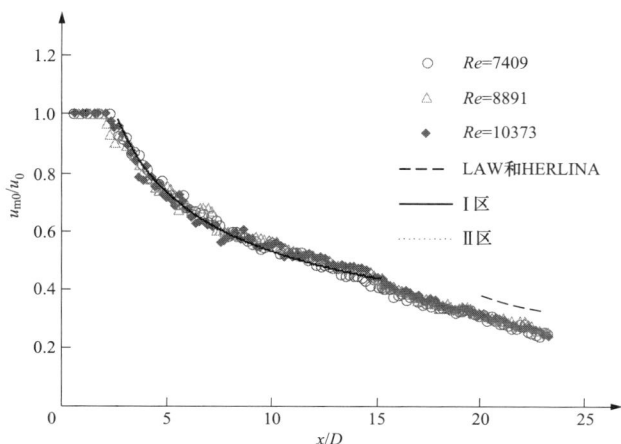

(a) P1JV1～P1JV3工况实测数据

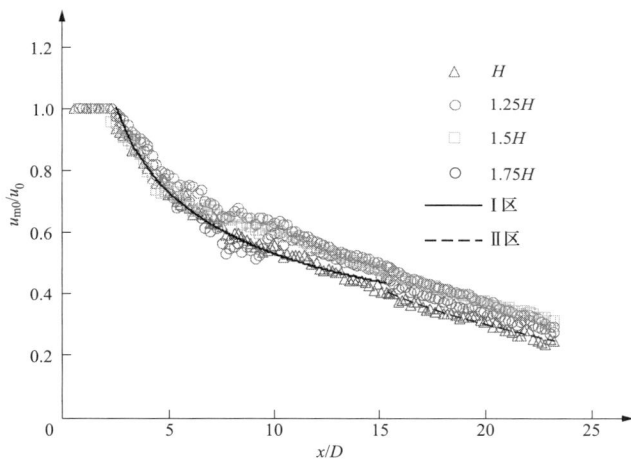

(b) P1JV1、P1JV4、P1JV7、P1JV10工况实测数据

图 3-14　Ⅰ区和Ⅱ区最大速度衰减变化特征

减。与现有成果中径向型衰减区内的衰减指数（$1.066^{[138]} \sim 1.150^{[140]}$）比较，本书实验结果同样在此范围内。

通过前面章节的分析，可总结出垂直挡板影响区时均场中速度半宽值分布与最大速度衰减变化的规律：①在 $H \sim 1.25H$ 环境中，实测展向半宽值扩展率 $\mathrm{d}z_{\mathrm{m}/2}/\mathrm{d}x = 0.205$；②在 $1.5H \sim 1.75H$ 环境中，$\mathrm{d}z_{\mathrm{m}/2}/\mathrm{d}x = 0.27$；③在 $H \sim 1.75H$ 环境中，实测垂向半宽值扩展率 $\mathrm{d}y_{\mathrm{m}/2}/\mathrm{d}x = 0.043$；④展向

半宽值扩展率为垂向半宽值扩展率的 4.78～6.28 倍；⑤实测最大速度衰减指数 n 为 1.095。表 3-1 总结了近年来半无限空间中三维壁面射流径向型衰减区内的相关研究成果。由表 3-1 可知，本书实验测量的垂直挡板影响区内展向半宽值扩展率、垂向半宽值扩展率以及最大速度衰减指数均与半无限空间中三维壁面射流径向型衰减区内的相关统计量基本一致，这可充分说明本书所定义的垂直挡板影响区与之相似，可将其视为提前进入径向型衰减区。

表 3-1　半无限空间中三维壁面射流径向型衰减区内相关研究成果

研究者	射孔形状	测量设备	Re	$\mathrm{d}z_{m/2}/\mathrm{d}x$	$\mathrm{d}y_{m/2}/\mathrm{d}x$	n
SFORZA 和 HERBST[119]	矩形	HWA	—	—	—	1.1
NEWMAN 等[120]	圆形	HWA	16400、2800	0.278	0.05	1.0
RAJARATNAM 和 PANI[121]	圆形	HWA	65000	0.2	0.045	1.00
	正方形		67000	0.265	0.045	1.00
	矩形		97500	0.205	0.042	1.00
DAVIS 和 WINARTO[124]	圆形	HWA	170000	0.32	0.037	1.15
PADMANABHAM 和 GOWDA[125]	圆形	HWA	95400	0.216	0.045	1.15
LAW 和 HERLINA[138]	圆形	PIV	5500、12200、13700	0.21	0.042	1.066
AGELIN-CHAAB 和 TACHIE[140]	圆形	PIV	5000、10000、20000	0.255	0.054	1.15
本书 II 区结果	矩形	PIV	7409、8891、10373	0.205/0.27	0.043	1.095

3.3.4 垂直挡板影响区紊动特性

由于本书的研究对象为紊动射流，在运动过程中，各特征物理量均随时间和空间而呈随机的脉动。基于雷诺时间平均的思想，可将各随机变量看作是由时均值和脉动值组成的，前面章节已经对Ⅱ区的时均场进行了详细的研究，本节参考以往大量的紊动射流中关于紊动特性的实验资料[126-131,140]，拟对Ⅱ区的脉动场展开分析，主要考察紊动强度和雷诺应力两大指标。

紊动强度反映了射流流场中流速脉动的强弱，沿 x、y、z 三个方向对应的紊动强度分别为 u^*、v^*、w^*，其在紊流统计理论中，表示流速的二阶统计矩，可按式（3-77）计算：

$$u^* = \sqrt{\frac{1}{q}\sum_{i=1}^{q} u_i'^2}, v^* = \sqrt{\frac{1}{q}\sum_{i=1}^{q} v_i'^2}, w^* = \sqrt{\frac{1}{q}\sum_{i=1}^{q} w_i'^2} \qquad (3-77)$$

式中：u_i'、v_i'、w_i' 分别表示 u_i、v_i、w_i 的脉动速度。其计算公式为：

$$u_i' = u_i - \overline{u}, v_i' = v_i - \overline{v}, w_i' = w_i - \overline{w} \qquad (3-78)$$

同时，根据式（3-4）～式（3-7）可知，雷诺应力项表示紊流脉动对时均流动的影响，由式（3-79）计算：

$$-\overline{u'v'} = -\frac{1}{q}\sum_{i=1}^{q} u_i'v_i', \quad -\overline{u'w'} = -\frac{1}{q}\sum_{i=1}^{q} u_i'w_i' \qquad (3-79)$$

根据文献［140］的研究成果，由于脉动动能（紊动能）是在时均流动中产生的，则在径向型衰减区内，紊动特性出现自相似性的剖面位置将位于时均场观测到的位置之后。由于Ⅱ区与径向型衰减区内时均流动特性相似，故本书在Ⅱ区内选取较为靠后的剖面作为特征剖面，即 $19D$、$20D$、$21D$ 和 $22D$，以利于分析紊动强度与雷诺应力分布规律。

1. 垂直挡板影响区内水平面紊动特性

(1) Ⅱ区内水平面紊动特性与既有成果对比。本书选取 P1JH3 工况中 22D 作为典型剖面，将该剖面内的紊动强度与雷诺应力分别与半无限空间中径向型衰减区内既有成果对比，如图 3-15 所示。

图 3-15（a）所示为 22D 剖面水平面内 u^* 的分布规律，以 u^*/u_m 作为无量纲的特征量，统计范围为 $0 \sim 1.5z_{m/2}$。由图 3-15（a）可知，在统计范围内，实测 22D 剖面内的 u^* 分布整体呈现逐渐降低的趋势，这也与前人的研究成果基本吻合：① 在靠近射流轴线区内（$0 \sim 0.65z_{m/2}$），u^* 的最大值出现在射流轴线的中心处，为 $0.267u_m$，最小值为 $0.256u_m$，下降幅度较小，曲线形状基本呈一条直线，这表明在水平面内靠近射流轴线区域，纵向紊动强度 u^* 越大，掺混越强；② 在 $0.65 < z/z_{m/2} \leqslant 1.5$ 区内，u^* 降低幅度明显加快，u^* 从 $0.242u_m$ 迅速降至 $0.157u_m$，这说明越接近射流外区，掺混越微弱，与周围静止环境水体之间的卷吸效应急剧减小。本书实测 u^* 峰值与前人研究成果对比，发现与文献 [127-131] 均相差不大，但比文献 [126] 与文献 [140] 的实测峰值分别低 19% 和 36%。但总体来说，本书的实测结果基本与前人的研究成果保持一致。

图 3-15（b）所示为 22D 剖面水平面内 w^* 的分布规律，以 w^*/u_m 作为无量纲的特征量，统计范围为 $0 \sim 1.5z_{m/2}$。观察图 3-15（b），发现 w^* 的分布规律类似于 u^* 的分布规律：① 整体曲线变化呈下降的趋势；② 在 $0 \leqslant z/z_{m/2} \leqslant 0.65$ 区内，w^* 波动较小，最大值为 $0.212u_m$，最小值为 $0.209u_m$；③ 在 $0.65 < z/z_{m/2} \leqslant 1.5$ 区内，w^* 出现小幅度下降，曲线形状较缓。同时，本书实测 w^* 峰值与已有成果对比，与文献 [127-131] 基本一致，比文献

(a) 22D剖面水平面内u^*的分布规律

(b) 22D剖面水平面内w^*的分布规律

(c) 22D剖面水平面内$-\overline{u'w'}$的分布规律

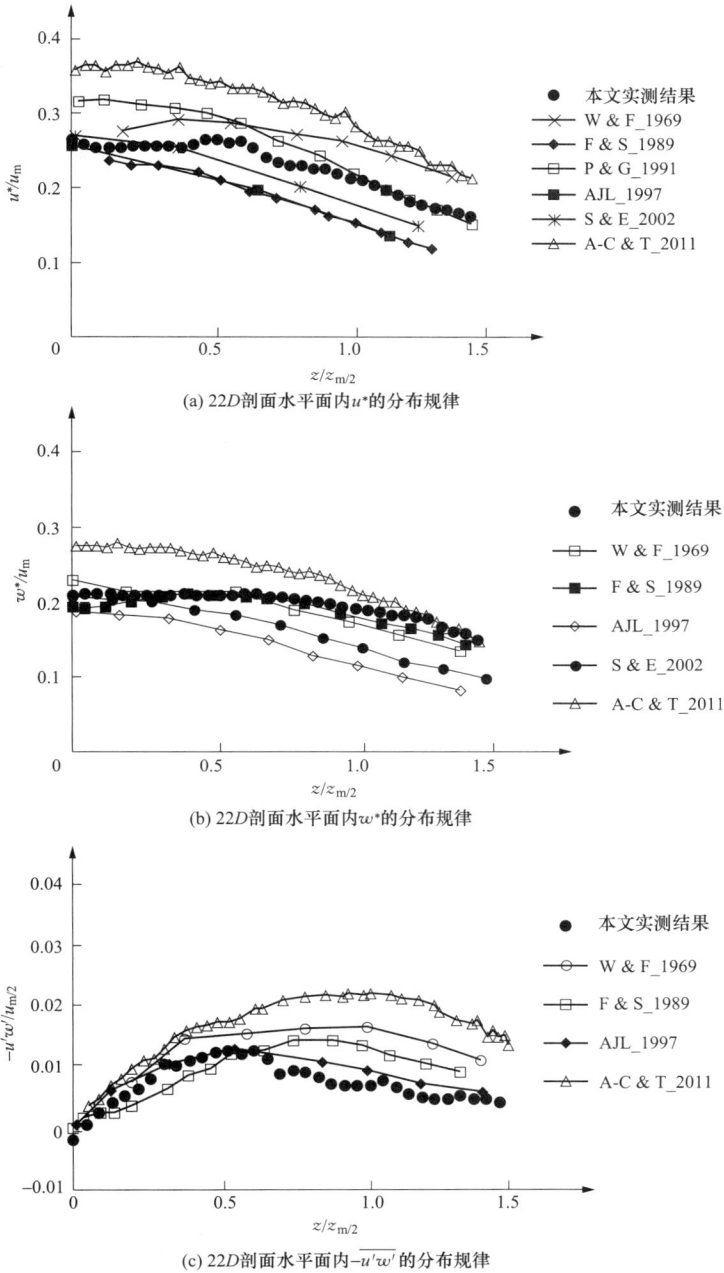

图 3-15 本书实测Ⅱ区 22D 剖面水平面内紊动特性与既有成果对比

[140] 的峰值低 29%。从整体而言，本书的实测 w^* 数据基本位于前人实验

成果的范围之内，且变化趋势大体相同。

图 3-15（c）所示为 22D 剖面水平面内 $-\overline{u'w'}$ 的分布规律，以 $-\overline{u'w'}/u_m^2$ 作为无量纲的特征量，统计范围为 $0\sim1.5z_{m/2}$。由图 3-15（c）可知，水平面内的雷诺应力呈现先增加后减小的趋势：在 $0\leqslant z/z_{m/2}\leqslant0.65$ 区内，雷诺应力值激增，由 $-0.0016u_m^2$ 增至 $0.0130u_m^2$，长势明显；而在 $0.65<z/z_{m/2}\leqslant1.5$ 区内，雷诺应力值逐渐下降，最小值为 $0.0012u_m^2$。将本书实测结果与前人的研究成果进行对比，发现整体曲线的走势基本相同，且实测峰值与文献［127-129］的峰值大致一样，比文献［126］与文献［140］的峰值低 11% 和 69%。

（2）Ⅱ区内水平面紊动特性与雷诺数和水深之间的关系。由图 3-16~图 3-18 可以看出：垂直挡板影响区内水平面各特征剖面的 u^*、w^*、$-\overline{u'w'}$ 分布均满足自相似理论，各自的变化规律与图 3-15 中大致一致；各紊动量分布与雷诺数和水深均无关。

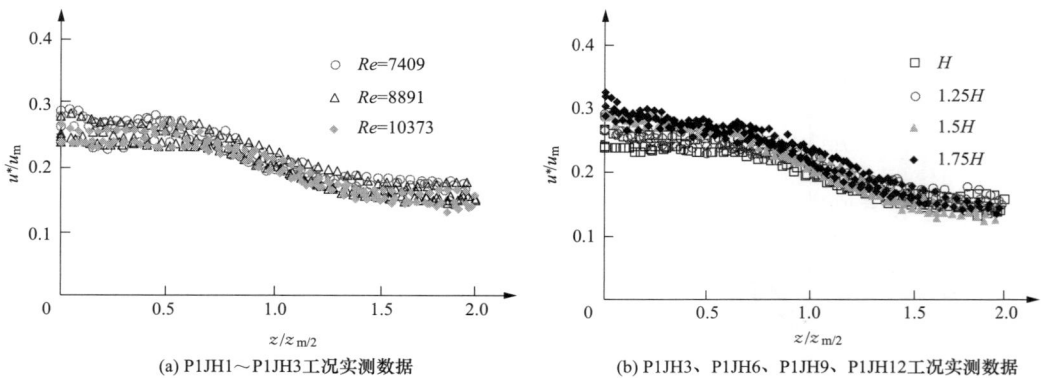

(a) P1JH1~P1JH3工况实测数据　　　　　(b) P1JH3、P1JH6、P1JH9、P1JH12工况实测数据

图 3-16　Ⅱ区水平面中各特征剖面 u^* 分布与雷诺数和水深之间的关系

2. 垂直挡板影响区内中垂面紊动特性

（1）Ⅱ区内中垂面紊动特性与既有成果对比。在垂直挡板影响区中垂面

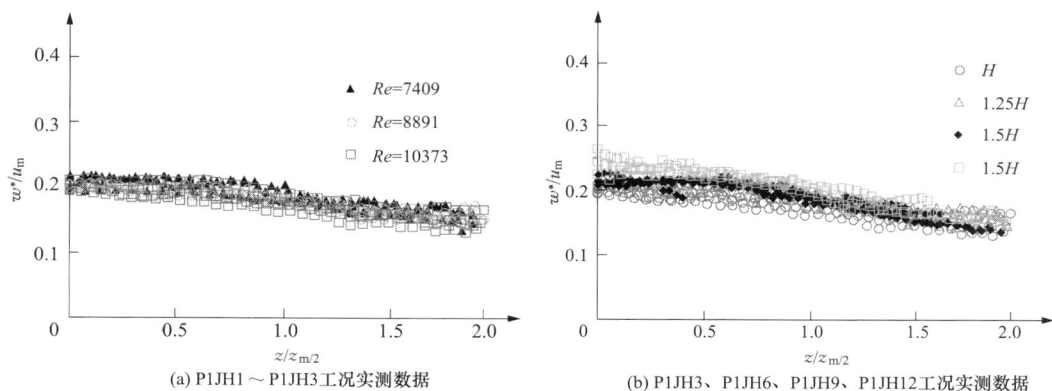

(a) P1JH1～P1JH3工况实测数据　　　　　　　(b) P1JH3、P1JH6、P1JH9、P1JH12工况实测数据

图 3-17　Ⅱ区水平面中各特征剖面 w^* 分布与雷诺数和水深之间的关系

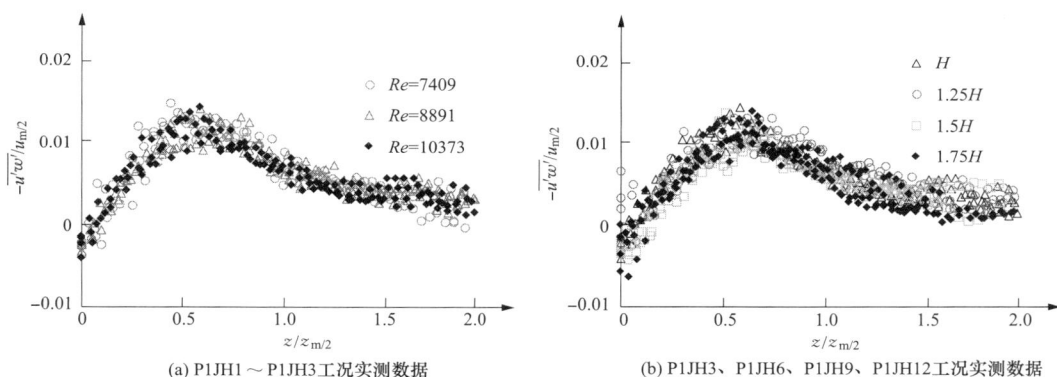

(a) P1JH1～P1JH3工况实测数据　　　　　　　(b) P1JH3、P1JH6、P1JH9、P1JH12工况实测数据

图 3-18　Ⅱ区水平面中各特征剖面 $-\overline{u'w'}$ 分布与雷诺数和水深之间的关系

内，同样选取 $22D$ 剖面，绘制 u^*、v^*、$-\overline{u'v'}$ 的分布变化规律，并与半无限空间中径向型衰减区内已有成果对比，如图 3-19 所示。

图 3-19（a）所示为 $22D$ 剖面中垂面内 u^* 的分布规律，以 u^*/u_{m0} 作为无量纲的特征量，统计范围为 $0\sim2y_{m/2}$。由图 3-19（a）可知，本书实测 u 分布曲线走势与文献［130］的实验成果一致。在极为靠近射流轴线中心的位置（$y=0.065y_{m/2}$）处，u^* 值最大，为 $0.476u_{m0}$。随后，在 $0.13\leqslant y/y_{m/2}\leqslant0.65$ 区内，u^* 由 $0.403u_{m0}$ 增至 $0.441u_{m0}$，涨幅为 10% 左右，曲线走

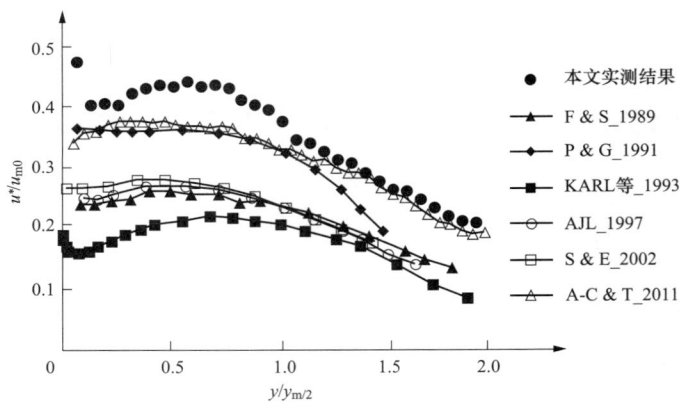

(a) 22D剖面中垂面内u*的分布规律

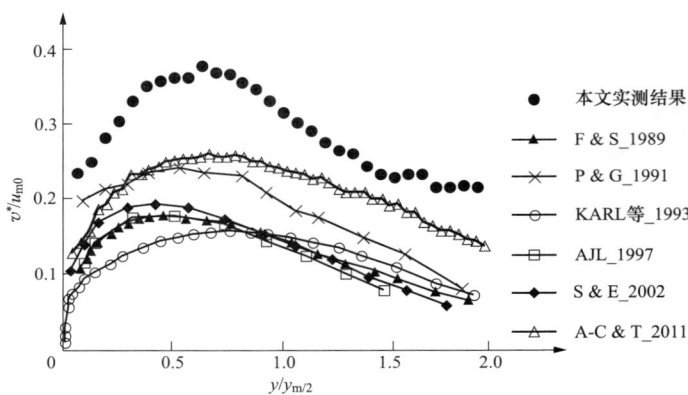

(b) 22D剖面中垂面内υ*的分布规律

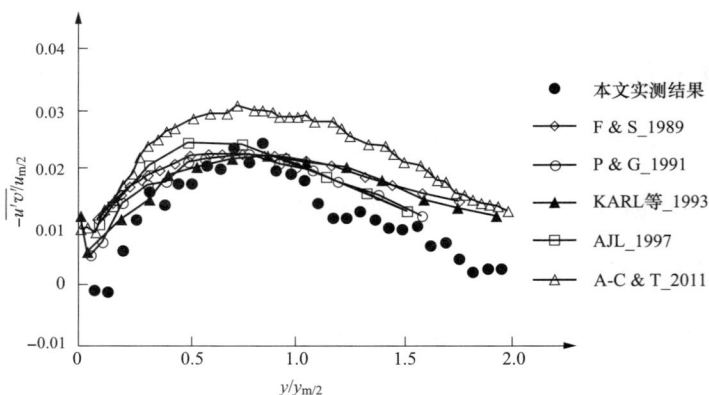

(c) 22D剖面中垂面内−u'υ'的分布规律

图 3-19　本书实测Ⅱ区 22D 剖面中垂面内紊动特性与既有成果对比

势与文献［126，127，129-131，140］的成果基本相同；在 $0.58 < y/y_{m/2} \leqslant$ 2 区内，u^* 下降明显，曲线走势与既有成果相符。比较（$0.13 \sim 0.58$）$y_{m/2}$ 区内 u^* 峰值，本书实测峰值均明显高于其他研究成果，为文献［130］实验结果的 1.16 倍，比文献［127，129，131］和文献［126，140］的峰值分别高 65％和 19％。分析其原因，主要是由于射流撞击垂直挡板后，在中垂面内形成部分回流区，越靠近垂直挡板，回流的流速越大，导致射流与射流及周围静止水体掺混加剧，紊动强度增大。

图 3-19（b）所示为 22D 剖面中垂面内 v^* 的分布规律，以 v^*/u_{m0} 作为无量纲的特征量，统计范围为 $0 \sim 2y_{m/2}$。由图 3-19（b）不难发现，本书实测 v^* 分布曲线走势与既有成果大致一致，呈先增加后减小的变化趋势。在 $0.13 \leqslant y/y_{m/2} \leqslant 0.65$ 区内，v^* 显著增长，峰值达 $0.377u_{m0}$，远超过以往成果，分别为文献［130］与文献［127，129，131］峰值的 2.4 倍和 1.95 倍，比文献［126，140］的实测峰值高 45％。

图 3-19（c）所示为 22D 剖面中垂面内 $-\overline{u'v'}$ 的分布规律，以 $-\overline{u'v'}/u_m^2$ 作为无量纲的特征量，统计范围为 $0 \sim 1.5z_{m/2}$。由图 3-19（c）可知，本书实测中垂面内雷诺应力分布整体呈先增大后减小的变化，与前人的研究曲线走势完全相同，峰值为 $0.023u_{m0}$，比文献［140］的峰值低 30％，而与其他研究成果的峰值相差无几。

（2）Ⅱ区内中垂面紊动特性与雷诺数和水深之间的关系。由图 3-20～图 3-22 可知，Ⅱ区中垂面各特征剖面 u^*、v^*、$-\overline{u'v'}$ 的分布具有较高的自相似性，且独立于雷诺数和水深。

通过分析垂直挡板影响区脉动场的实验测量结果（图 3-15～图 3-22），

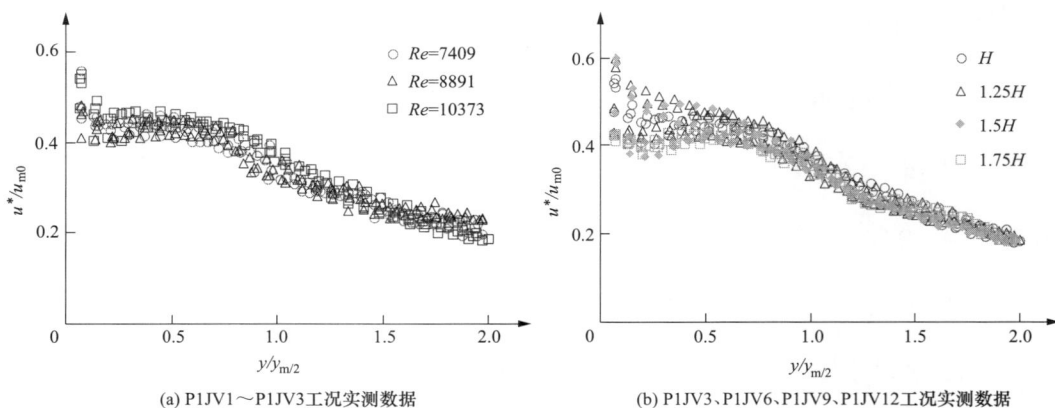

(a) P1JV1～P1JV3工况实测数据　　　　　　　(b) P1JV3、P1JV6、P1JV9、P1JV12工况实测数据

图 3-20　Ⅱ区中垂面中各特征剖面 u^* 分布与雷诺数和水深之间的关系

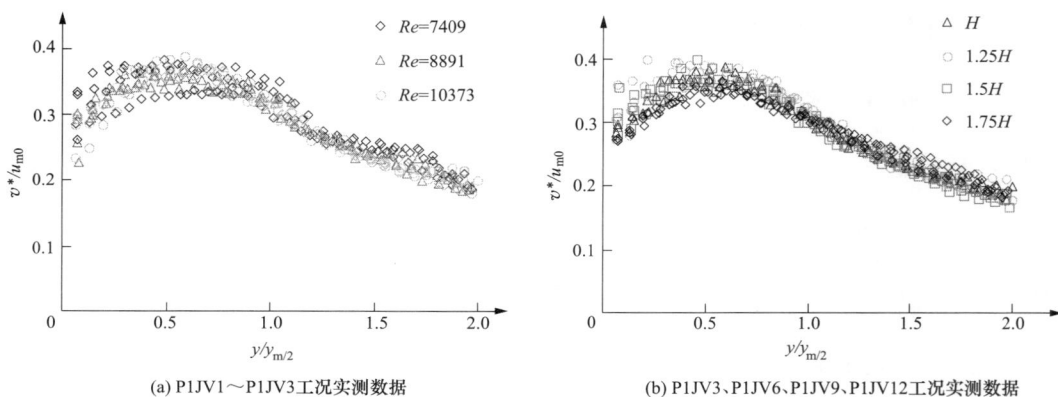

(a) P1JV1～P1JV3工况实测数据　　　　　　　(b) P1JV3、P1JV6、P1JV9、P1JV12工况实测数据

图 3-21　Ⅱ区中垂面中各特征剖面 v^* 分布与雷诺数和水深之间的关系

分别考察了水平面和中垂面内紊动量的分布规律，表明Ⅱ区各剖面内紊动强度、雷诺应力分布与雷诺数和水深无关，且满足自相似理论。同时，与既有半无限空间中三维壁面射流径向型衰减区紊动特性比较，本书Ⅱ区实测紊动量分布均与之保持相同的变化规律，从脉动场的角度可进一步说明本书所定义的垂直挡板影响区已经提前进入径向型衰减区。

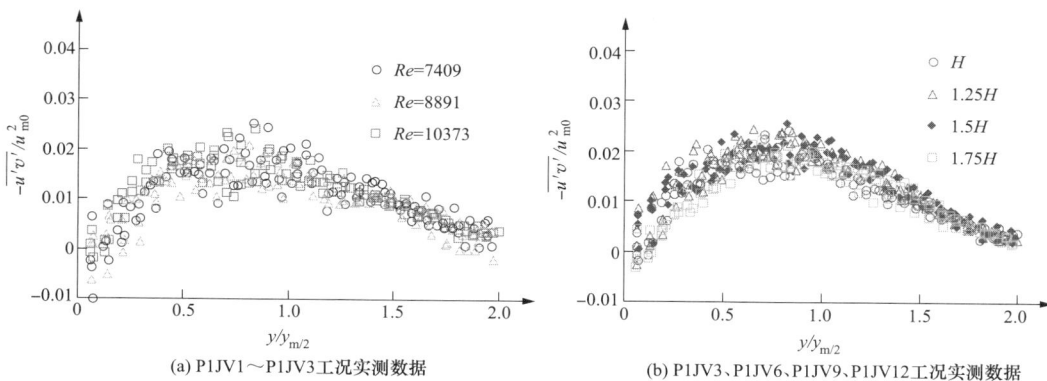

(a) P1JV1～P1JV3工况实测数据　　　　(b) P1JV3、P1JV6、P1JV9、P1JV12工况实测数据

图 3-22　Ⅱ区中垂面中各特征剖面 $-\overline{u'v'}$ 分布与雷诺数和水深之间的关系

3.4　近壁区特征物理量统计

参考垂直挡板影响区，本节亦主要从时均场和脉动场两个角度对近壁区内的流动特性展开研究，分别统计分析了速度剖面分布、速度半宽值分布、最大速度衰减、紊动特性的变化规律。

3.4.1　近壁区速度剖面分布

1. 水平面速度剖面分布

（1）u 速度分布。本书选取 24D、25D 作为特征剖面，研究分析特征剖面内的速度分布规律。图 3-23 所示为近壁区内水平面 u 速度特征剖面分布与雷诺数和水深的关系。由图 3-23（a）可知，当三维壁面射流进入近壁区之后，完整的速度剖面分布的相似性不再存在，整体变化趋势亦与高斯分布不相符，仅在 $0 \leqslant z/z_{m/2} \leqslant 0.3$ 区内，即靠近射流中心线位置附近，实测值与 GAUSSSIAN 解、TOLLMIEN 解、GORTLER 解大体一致，且这部分实测数据与雷诺数无关，具有一定的自相似性。在远离射流中心线的区域，受垂直挡板的影响，速度剖面分布出现了上下波动：在 $0.3 < z/z_{m/2} \leqslant 0.7$ 区内，实测值小于理论解，实测曲线出现了塌陷，位于理论曲线的下方；而在 $0.7 < z/z_{m/2} \leqslant 1$ 内，实测值又出现了增大的现象，与理论解基本一致，随后到达射流的外边缘，实测数据比较离散，波动更为强烈。由图 3-23（b）可知，在近壁区内，各速度剖面对水深变化的依赖程度较小，但仍不满足高斯方程，且自相似性较差。此外，随着水深的增加，速度剖面的分布曲线的波动情况更加明显。

（2）w 速度分布。图 3-24 所示为 P1JH1 工况近壁区中 w 速度特征剖面的分布。从图 3-24 中可以看出，两个剖面的 w 速度分布不具有相似性。对比图 3-6 可知，由于 $24D$ 剖面位于近壁区靠前的位置，故其 w 速度仍然与Ⅱ区内其他剖面的变化趋势大致相同，即从 0 开始增加，到 $z = z_{m/2}$ 附近出现最大值，为 $0.18u_m$，之后开始减小，但减小幅度较小，最小值为 $0.13u_m$。分析 $25D$ 剖面，受垂直挡板的影响，w 速度整体呈逐渐增加的趋势，在靠近射流中心线的区域（$0 \leqslant z/z_{m/2} \leqslant 0.3$）增长速率明显加快，随后趋于平缓。

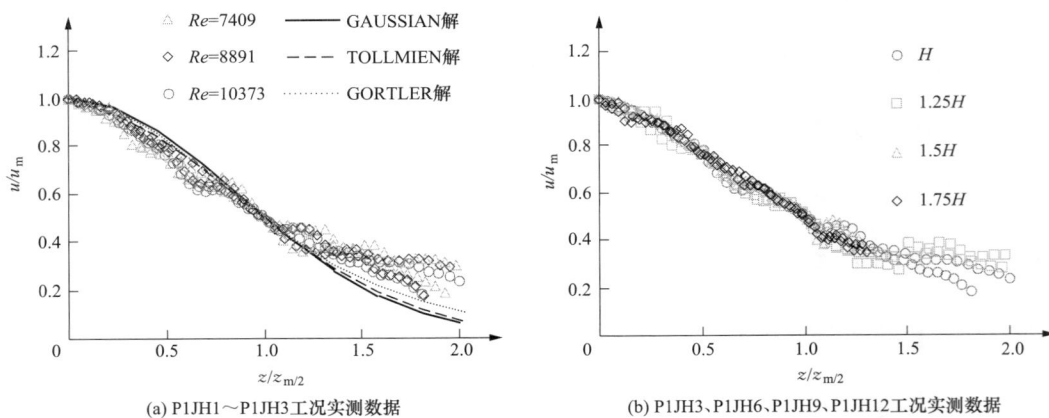

(a) P1JH1～P1JH3工况实测数据　　　　(b) P1JH3、P1JH6、P1JH9、P1JH12工况实测数据

图 3-23　近壁区内水平面 u 速度特征剖面分布与雷诺数和水深的关系

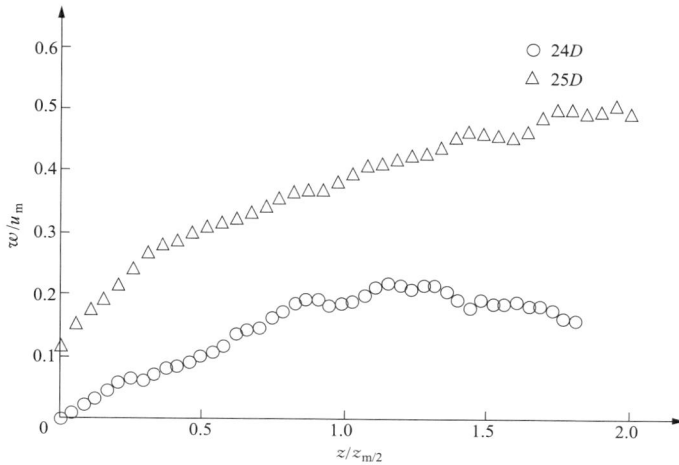

图 3-24 P1JH1 工况近壁区内 w 速度特征剖面分布

此外，在射流中心线的位置处，$w=0.1u_\mathrm{m}$，远大于 0，在射流外边缘处，由于近壁区存在很大的压力梯度，紊动掺混加剧，较之 II 区内其他剖面，w 速度并未消失，反而达到最大值，为 $0.46u_\mathrm{m}$。

2. 中垂面速度剖面分布

（1）u_m 速度分布。图 3-25 所示为不同雷诺数与水深环境中近壁区内中垂面 u_m 速度分布。其中，图 3-25（a）考察雷诺数变化对 u_m 速度分布的影响；图 3-25（b）旨在分析小量级水深改变对 u_m 速度分布的影响。从图 3-25 中可以看出，在 $1.5<y/y_{\mathrm{m}/2}<3$ 区域内，u_m 出现负值，速度剖面不具有相似性。与图 3-7 相比较，可知在近壁区内回流区域显著扩大。在 $0\leqslant y/y_{\mathrm{m}/2}\leqslant1.5$ 区域内，各速度剖面分布相似性较好，满足 VERHOFF 解，与雷诺数与水深无关。但在极为靠近垂直挡板的区域，由于撞壁之后流向改变，出现较大的回流流速，将导致中垂面内的速度剖面分布曲线出现类似于水平面内的波动现象，不再服从 VERHOFF 解。

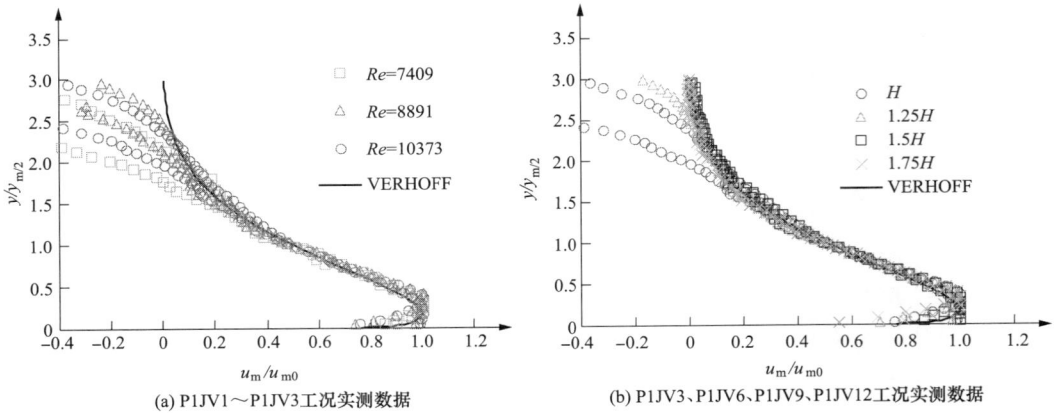

(a) P1JV1~P1JV3工况实测数据 (b) P1JV3、P1JV6、P1JV9、P1JV12工况实测数据

图 3-25 不同雷诺数与水深环境中近壁区内中垂面 u_m 速度分布

（2）v 速度分布。图 3-26 所示为 P1JV1 工况近壁区内 $24D$ 和 $25D$ 剖面的 v 速度分布。从图 3-26 中可知，两个剖面的 v 速度分布不具备相似性。对比分析图 3-8，在 $2.5 < y/y_{m/2} < 3$ 区域内，$24D$、$25D$ 剖面 v 速度均为负值。但在其他大部分区域内，v 速度均大于零。在 $0 \leqslant y/y_{m/2} \leqslant 2.5$ 区域内，较之 II区内其他剖面，$24D$ 剖面 v 速度开始增加，但幅度不大，最大值位于 $y = 0.5 y_{m/2}$ 处，为 $0.12 u_{m0}$；而 $25D$ 剖面 v 速度增长幅度却显著提升，在 $y = 0.5 y_{m/2}$ 达到最大值，为 $0.35 u_{m0}$。上述实验现象表明，在近壁区内，流体不再被壁面吸引，而是逐渐偏离底部壁面，二次流的作用被大幅削弱，越靠近垂直挡板，二次流作用越小，直至全部消亡。

3.4.2 近壁区速度半宽值分布

图 3-27 所示为近壁区内水平面与中垂面内速度半宽值分布。

对比分析图 3-27（a）、图 3-27（b）、图 3-9 和图 3-10，结果表明：①各工况近壁区内水平面速度半宽值分布的相似性较差，不服从线性分布；②随着 Re 的增大，近壁区内 $z_{m/2}$ 值总体呈递增的趋势，且当水深增长 0.5 倍时，

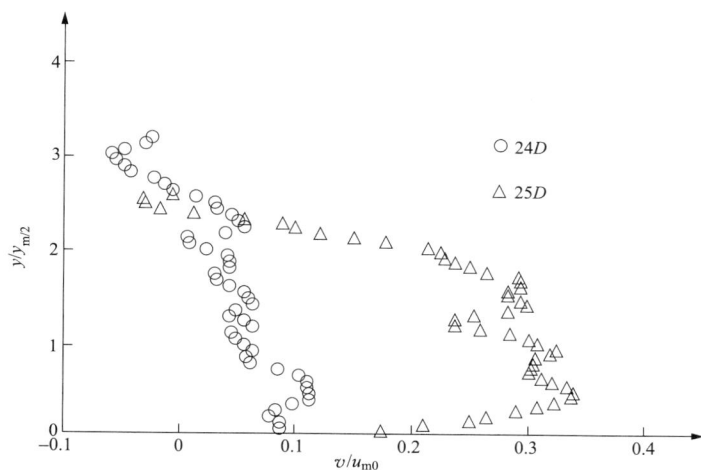

图 3-26　P1JV1 工况近壁区内 24D 和 25D 剖面的 v 速度分布

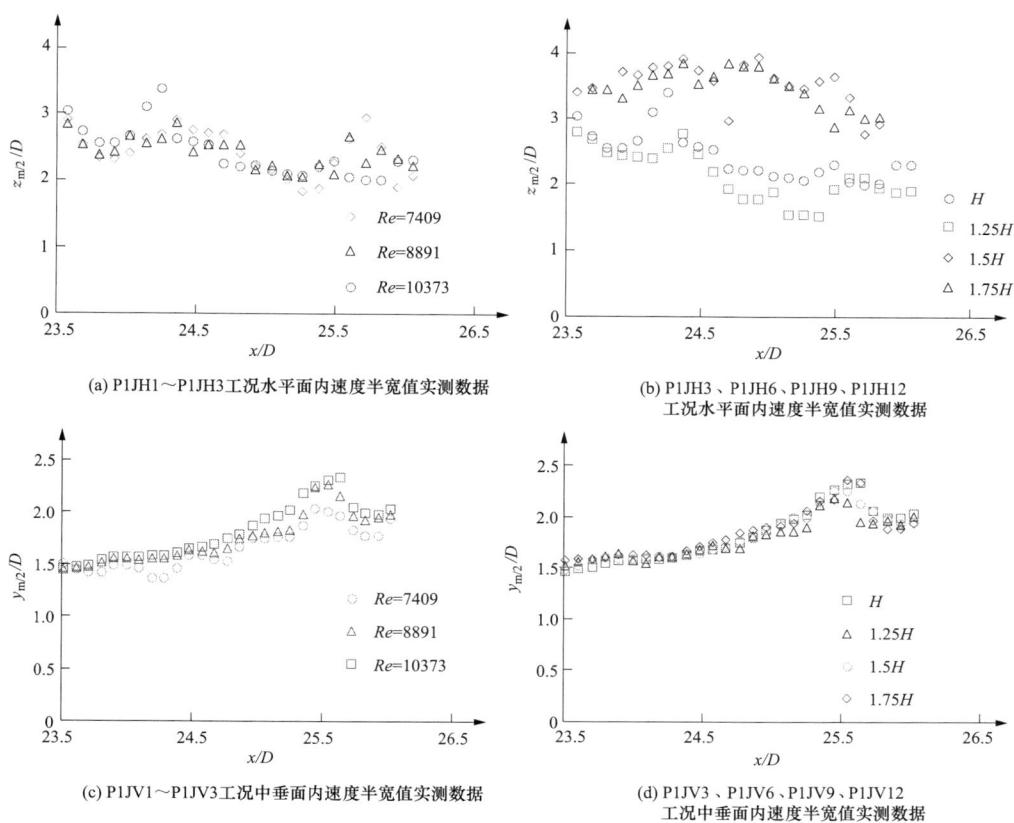

(a) P1JH1～P1JH3 工况水平面内速度半宽值实测数据

(b) P1JH3、P1JH6、P1JH9、P1JH12
工况水平面内速度半宽值实测数据

(c) P1JV1～P1JV3 工况中垂面内速度半宽值实测数据

(d) P1JV3、P1JV6、P1JV9、P1JV12
工况中垂面内速度半宽值实测数据

图 3-27　近壁区内水平面与中垂面内速度半宽值分布

$z_{m/2}$涨幅依然较为明显；③近壁区内绝大多数$z_{m/2}$值小于Ⅱ区观测结果。分析其原因，主要是由于近壁区内二次流效应减弱，使射流在水平面内的拓宽效应变小，导致在近壁区内射流沿水平面的扩展范围束窄。

同时，由图3-27（c）、图3-27（d）可知，雷诺数与水深发生变化时，各工况近壁区$y_{m/2}$分布整体的变化趋势基本相同，具有一定的相似性，但因垂直挡板的作用，$y_{m/2}$分布却不符合线性方程；较之图3-11，各工况近壁区内$y_{m/2}$值大于Ⅱ区内实测数据，这表明在近壁区内，由于二次流结构影响的削弱，对中垂面的压缩效应减小，致使射流在中垂面内的扩展范围大大增加。

3.4.3　近壁区最大速度衰减

图3-28所示为不同雷诺数和水深条件下近壁区内最大速度衰减的变化特征。分析图3-28（a）可知，雷诺数发生变化时，在$23.5 \leqslant x/D \leqslant 25$区域内，各工况近壁区内最大速度衰减变化曲线的相似性较差，Re越大，衰减越慢；在$25 < x/D < 26.5$区域内，因极为靠近垂直挡板，各工况最大速度衰减变化规律与Re无关，呈现相同的衰减趋势。分析图3-28（b）发现，各工况最大速度衰减变化曲线基本重合，说明其对小量级水深改变的敏感度仍然较差。另外，实验观测还发现，最大速度u_{m0}在$x = 25.5D$位置处已经减小至0，在$25.5D \sim 26.5D$区域内，u_{m0}开始出现负值，尽管负值很小，就出现在零轴附近，但这表明在近壁区内，射流撞击挡板后，流向发生改变，已经形成回流区。

在近壁区内，为反映射流撞击垂直挡板之后的水平面和中垂面内的流动特性，本书以P1JH1和P1JV1工况为例，绘制了射流流场的流速矢量分布，

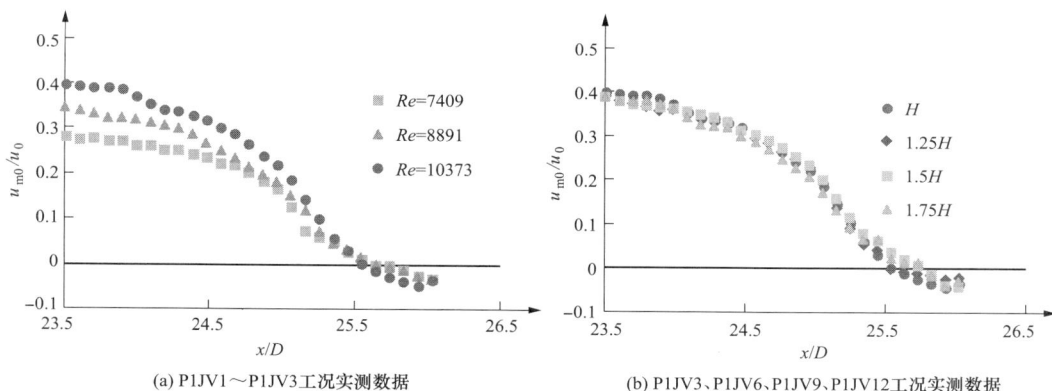

(a) P1JV1～P1JV3工况实测数据   (b) P1JV3、P1JV6、P1JV9、P1JV12工况实测数据

图 3-28　不同雷诺数和水深条件下近壁区内最大速度衰减的变化特征

见图 3-29。从图 3-29 中可知，射流撞击垂直挡板后，流动方向在水平面和中垂面内均将发生改变。分析 P1JH1 工况［图 3-29（a）］，在水平面内，流动将沿垂直挡板的两直角边运动，如图 3-29（a）中实线箭头所示。在距离挡板较近的区域内形成漩涡，形成角落射流，见图 3-29（a）中实线圆圈标记。需要说明的是，漩涡存在于射流轴线的两侧，但限于测量范围，本书实验中并未观测到轴线左侧的漩涡，但它却是真实存在的。分析 P1JV1 工况［图 3-29（b）］，在中垂面内，由于康达效应（亦称附壁作用），流动将沿垂直挡板形成向上的附壁射流，到达水面后，由于受到自由水面的阻挡，射流流向发生改变，沿自由水面平行流动，形成回流，越靠近挡板的区域，回流区域越大，回流速度亦越大。上述流动变化过程如图 3-29（b）中虚线箭头所示。同时，伴随着回流现象，将形成漩涡，见图 3-29（b）中虚线圆圈标记。

3.4.4　近壁区紊动特性

本书仍选取 24D、25D 作为特征剖面，根据式（3-77）～式（3-79），计算近壁区内特征剖面的紊动强度与雷诺应力，并分别考察雷诺数和水深对各

(a) P1JH1工况实测数据

(b) P1JV1工况实测数据

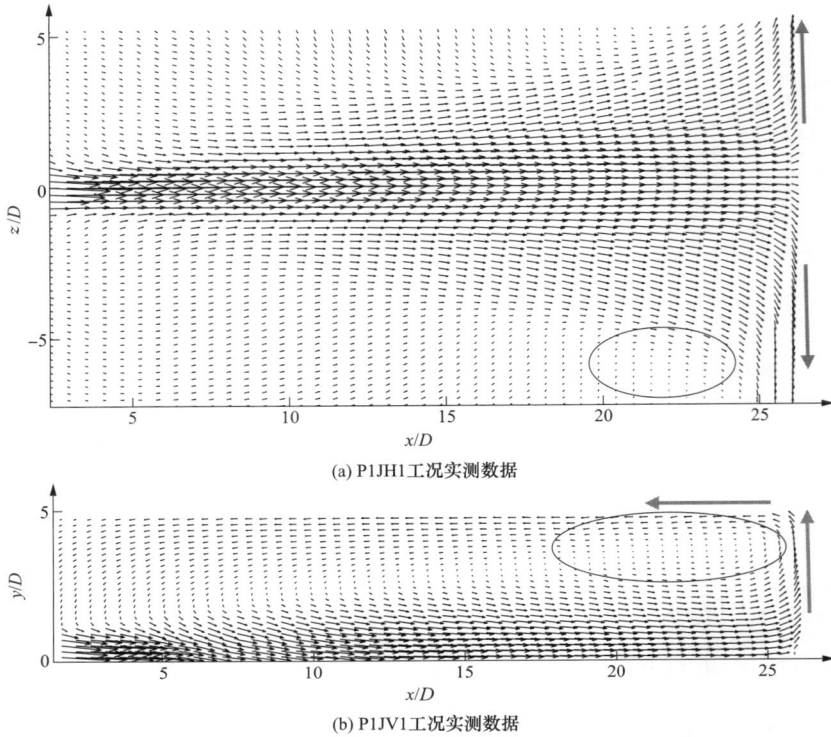

图 3-29　P1JH1 与 P1JV1 工况的流速矢量分布

特征剖面紊动量的影响规律。图 3-30 所示为近壁区特征剖面紊动量与雷诺数之间的关系，它囊括了水平面和中垂面内的实测数据。

本书从以下两方面对图 3-30 展开分析：

一方面，统计 P1JH1～P1JH3 工况近壁区特征剖面水平面内的 u^* [图 3-30（a）]、w^* [图 3-30（b）]、$-\overline{u'w'}$ [图 3-30（c）]，并与 P1JH3 工况中 Ⅱ 区内 22D 剖面的紊动量进行对比。研究结果表明，雷诺数变化时，近壁区特征剖面水平面内紊动量分布的自相似性较差，不满足自相似理论，且雷诺数越高，与周围流体间的掺混作用越强，紊动强度与雷诺应力相应增加。同时，将 P1JH3 工况中 25D 剖面与 22D 剖面进行比较，发现两个剖面内各

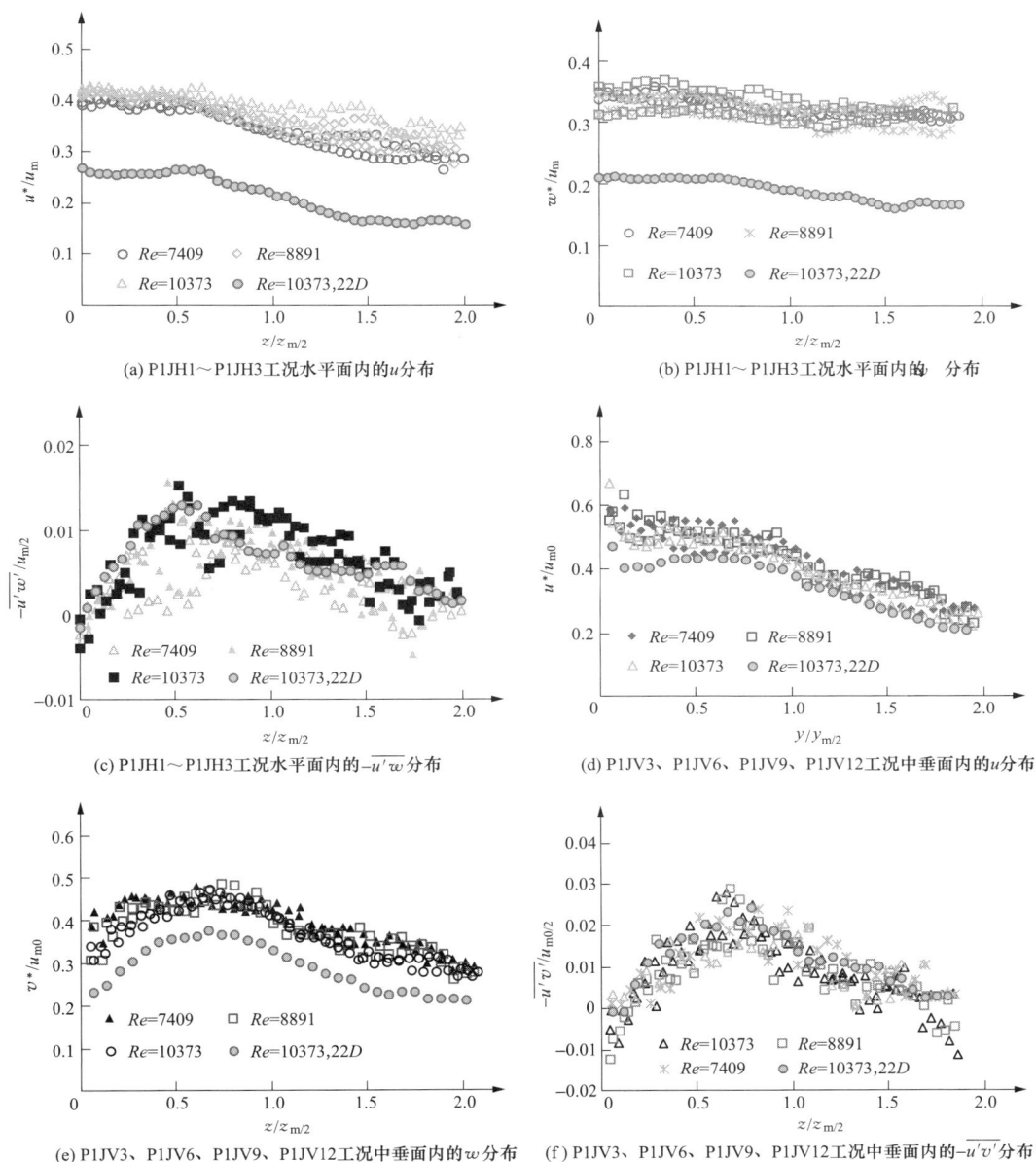

(a) P1JH1～P1JH3工况水平面内的u分布

(b) P1JH1～P1JH3工况水平面内的 分布

(c) P1JH1～P1JH3工况水平面内的$-\overline{u'w'}$分布

(d) P1JV3、P1JV6、P1JV9、P1JV12工况中垂面内的u分布

(e) P1JV3、P1JV6、P1JV9、P1JV12工况中垂面内的w分布

(f) P1JV3、P1JV6、P1JV9、P1JV12工况中垂面内的$-\overline{u'v'}$分布

图 3-30 近壁区特征剖面紊动量与雷诺数之间的关系

紊动量的变化趋势基本一致，但前者的各紊动量均显著增强。其中，前者的 u^* 峰值比后者的 u 峰值高 60%，w^* 峰值高 73%，$-\overline{u'w'}$ 峰值高 18%。原

因在于，进入近壁区之后，因受垂直挡板的影响，水平面内流动沿垂直挡板两直角边运动，将带动周围更多的静止流体参与掺混，紊动强度与雷诺应力增大。

另一方面，统计 P1JV3、P1JV6、P1JV9、P1JV12 工况近壁区特征剖面中垂面内的 u^* [图 3-30（d）]、v^* [图 3-30（e）]、$-\overline{u'v'}$ [图 3-30（f）]，并与 P1JV3 工况中 22D 剖面与 25D 剖面的紊动量进行对比。研究结果表明，近壁区中垂面内各特征剖面的紊动量分布变化规律与 22D 剖面内大体相同，且具有较好的相似性，基本与雷诺数无关。但是紊动量剖面分布的自相似性随着与垂直挡板之间距离的拉近，因较大的压力梯度，将出现一定的波动，距离越近，波动越强，此时自相似性亦不再存在。此外，与 22D 剖面比较发现，25D 剖面内各紊动量仍有所增加，u^* 峰值比 22D 剖面实测 u^* 峰值高 41%，v^* 峰值高 26%，$-\overline{u'v'}$ 峰值高 20%。分析其原因，射流进入近壁区，在中垂面内撞击垂直挡板之后，将形成回流区，回流流速与射流间将发生较强的掺混，并卷吸周围静止水体，越靠近垂直挡板，回流流速越大，卷吸效应越强，掺混剧烈，从而导致紊动强度和雷诺应力显著提升。

选取 25D 作为特征剖面，统计分析水平面和中垂面内各紊动量与小量级水深变化之间的关系，见图 3-31。其中，图 3-31（a）～（c）旨在分析水深对 25D 剖面水平面内紊动量的影响；图 3-31（d）～（f）旨在分析水深对 25D 剖面中垂面内紊动量的影响。从图 3-31 中可以清楚地看出，当水深发生变化时，各紊动量的分布变化规律大致一致，并未发生明显的突变，各曲线中未见尖点、拐点等，这表明近壁区内特征剖面紊动特性对小量级水深改变的敏感性较差。

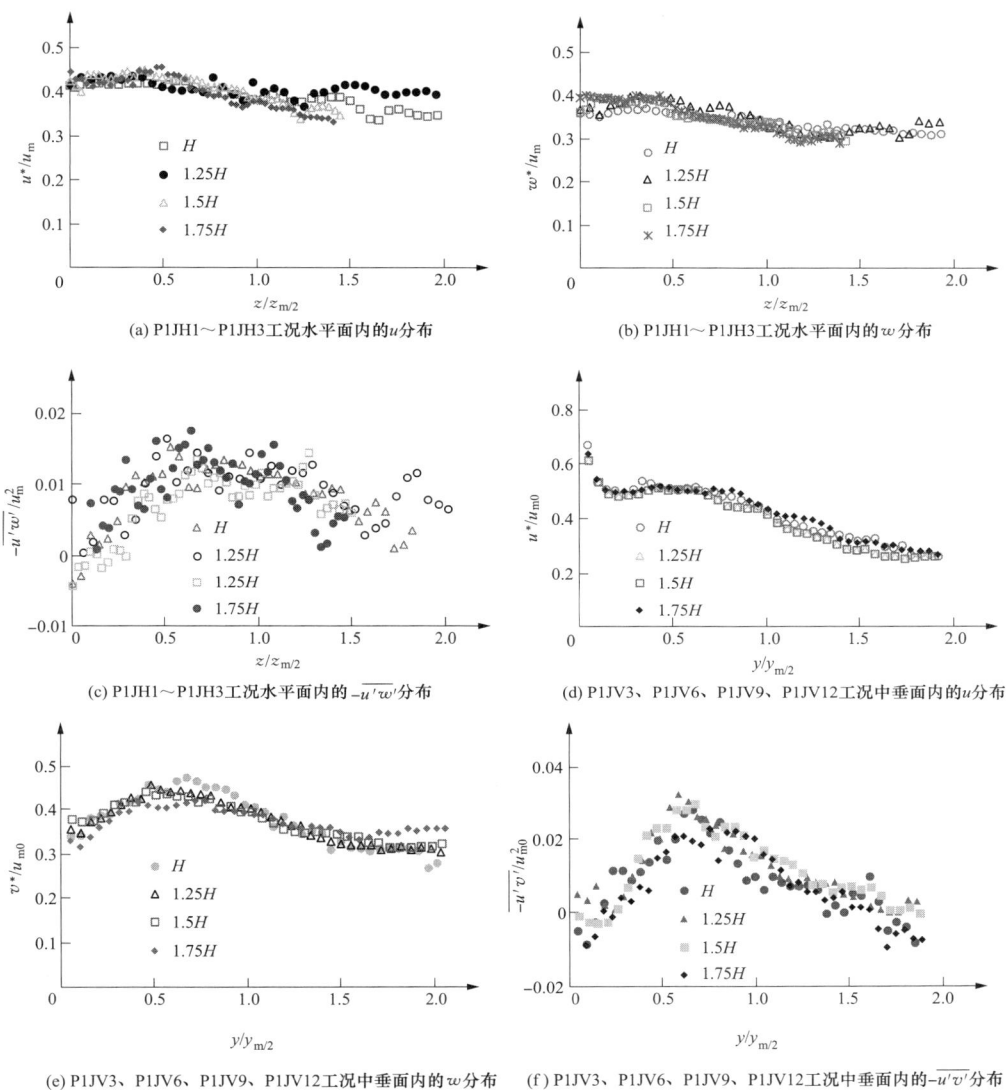

(a) P1JH1～P1JH3工况水平面内的u分布

(b) P1JH1～P1JH3工况水平面内的w分布

(c) P1JH1～P1JH3工况水平面内的$-\overline{u'w'}$分布

(d) P1JV3、P1JV6、P1JV9、P1JV12工况中垂面内的u分布

(e) P1JV3、P1JV6、P1JV9、P1JV12工况中垂面内的w分布

(f) P1JV3、P1JV6、P1JV9、P1JV12工况中垂面内的$-\overline{u'v'}$分布

图 3-31　近壁区 $25D$ 特征剖面紊动量与水深之间的关系

本 章 小 结

本章主要针对特定流动条件下的错孔相向射流，即有限空间中单孔射流

（它受闸室底板的约束，实际表现为三维壁面射流特征），对其时均场和脉动场展开了详细研究，结果表明：

（1）基于最大速度衰减变化规律，研究发现沿射流方向具有三个明显不同的衰减区，依次划分为自由边界下的三维壁面射流区（Ⅰ区）、垂直挡板影响区（Ⅱ区）和近壁区（Ⅲ区）。通过Ⅰ区的速度剖面分布与既有成果对比，表明实测Ⅱ区及近壁区流场数据是可靠的。

（2）对Ⅱ区内 u 速度剖面分布进行统计分析，发现其具有较高的自相似性，在水平面内满足高斯方程，中垂面内则服从 VERHOFF 解。根据自相似理论，采用积分法和量纲分析法，结合时均运动微分方程、动能积分方程和动量积分方程，导出了三维壁面射流速度半宽值分布与最大速度衰减的公式，并通过实验数据确定了公式中的常系数。

（3）研究分析Ⅱ区时均场，主要统计了速度半宽值分布和最大速度衰减变化规律，二者均独立于雷诺数。在 $H \sim 1.25H$ 环境中，实测展向半宽值扩展率 $\mathrm{d}z_{m/2}/\mathrm{d}x = 0.205$；在 $1.5H \sim 1.75H$ 环境中，实测展向半宽值扩展率 $\mathrm{d}z_{m/2}/\mathrm{d}x = 0.27$，表明展向半宽值 $z_{m/2}$ 对 $0.5H$ 的递增较为敏感；而垂向半宽值 $y_{m/2}$ 却对水深变化的敏感度较低，实测 $\mathrm{d}y_{m/2}/\mathrm{d}x = 0.043$；最大速度衰减亦对水深变化的敏感性较差，实测衰减指数 $n = 1.095$。

（4）考察紊动强度和雷诺应力，统计分析Ⅱ区脉动场，研究得出Ⅱ区各特征剖面内紊动量的变化均与雷诺数和水深无关，且具有较好的自相似性。将Ⅱ区时均场和脉动场的统计结果与半无限空间中径向型衰减区内的流动特性进行逐一细致的比较，发现Ⅱ区与之相似，可将Ⅱ区视为提前进入径向型衰减区。

（5）根据近壁区内流动特性的实测结果，研究发现水平面内速度剖面分布波动较为强烈，而中垂面内速度剖面分布则具有较好的自相似性，但越逼近垂直挡板，这种自相似性将不再存在，类似的规律也出现在脉动场中各紊动量的分布变化。在近壁区内，二次流结构的影响效应被极大削弱，较之Ⅱ区，展向半宽值减小，垂向半宽值增大；最大速度衰减对水深依赖程度较低，且观测到明显的回流现象；此外，通过分析射流流场速度矢量分布，总结了射流撞击垂直挡板之后的流动特性，亦即在水平面内将形成角落射流，中垂面内则形成沿垂直挡板向上的附壁射流。

第四章

错孔相向射流流场分区结构及可靠性

常见流动条件下，由于相向运动的两股射流之间存在复杂的相互作用，其流动规律与内在流动结构明显不同于有限空间中的单孔射流，流动现象极为复杂，这给研究工作带来了许多困难。为便于分析，本章利用直接拍摄法和油流法，观测了错孔相向射流运动及掺混的实验过程，在此基础之上，揭示了错孔相向射流流场的分区结构，将其划分为未受影响区和相向掺混区。而后，通过特征剖面的紊动能分布规律，检验了分区结构的可靠性。同时，本章还创建了一套方法用以识别未受影响区和相向掺混区的分界点纵向位置，并论证了该方法的合理性和准确性，而且就错距和流速比与相向掺混区长度之间的关系进行了探讨。

4.1 错孔相向射流流场的分区结构

为了解和认识错孔相向射流的流动特性，在实验过程中，利用照相机拍摄记录下两股射流的相向运动过程。本书以 P2JH14 工况为例，实验条件为水深 $H=80\text{mm}$、错距 $d=40\text{mm}$、流速比 $R=0.6$，研究分析错孔相向射流的实验现象，包括运动过程及掺混过程。

图 4-1 所示为在二维 PIV 系统激光光源照射下，实拍各特征时刻下错孔相向射流运动过程的示意本书将之称为直接拍摄法，t_0 为两股水流刚从射孔

射出初步形成动量射流的时刻。其中，图 4-1（a）代表在特征时刻 t_0，两股射流正好形成；图 4-1（b）代表在特征时刻 $t_0+0.5s$，两股射流处于刚要相遇的状态；图 4-1（c）代表在特征时刻 $t_0+1.0s$，两股射流相遇之后开始发生掺混，并继续保持相向运动；图 4-1（d）代表在特征时刻 $t_0+1.5s$，两股射流发展较为充分，掺混加剧。

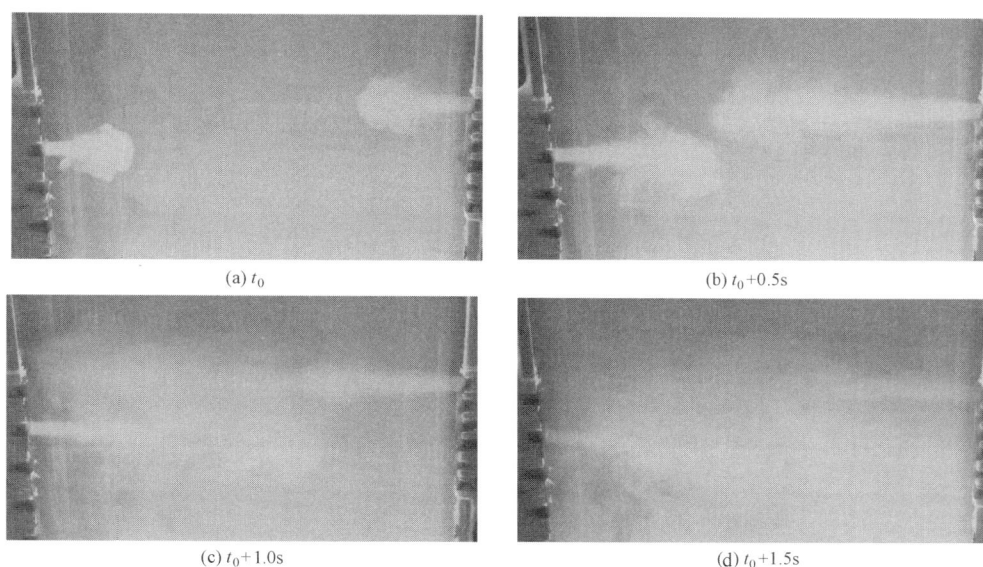

(a) t_0

(b) $t_0+0.5s$

(c) $t_0+1.0s$

(d) $t_0+1.5s$

图 4-1　实拍错孔相向射流运动过程示意

从图 4-1 可以明显看出，错孔相向射流的运动主要分为两个过程：一是未相遇前。在这个过程中，两股射流自射孔以某一初始动量射出，各自保持单孔射流的流动特性，互不干扰。二是相遇掺混后。当两股相向运动的射流相遇之后，两股射流之间发生强烈的掺混，其中存在复杂的相互作用，大小流团不断发生各种形式的撞击，如正面撞击、侧面撞击、呈角度的撞击等，能量耗散较大，单孔射流的特征消失殆尽。

为了解两股相向运动射流的掺混过程，本书采用油流法（即将适当的油剂和有颜色的显示剂混合，对水流进行标记，以利于水流运动轨迹的监测）观测两股相向运动的射流相遇之后发生的掺混过程，见图 4-2。其中，图 4-2（a）代表在特征时刻 $t_0+1.0s$，两股射流相遇之后开始发生掺混作用，此时掺混机制的主体是两股射流；图 4-2（b）代表在特征时刻 $t_0+1.5s$，随着运动的发展，两股射流掺混加剧，但主体尚未发生改变；图 4-2（c）代表在特征时刻 $t_0+2.0s$，两股射流之间的掺混作用进一步增强，同时也将射流周围静止的水体卷吸进来；图 4-2（d）代表在特征时刻 $t_0+2.5s$，相向射流之间掺混更为强烈，而且也卷吸了更多的流体，射流扩展范围拓宽。

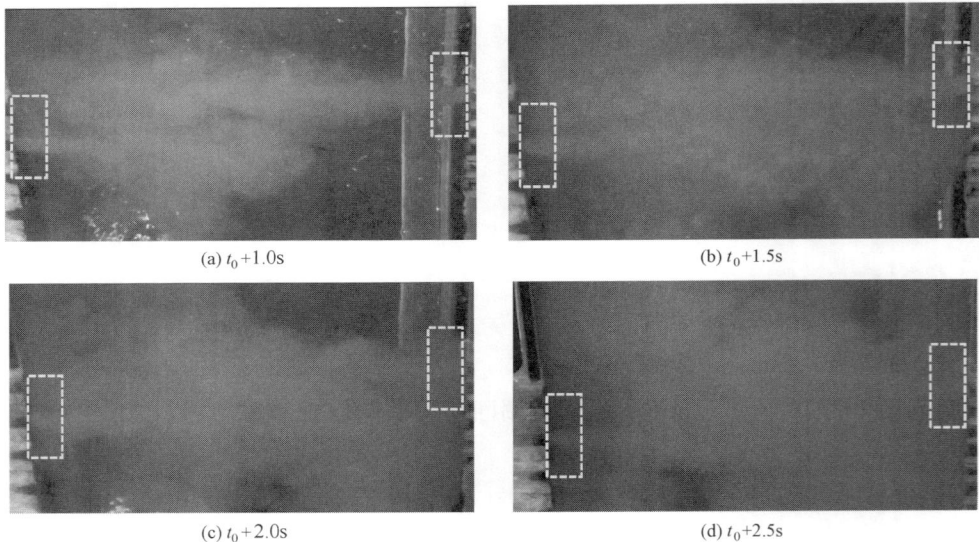

(a) $t_0+1.0s$

(b) $t_0+1.5s$

(c) $t_0+2.0s$

(d) $t_0+2.5s$

图 4-2　实拍错孔相向射流掺混过程示意

由图 4-2 可知，两股相向运动的射流相遇之后将会发生强烈的掺混作用，且掺混机制的主体也在不断变化。具体来讲，当相向射流相遇后还未达到充分发展之前，发生掺混作用的主体为两股相向射流，见图 4-2（a）和图 4-2（b）；而当充分发展之后，其主体发生了变化，不仅存在两股相向射流的强烈掺混，同时射流与周围环境中的静止水体之间也存在极强的掺混作用，见图 4-2（c）和图 4-2（d）。在如此复杂的过程之中，能量得到极大程度的消耗，同时也给错孔相向射流流动结构及相互作用机制的研究带来了诸多困难。

进一步分析图 4-2 可知，在相向射流发生掺混的过程中，无论掺混机制的主体是否发生变化，始终存在小部分区域未受相向射流运动的影响，仍然保持着单孔射流的流动特性，掺混作用较弱，本书将之定义为未受影响区，如图 4-2 中虚线框标记所示。而受两股相向射流运动影响较强的区域，掺混剧烈，本书将之定义为相向掺混区。因此，基于相向射流掺混过程的实验现象，可将错孔相向射流流场划分为未受影响区和相向掺混区，见图 4-3。

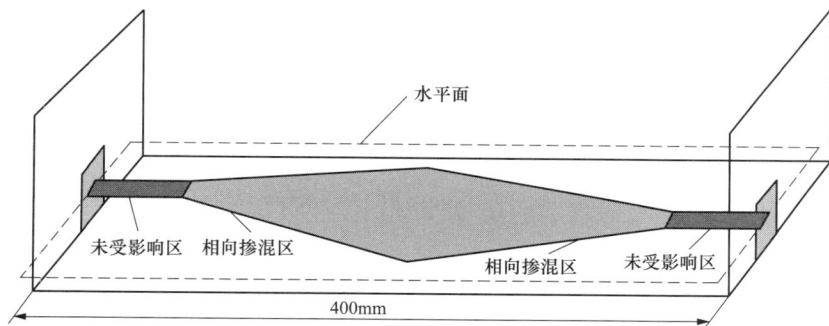

图 4-3　错孔相向射流流场分区结构示意

4.2　错孔相向射流流场分区结构的可靠性分析

4.2.1　紊流涡黏度和紊动能

通过上述相向射流实验现象的分析可知，错孔相向射流时均流场可划分为未受影响区和相向掺混区，但仅从实验现象这一方面还难以说明分区结构的可靠性，仍有待从其他的角度进行检验。

　　不难发现，未受影响区与相向掺混区的区别在于是否受到相向射流运动的影响，两者所表现出的掺混剧烈程度截然不同。原因在于，两者掺混机制的主体不尽相同：在未受影响区，两股射流还保持着单孔射流的特征，发生掺混机制的主体是单个射流本身与周围静止的水体；在相向掺混区，发生掺混机制的主体是两股相向运动的射流，同时也存在射流卷吸效应，带动周围更多水体发生掺混。因此，为进一步检验错孔相向射流流场分区结构的可靠性，就需要寻找一个特征物理量来衡量掺混的剧烈程度。在此，本书利用紊流涡黏度和紊动能来综合反映掺混作用的强弱。

　　做层流运动的流体，流体质点间会产生内摩擦力抵抗其相对运动，这种性质称为流体的黏滞性，通常用黏度 μ_l 来反映，下角标 l 表示层流。针对自然界中常见的紊流流动，BOUSSINESQ 提出了涡黏度 μ_t 的概念[78]，其与层流中黏度 μ_l 相对应，下角标 t 表示紊流。不难看出，二者具有显著差异：黏度 μ_l 是流体自身的一种物理特性，亦即抵抗剪切变形的特性，与流动情况无关；而涡黏度 μ_t 并不是流体本身具有的物理性质，而是紊流的一种流动特性，其值取决于紊流的时均流场和几何边界条件。对于不同的流动，甚至同一流动中的不同位置处，μ_t 均不相同。因此，在一定程度上，紊流涡黏度 μ_t 可用来表征流体的紊动强度，紊动越强，掺混越剧烈，反之，掺混越弱。

　　根据 KOLMOGOROV-PRANDTL 提出的一方程的紊流模式思想，利用紊动能 k 取代紊流速度尺度 $\hat{v}$，即：

$$\hat{v}=\sqrt{k} \tag{4-1}$$

则涡黏度 μ_t 可写为：

$$\mu_t=\rho C_\mu \sqrt{k}\,l_0 \tag{4-2}$$

式中：C_μ 表示通用常数；l_0 表示紊流特征长度尺度。

式（4-2）表明涡黏度与紊动能的 1/2 次方成比例，即 $\mu_t \propto k^{1/2}$。因此，可以通过紊动能 k 的大小来表征流体间的掺混剧烈程度。紊动能 k 可按式（4-3）计算：

$$k = \frac{1}{2} u_i'^2 + \frac{1}{2} w_i'^2 \tag{4-3}$$

式中：u_i' 和 w_i' 可根据式（3-78）计算可得。则根据统计平均法有：

$$k = \frac{1}{2}\left(\frac{1}{q}\sum_{i=1}^{q} u_i'^2\right) + \frac{1}{2}\left(\frac{1}{q}\sum_{i=1}^{q} w_i'^2\right) \tag{4-4}$$

4.2.2 分区结构可靠性分析

根据式（4-4）计算得到每个工况实测流场的紊动能 k 后，可对未受影响区和相向掺混区内的紊动能剖面分布规律进行详细分析，以验证错孔相向射流流场分区结构的可靠性。考虑到两个区域具体的分界点尚未确定，故本书在两个区域内选取典型剖面进行研究，见图 4-4。从图 4-4 中可以看出，在左右射流极为靠近孔口的位置分别选取剖面 1～3 和剖面 4～6，其中剖面 1 到左射流孔口的距离为 10mm，每隔 5mm 依次选取其余两个剖面，同理可确定剖面 4～6 的位置，这 6 个剖面的位置必然位于未受影响区。类似地，实测流场的中部位置势必在相向掺混区内，据此选取剖面 7～9，其中剖面 8 的位置位于流场正中部，与左射流孔口相距 200mm，剖面 7 与左射流孔口的距离为 195mm，剖面 9 与左射流孔口的距离为 205mm。本书拟考察这 9 个特征剖面的紊动能剖面分布规律，同时与单孔射流相同位置的剖面进行对比，以利于突出两个区域不同的掺混机制。

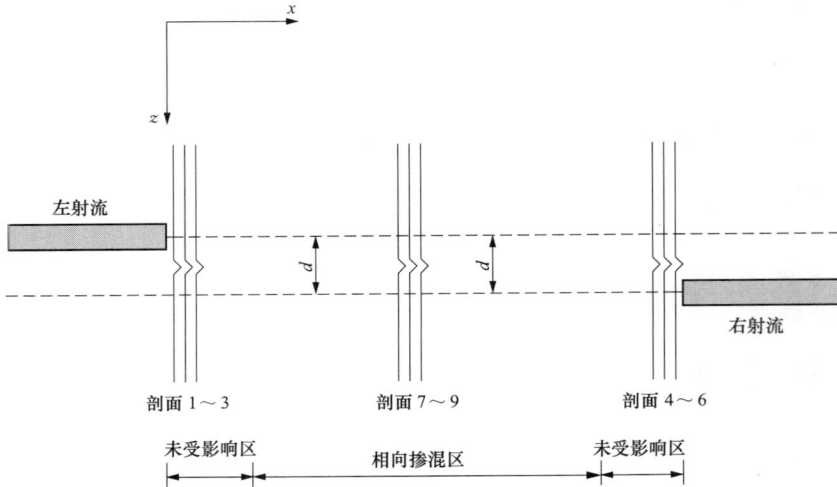

图 4-4　错孔相向射流流场中未受影响区和相向掺混区内特征剖面选取示意

1. 未受影响区

（1）错孔相向射流。为研究未受影响区内特征剖面的紊动能分布规律，本书以不同错距工况为例，在水深 $H=80\text{mm}$，流速比 $R=1$ 环境中，分别观察左右射流剖面 1～6 的紊动能分布情况，见图 4-5。值得指出的是，图4-5 中横坐标 k_0 表示射流初始紊动能，参考文献 [70]，$k_0=0.058u_0^2$。

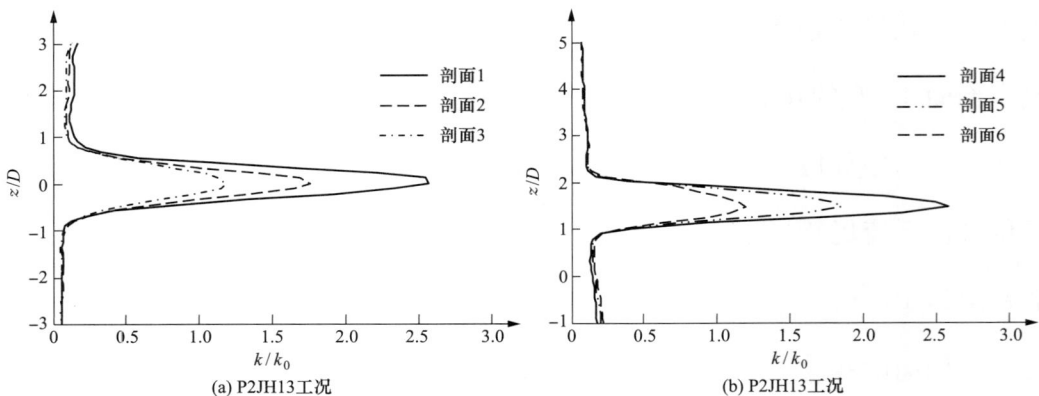

(a) P2JH13工况

(b) P2JH13工况

图 4-5　未受影响区内不同错距工况条件下特征剖面紊动能分布（一）

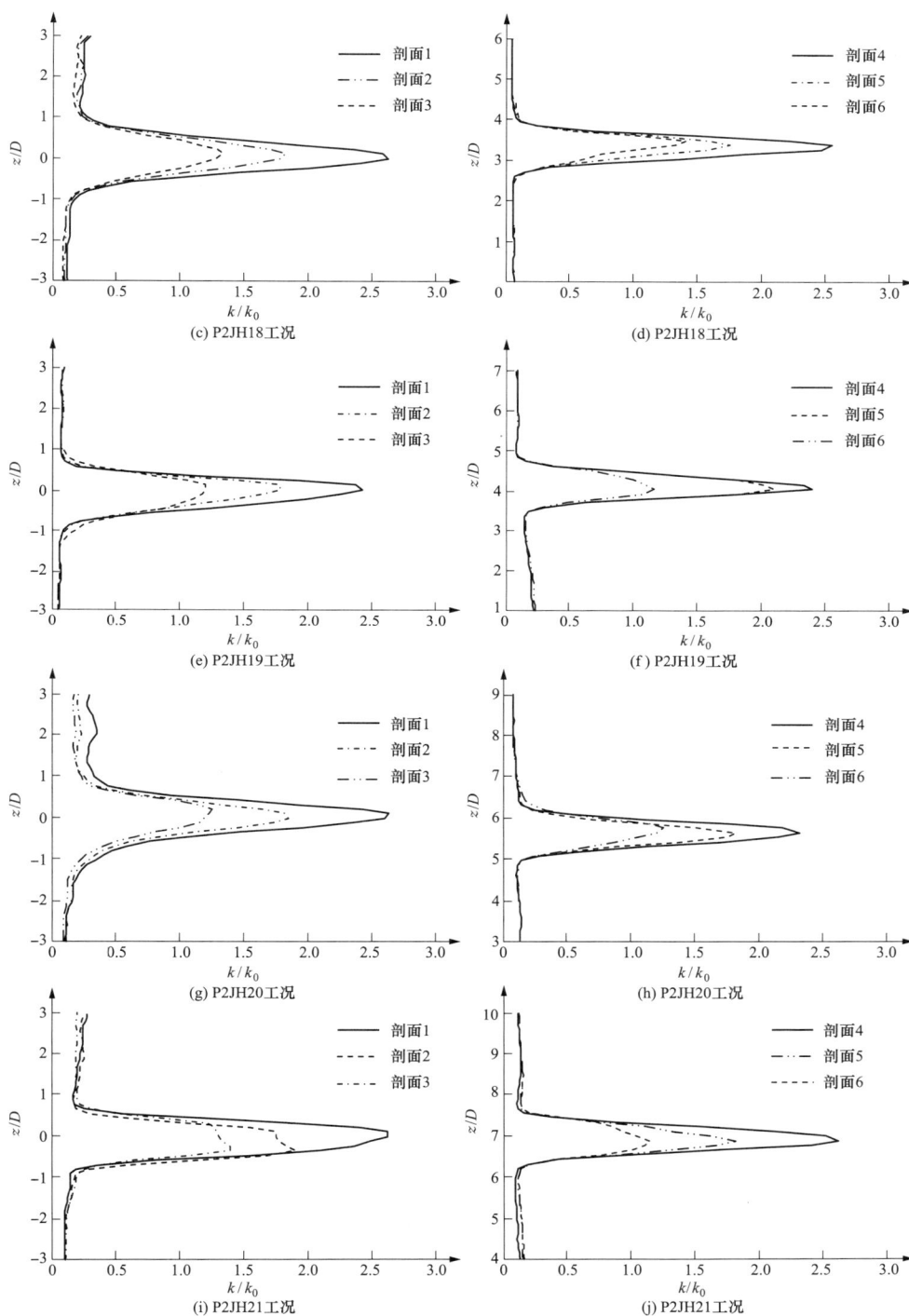

图 4-5　未受影响区内不同错距工况条件下特征剖面紊动能分布（二）

从图 4-5 中可以看出，在同一水深、流速比为 1 的环境中，未受影响区内特征剖面紊动能 k 的分布大体呈现出以下规律：①无论错距如何变化，k 的分布曲线的形状始终保持为单峰形，且在射流轴线附近取得最大值，越靠近轴线，紊动能越强；②在远离轴线的位置，即处于射流外边缘的区域，紊动能较小，几乎接近于零，且三个剖面的 k 值曲线在射流外区几乎重合，这个变化趋势在左右射流的紊动能剖面分布中均有体现，表明此时射流与周围环境之间的掺混较弱，这与以往单孔射流的研究成果基本一致；③k 的剖面分布不具有自相似性，当错距改变时，自相似性仍然不存在，且在相同剖面位置，其 k 的分布也不完全相同；④k 的峰值随着到孔口距离的增加而逐渐减小，且 k 的分布曲线整体呈现向内收缩的趋势，表明越远离孔口，紊动能越小，能量损耗越大。

（2）有限空间中单孔射流。在相同的实验条件下，即 $H=80\text{mm}$、$u_0=0.7\text{m/s}$，在有限空间中单孔射流水平面实测流场内选取相同位置的剖面，绘制紊动能 k 的剖面分布变化情况，以便与错孔相向射流进行比较分析，此处选取剖面 1～3。图 4-6 所示为 P1JH3 工况中特征剖面的紊动能分布。

由图 4-6 可知，在单孔射流实测流场中，剖面 1～3 的紊动能 k 分布曲线形状整体呈现单峰形，越靠近轴线，紊动能越大，表明掺混作用也越厉害，k 值在轴线位置附近出现最大值；在射流的外部区域，三个剖面的紊动能分布曲线虽不完全重合，但 k 值较小，基本在 $0.1k_0$～$0.2k_0$ 内变化，表明外区的掺混程度十分微弱；紊动能 k 的剖面分布不存在自相似性，距离轴线越远，k 的峰值逐渐降低，其形状曲线也变得低矮，而且各个位置的紊动能也呈降低的趋势。

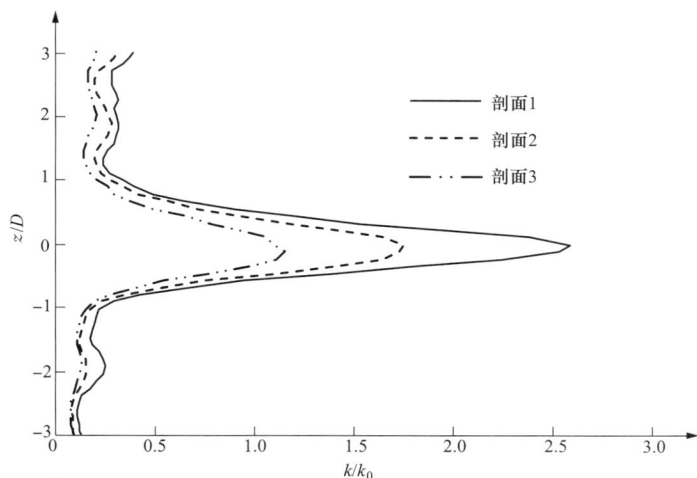

图 4-6 P1JH3 工况中特征剖面的紊动能分布

综合分析图 4-5、图 4-6，有限空间中单孔射流与错孔相向射流在剖面 1~3 内的紊动能分布呈现出相同的变化规律，这足以说明在错孔相向射流时均流场中确实存在未受到射流相向运动影响的区域，即未受影响区，它的掺混机制与单孔射流高度一致，与实验观测到的现象吻合。

2. 相向掺混区

为探讨错孔相向射流相向掺混区内不同的紊动能剖面分布规律，图 4-7 给出了相向掺混区内剖面 7~9 的紊动能分布情况。

图 4-8 所示为有限空间中单孔射流流场中剖面 7~9 的紊动能分布。

结合图 4-7、图 4-8，可充分说明以下几点：①通过对比图 4-7 和图 4-8，发现在实测流场中部位置处，错孔相向射流时均流场中 k 值的分布曲线形状为双峰形。单孔射流流场剖面 7~9 中的 k 值虽远低于剖面 1~3 内 k 值，但其整体分布曲线仍然呈现单峰形，与剖面 1~3 内 k 分布曲线的走势大体一致。这表明在流场中部位置，受两股射流相向运动的作用，掺混机制的主体

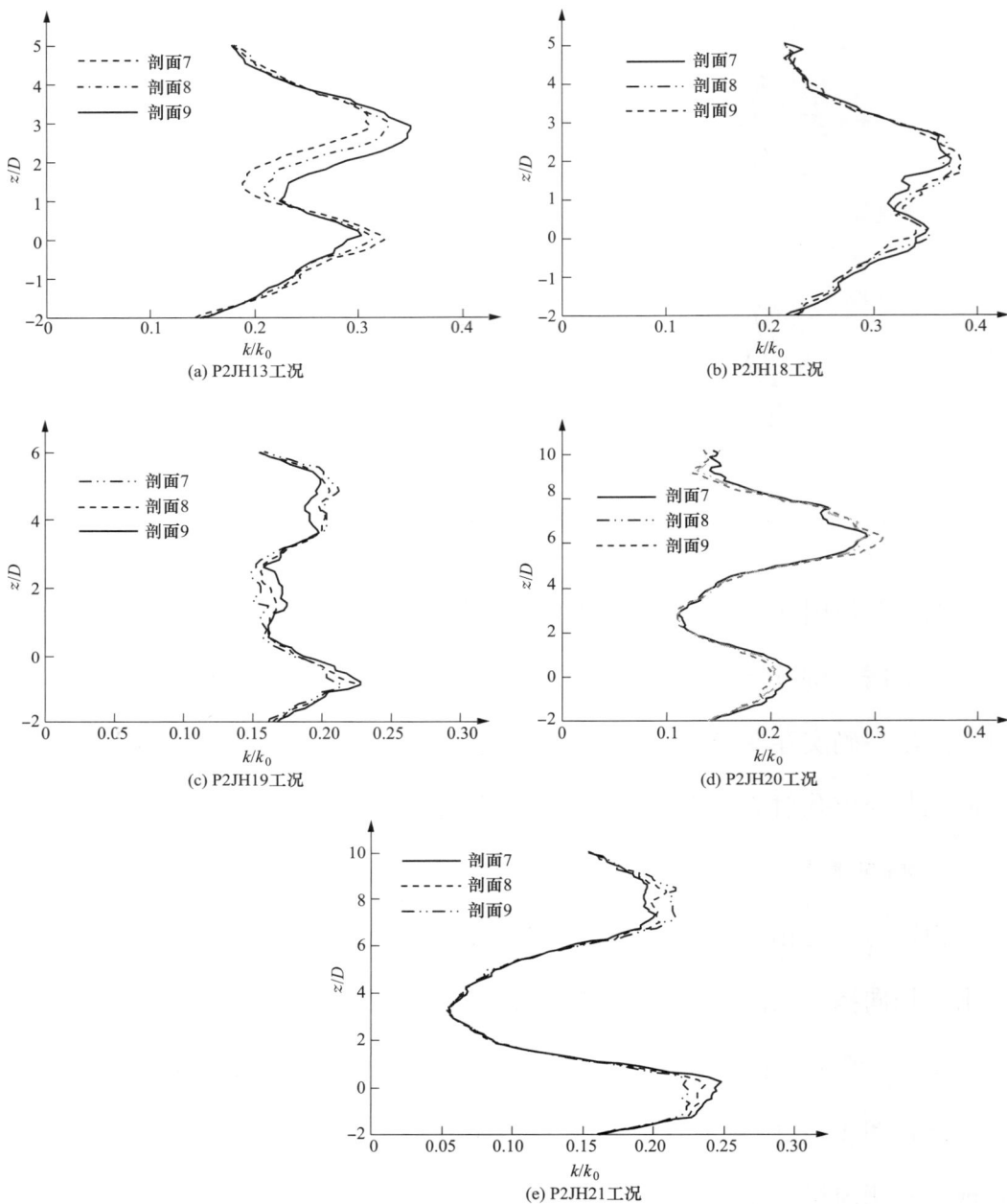

图 4-7 相向掺混区内剖面 7～9 紊动能分布

发生了改变，导致紊动能的分布发生了显著变化，为相向掺混区存在的可靠
性提供了有力的数据支撑。②在相向掺混区内，紊动能分布的双峰形展现出

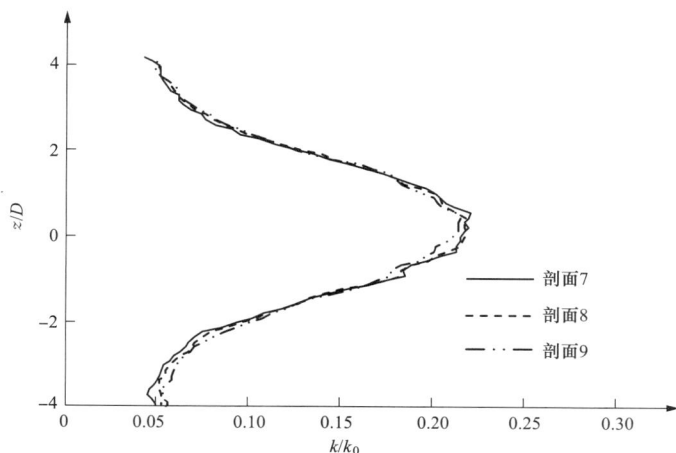

图 4-8　有限空间中单孔射流流场中剖面 7～9 紊动能分布

不同的变化规律。在第一个峰内，主要受右射流影响，由于剖面 9 下半部分距离右射流较近，故其 k 的峰值最大，剖面 8 次之，剖面 7 最小。在第二个峰内，则主要受左射流影响，剖面 7 上半部分距离左射流最近，k 的峰值最大，后面依次是剖面 8 和剖面 9。③分析图 4-7，每个工况的 k 分布双峰形曲线的峰值并不完全相同，而是存在些许差异，其分布不具有自相似性。原因在于，紊流涡黏度 μ_t 不是流体自身的物理性质，其依赖于紊流的流动特性。即便是同一剖面，采用相同的初始实验条件，μ_t 也不一定完全相同，这势必导致紊动能 k 的分布出现一定的波动。④P2JH13 与 P2JH18 工况 k 的峰值明显大于其他三个工况，表明在这两个工况实验条件下，紊动强度较大，射流流体之间掺混剧烈。

综上所述，图 4-1～图 4-3 从实验实拍记录现象的角度，提出了错孔相向射流时均流场的分区结构，并将其划分为未受影响区和相向掺混区，还详细叙述了各自的掺混过程及发生掺混作用的主体。图 4-5～图 4-8 则基于紊

动能 k 的剖面分布规律，从实测紊动能数据的角度，并对比有限空间中单孔射流实测流场相同位置的剖面，验证了未受影响区与相向掺混区的存在和掺混特征，表明本书提出的错孔相向射流流场的分区结构是合理的、可靠的。

4.3　探寻未受影响区和相向掺混区分界点位置

通过上述研究，虽然已经将错孔相向射流流场划分为未受影响区和相向掺混区，但两个区域具体的分界点仍尚未可知。由于在未受影响区内不受相向运动的影响，表现出有限空间中单孔射流的流动特性，因此相向掺混区内的流动特性才是本书研究的重中之重。因此，如何快速识别与判断未受影响区与相向掺混区的分界点将是一个难点问题。

4.3.1　分界点位置识别方法

由图 4-3 可知，在错孔相向射流时均流场中，未受影响区与相向掺混区存在左右两个分界点，将左分界点记为 div1，右分界点记为 div2。分析图 4-5，在未受影响区内，由于发生掺混作用的主体是射流本身与周围静止水体，k 值分布呈单峰形，且随着到孔口的距离增大，k 值逐渐减小，直至到达 div1 与 div2。流动在跨越分界点进入相向掺混区之后，掺混机制的主体随即变为两股相向运动的射流，较之 div1 与 div2，其紊动强度增大，掺混作用必然得到增强。因此，div1 与 div2 位置处的紊动能在一定程度上将小于其他位置的紊功能。分析图 4-7 和图 4-8，发现 P2JH19～P2JH21 工况中 k 的峰值与 P1JH3 工况中 k 的峰值相差无几，但相向射流的掺混作用明显要远强于单孔射流，加之流动特性不同，k 值分布也会出现波动，故仅仅通过 k 的峰值大小尚不能全面反映掺混的剧烈程度，仍需研究紊动能分布的广度，即实测剖面 k 值分布曲线与纵轴的包罗面积，该研究方法在文献［70］中已经得到成功应用。值得指出的是，文献［70］的研究对象为波浪环境中单孔射流，其掺混特性与错孔相向射流不尽相同，两者重点关注的区域（积分区间）存在较大差异。

为明确错孔相向射流发生强烈掺混的主要区域，需从发生掺混机制的主体进行切入：一是两股相向运动的射流。进一步分析图 4-5 与图 4-7，在未受影响区内，剖面 1～6 内 k 的峰值出现在左右两股射流轴线位置处，其值明显要远大于剖面 7～9 内 k 的峰值。在相向掺混区内，两股射流在迎流侧发生弯曲，射流轨迹线发生了偏转，但 k 的峰值基本上均在两股射流轴线附近的位置，这表明在两股射流轴线之间紊动强度较大，掺混较为剧烈。二是两股射流与周围水体。两股相向运动的射流混合后除相互掺混之外，由于卷吸作用，还会带动周围更多的静止水体发生掺混，较之轴线附近位置处，外区的紊动能偏小。综上，本书将重点计算 $0～d$ 区间内各实测剖面紊动能分布曲线与纵轴的包罗面积，为便于后续描述，本书将该计算值称之为无量纲轴线紊动能，记为 k_d。根据 k_d 的定义，其表达式为：

$$k_d = \int_0^d \frac{k}{k_0} \mathrm{d}\frac{z}{D} \qquad (4-5)$$

式中：d 为左右两股射流轴线之间的距离，即错距。

图 4-9 所示为无量纲轴线紊动能 k_d 数学模型的积分区间。

4.3.2 识别结果分析

通过上述分析可知，流动在跨越 div1 与 div2 之后进入相向掺混区，掺

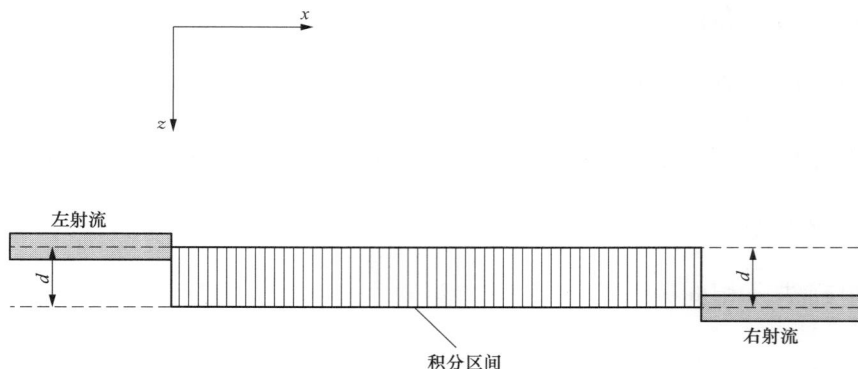

图 4-9　无量纲轴线紊动能 k_d 数学模型的积分区间

混机制的主体随即发生变化，为两股相向运动的射流，紊动强度增大，掺混加剧。根据 k_d 的定义，在两股射流轴线之间，div1 与 div2 的 k_d 最小，则依据其数学模型，可逐一计算各实验工况，以探明各工况中 div1 与 div2 的纵向坐标位置。

1. 不同错距条件下分界点纵向位置计算结果

表 4-1 所示为不同错距条件下 div1 与 div2 的纵向位置计算结果。由表 4-1可知：①随着 d 的改变，各工况中 div1 与 div2 位置处的 k_d 计算值差异明显，且 div1 与 div2 的坐标也完全不同，从而说明相向射流掺混作用的强烈程度发生了显著变化，这表明错距是影响错孔相向射流流动特性的关键控制因子。②当 $d/s＝0.05～0.15$ 时，P2JH19 工况的 k_d 计算值最大，P2JH18工况次之，P2JH13 工况最小。但根据无量纲轴线紊动能的积分模型可知，造成这种现象的主要原因在于，P2JH13 工况的积分区域较窄。但分析计算数值的量级，以 div1 为例，P2JH13 工况的 k_d 计算值占 P2JH18 工况 k_d 计

算值的 90% 以上，约为 P2JH19 工况 k_d 计算值的 70%。可见，当 $d/s=0.05$ 时，其掺混程度要明显强于 P2JH18～P2JH19 工况。同理，将 P2JH18～P2JH19 工况中 div1 的 k_d 计算值进行对比分析，发现前者约为后者的 70%，表明在 P2JH18 工况中两股相向射流的掺混作用稍强。③当错距继续增大时（P2JH20～P2JH21 工况），虽然积分区域被拓宽，但 div1 与 div2 位置处的 k_d 计算值显然小于其他三个工况的 k_d 计算值，这表明随着错距的增加，两股射流之间的掺混作用逐渐减弱。④就 div1 与 div2 的纵向坐标位置而言，P2JH13 工况中 div1 和 div2 的纵向坐标位置距离左右射孔的位置最近，后面依次是 P2JH18、P2JH19、P2JH20、P2JH21 工况。这足以表明，错距越小，掺混越强，能够影响和带动两股射流中更多的区域一起进行掺混，从侧面也佐证了上述第 2、3 点的分析。

表 4-1　　　不同错距条件下 div1 与 div2 的纵向位置计算结果

工况序号	div1		div2	
	x/D	k_d	x/D	k_d
P2JH13	3.605	0.844	23.116	0.801
P2JH18	5.297	0.862	21.689	0.809
P2JH19	6.199	1.260	20.409	1.299
P2JH20	8.116	0.747	18.492	0.694
P2JH21	10.372	0.840	16.688	0.753

2. 不同流速比条件下分界点纵向位置计算结果

表 4-2 所示为不同流速比条件下 div1 与 div2 的纵向位置计算结果。其中，水深 $H=80$mm，错距 $d/s=0.10$，流速比 R 在 0.6～1.0 内变化。

表 4-2   不同流速比条件下 div1 与 div2 的纵向位置计算结果

工况序号	div1		div2	
	x/D	k_d	x/D	k_d
P2JH14	4.382	0.374	15.460	0.342
P2JH15	4.507	0.459	16.349	0.442
P2JH16	4.733	0.560	18.380	0.551
P2JH17	4.845	0.713	20.297	0.630
P2JH18	5.297	0.862	21.650	0.809

需要说明的是，当改变 R 时，k_0 的计算值以基准流速为准。分析表 4-2 可知，当 R 发生变化时，各工况中的 div1 与 div2 纵向坐标位置亦随之变化，其 k_d 计算值均不相等，表明两股相向运动的射流之间掺混作用的强弱不尽相同，这说明流速比也是影响错孔相向射流流动特性的关键控制因子。在 R 由 0.6 增至 1.0 的过程中，div1 与 div2 之间的距离及 k_d 计算值都呈现稳步升高的趋势，这表明随着 R 的增加，掺混作用得到增强，掺混区域变宽。

3. 不同水深条件下分界点纵向位置计算结果

表 4-3 所示为不同水深条件下 div1 与 div2 的纵向位置计算结果。需要说明的是，限于篇幅，表 4-3 仅给出了 P2JH18、P2JH23、P2JH28、P2JH33 工况的计算结果，其余工况的计算结果不再详细列出。从表 4-3 可以看出，当水深发生变化时，各工况中 div1 和 div2 的纵向坐标位置及 k_d 计算值均相差不大，表明水深的增加对相向射流的掺混作用影响较小。换言之，错孔相向射流掺混作用的强烈程度对小量级水深改变的敏感性较差。上述分析可清晰地说明小量级水深的变化并不是影响错孔相向射流流动特性的关键

控制因子。

表 4-3 不同水深条件下 div1 与 div2 的纵向位置计算结果

工况序号	div1		div2	
	x/D	k_d	x/D	k_d
P2JH18	5.297	0.862	21.989	0.809
P2JH23	5.329	0.865	21.956	0.813
P2JH28	5.284	0.870	22.103	0.812
P2JH33	5.302	0.868	21.980	0.808

综上，本书基于未受影响区和相向掺混区不同的掺混机制，采用无量纲轴线紊动能 k_d 的数学模型对各工况进行计算，较为准确地识别了 div1 与 div2 的纵向坐标位置，亦即确定了各工况中未受影响区和相向掺混区的分界点，见表 4-1～表 4-3。此外，通过表 4-1～表 4-3 的计算结果可知，错距和流速比是影响错孔相向射流流动特性的关键控制因子，而小量级水深的改变对其影响较小。

4.3.3 分界点位置的可靠性检验

在得到各工况中 div1 与 div2 的纵向坐标位置后，为检验计算结果的可靠性，根据第 4.2.2 节总结的未受影响区与相向掺混区内的紊动能剖面分布特征，本节拟对各工况中 div1 与 div2 纵向位置处的剖面紊动能分布规律展开研究。

1. 不同错距条件下 div1 与 div2 附近剖面的紊动能分布

为检验不同错距工况中 div1 与 div2 计算结果的合理性，图 4-10 给出了不同错距条件下 div1 与 div2 附近剖面紊动能分布，水深 $H=80\text{mm}$，流速比 $R=1$。

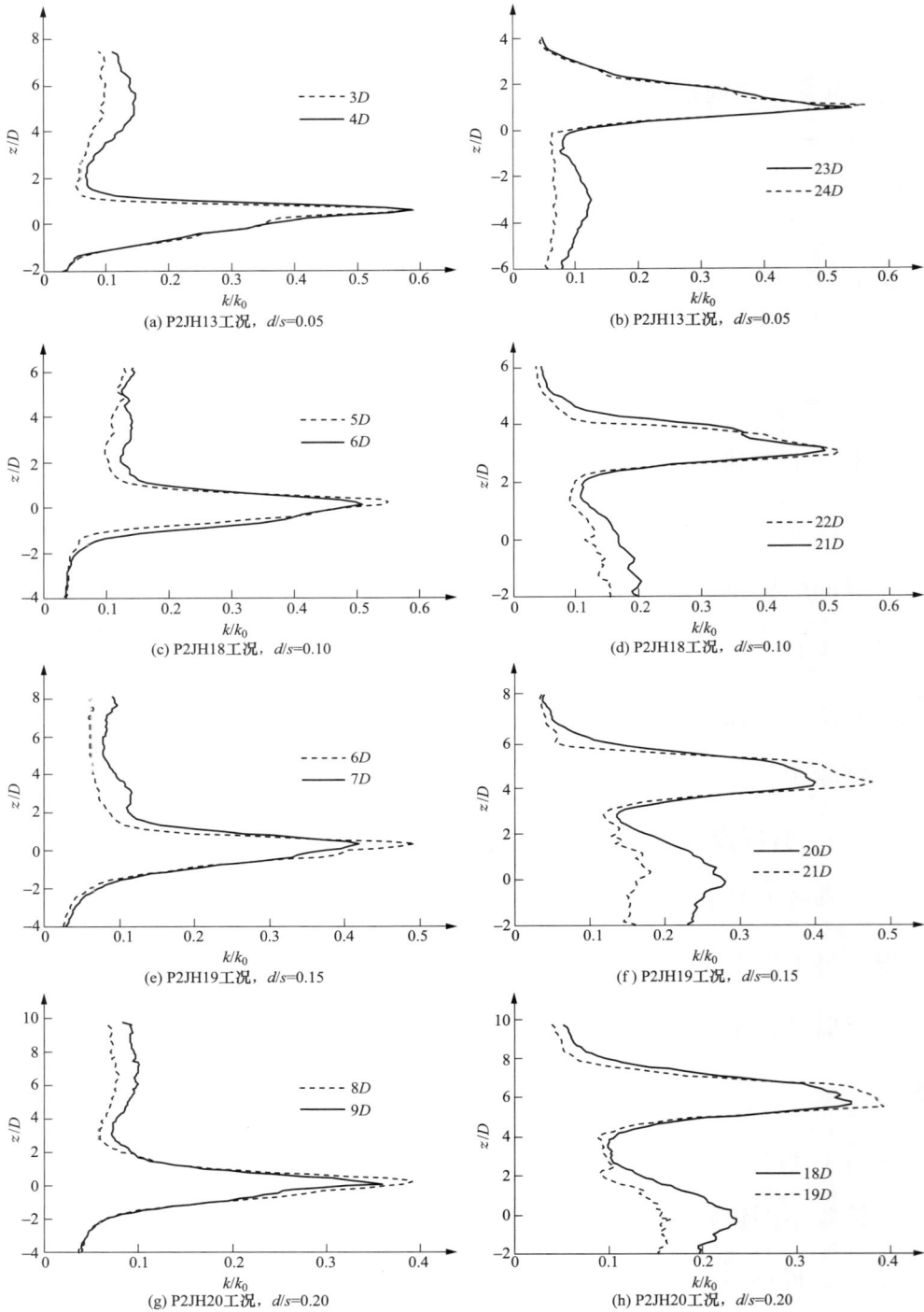

(a) P2JH13工况，d/s=0.05

(b) P2JH13工况，d/s=0.05

(c) P2JH18工况，d/s=0.10

(d) P2JH18工况，d/s=0.10

(e) P2JH19工况，d/s=0.15

(f) P2JH19工况，d/s=0.15

(g) P2JH20工况，d/s=0.20

(h) P2JH20工况，d/s=0.20

图 4-10　不同错距条件下 div1 与 div2 附近剖面紊动能分布（一）

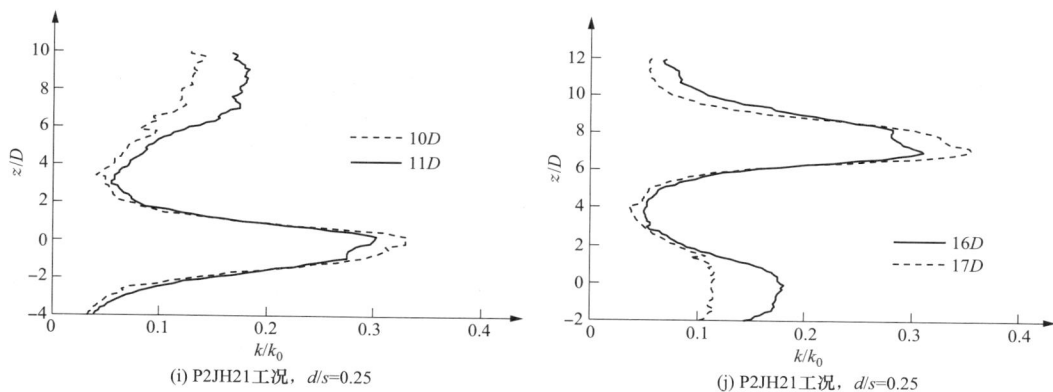

(i) P2JH21工况, d/s=0.25

(j) P2JH21工况, d/s=0.25

图 4-10 不同错距条件下 div1 与 div2 附近剖面紊动能分布（二）

以图 4-10（a）和图 4-10（b）为例，研究 P2JH13 工况中 div1 与 div2 附近位置处剖面的紊动能分布。首先分析图 4-10（a），不难发现，在 $-2 \leqslant z/D < 2$ 区域内，3D 剖面与 4D 剖面曲线走势基本相同，均呈现出单峰形，紊动能的峰值相差较小；在 $2 \leqslant z/D < 8$ 区域内，3D 剖面内的紊动能较小，且各位置处相差不大，曲线形状几乎没有较大起伏，与图 4-5（a）中剖面 1～3 的走势相同，表明 3D 剖面仍然位于未受影响区；同时对比相同区域内（$2 \leqslant z/D \leqslant 8$）4D 剖面紊动能的分布规律，曲线形状发生了较大的凸起，且紊动能的值远大于 3D 剖面紊功能的值，这表明在该区域内，4D 剖面已经受到了相向射流运动的影响，紊动较为强烈，故 4D 剖面已经进入了相向掺混区。同理，分析图 4-10（b）可知，在 $-1 \leqslant z/D \leqslant 4$ 区域内，23D 剖面与 24D 剖面的紊动能分布曲线均呈单峰形；在 $-6 \leqslant z/D < -1$ 区域内，23D 剖面内的紊动能大于 24D 剖面内的紊动能，且分布曲线出现了较为明显的凸起，这表明 23D 剖面已经位于相向掺混区内，而 24D 剖面则属于未受影响区。

2. 不同流速比 div1 与 div2 附近剖面的紊动能分布

图 4-11 所示为不同流速比条件下 div1 与 div2 附近剖面紊动能分布。分析图 4-11 (a) 可清楚地知道，在 $-4 \leqslant z/D < 1$ 区域内，$4D$ 剖面与 $5D$ 剖面紊动能分布曲线走势大体一致，形状呈单峰形；在 $1 \leqslant z/D \leqslant 6$ 区域内，$4D$ 剖面内的紊动能稍微增大，紊动有所增强，但曲线并未出现明显的凸起，其大体趋势仍与单孔射流一致，而该区域内 $5D$ 剖面内的紊动能增加的幅度更大，且曲线形状明显升高，已初步形成峰形，故 $5D$ 剖面已然在相向掺混区内。对图 4-11 (b) 进行类似的分析，发现在 $-2 \leqslant z/D \leqslant 2$ 区域内，$15D$ 剖面内紊动能较大，最大值达到 $0.13k_0$，且曲线形状垄起，与 $16D$ 剖面内的分布曲线截然不同，符合相向掺混区内的掺混特征。

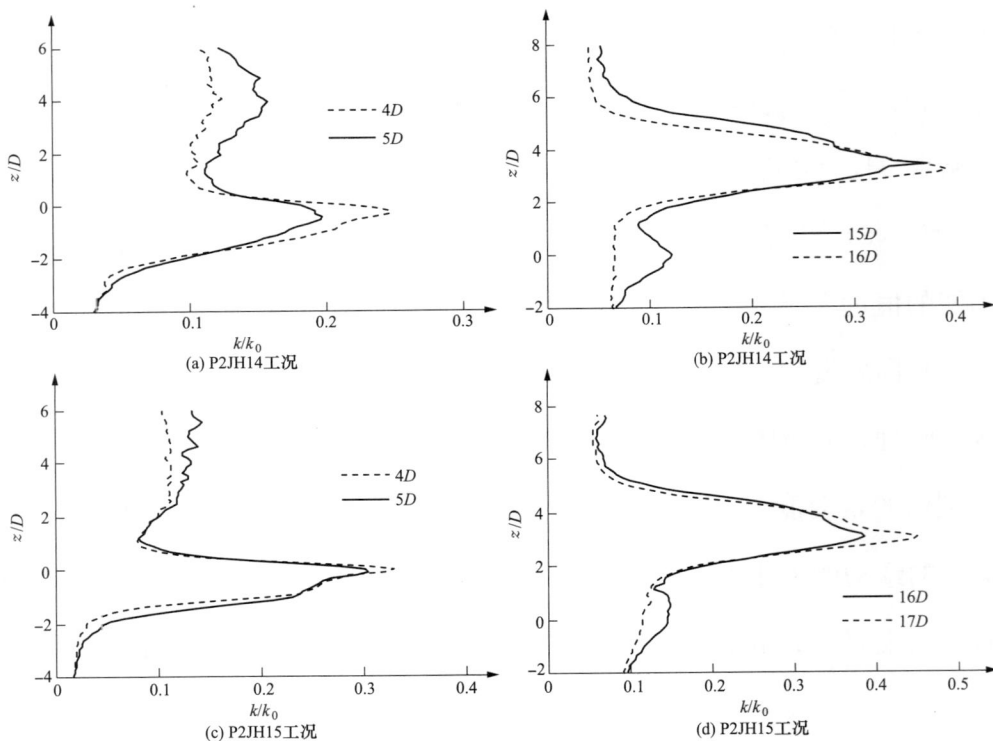

图 4-11　不同流速比条件下 div1 与 div2 附近剖面紊动能分布（一）

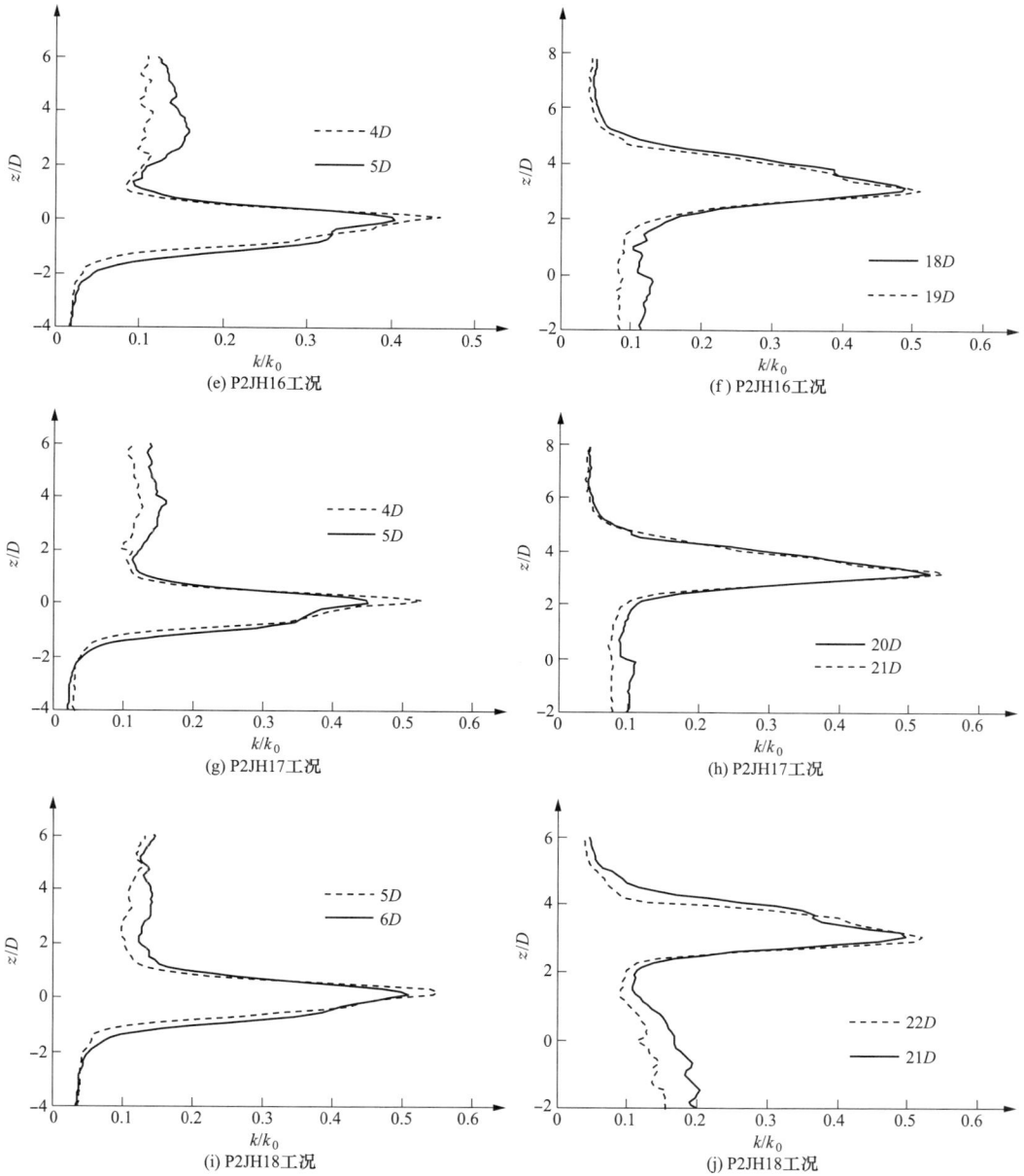

图 4-11 不同流速比条件下 div1 与 div2 附近剖面紊动能分布（二）

3. 不同水深 div1 与 div2 附近剖面的紊动能分布

图 4-12 所示为不同水深条件下 div1 与 div2 附近剖面紊动能分布，限于篇幅，此处只列举了表 4-3 中的实验工况，亦即错距 $d/s=0.10$，流速比 $R=1$。

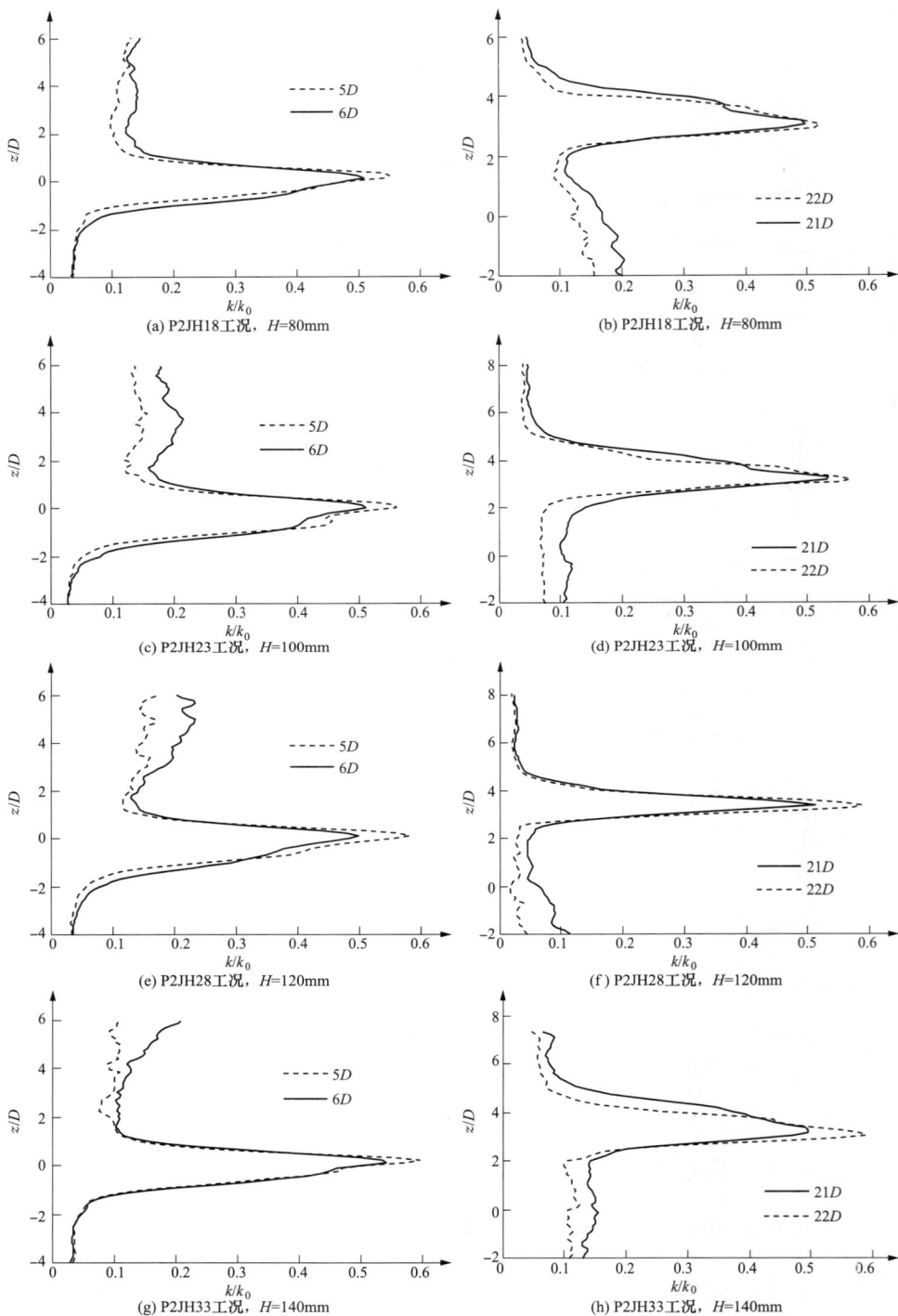

(a) P2JH18工况，H=80mm

(b) P2JH18工况，H=80mm

(c) P2JH23工况，H=100mm

(d) P2JH23工况，H=100mm

(e) P2JH28工况，H=120mm

(f) P2JH28工况，H=120mm

(g) P2JH33工况，H=140mm

(h) P2JH33工况，H=140mm

图 4-12 不同水深条件下 div1 与 div2 附近剖面紊动能分布

分析图 4-12 可知，当其他实验条件固定时，仅让水深发生小幅度的改变，div1 与 div2 位置附近剖面的紊动能分布呈现出相同的规律，且紊动能的峰值相差不大，这充分表明在错孔相向射流时均流场中，div1 与 div2 的纵向坐标位置对小量级水深变化的敏感性较差，从侧面也验证了表 4-3 中计算结果的合理性。

综合分析图 4-10~图 4-12 可知，本书采用无量纲轴线紊动能 k_d 的数学模型，能够较为准确地找出各工况中未受影响区和相向掺混区的分界点，为后续研究错孔相向射流的流动特性及相互作用机制奠定了坚实的基础。与此同时，从紊动能剖面分布变化的角度也说明了错距和流速比是影响错孔相向射流流动特性的关键控制因子。

4.4 错距和流速比与相向掺混区长度的关系

表 4-1、表 4-2 的计算表明，div1 与 div2 的纵向位置随着错距和流速比的变化而变化，但其中的变化规律仍处于未知状态。本书将 div1 与 div2 之间的纵向距离定义为相向掺混区长度，用 l_v 表示，据此也可衡量错孔相向射流之间掺混作用的强烈程度。

为探寻错距和流速比对相向掺混区长度的影响规律，本书借助动量通量长度比尺 l_m，其定义式如下：

$$l_m = \frac{\sqrt{M_j}}{u_{jn}} = \frac{\sqrt{Au_j^2}}{u_{jn}} \tag{4-6}$$

式中：M_j 为射流入射动量通量；A 为射孔面积；u_j 为射孔较小入射速度；

u_{jn} 为射孔较大入射速度。

分析 l_m 可知，当 $R=0$ 时，即另一个射孔不出流，此时为单孔射流情况，$l_m=\sqrt{A}=D$；当 $R=1$ 时，即两股射流以相同的初始动量运动，此时 $l_m=\sqrt{A}=D$；当 $0<R<1$ 时，即两股射流的初始入射速度不尽相同，此时 $l_m=DR$。因此，在错孔相向射流流场中，l_m 可全面反映两股射流的初始运动状态，是一个综合性的长度比尺。

根据表 4-1，可计算得到不同错距条件下相向掺混区长度，见表 4-4。将表 4-4 中计算结果汇制成图 4-13，它显示了 l_v/l_m 与 d/l_m 之间的关系。

表 4-4   不同错距条件下相向掺混区长度计算结果

工况序号	水深 H/mm	d/s	R	相向掺混区长度 (l_v/l_m)
P2JH13	80	0.05	1	19.511
P2JH18	80	0.10	1	16.392
P2JH19	80	0.15	1	14.210
P2JH20	80	0.20	1	10.376
P2JH21	80	0.25	1	6.316

当错距改变时，相向掺混区长度 l_v 的变化可用方程式（4-7）表示的一条直线来描述，$R^2=0.988$。

$$\frac{l_v}{l_m}=23.08-2.43\frac{d}{l_m} \tag{4-7}$$

式（4-7）表明，当水深恒定、流速比为 1 时，在错孔相向射流时均流场中，错距越小，掺混作用越强烈，将会卷吸周围更多的静止水体，掺混区域的范围越广，导致相向掺混区长度越长，其变化规律满足线性方程，这与无

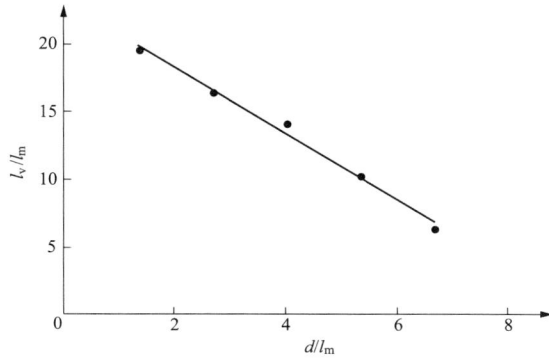

图 4-13　不同错距条件下相向掺混区长度 l_v 分布

量纲轴线紊动能积分模型的计算结果保持高度一致。同时，通过式（4-7）的计算，当 $d/s = 0.355$ 时，l_v 的计算值十分微弱，接近于零，说明此时两股相向运动的射流之间将不发生掺混作用，即各自保持自身的运动状态，撞击对侧的垂直挡板，这就与有限空间中单孔三维壁面射流完全相同。由于射流间相互作用消失，式（4-7）将不再适用。需要指出的是，由于在实际工程中，船闸侧支孔采用交错布置，故本书在设计之初并未考虑错距 $d = 0$ 的情况，即两股射流对冲的现象。因此，式（4-7）的适用范围为 $0 < d/s < 0.355$。

根据表 4-2，可计算得到不同流速比条件下相向掺混区长度，见表 4-5。将表 4-5 中计算结果汇制成图 4-14，它显示了 l_v/D 和 l_m/D 之间的关系，当流速比改变时，l_v 的变化可用方程式（4-8）表示的一条直线来描述，$R^2 = 0.980$。

$$\frac{l_v}{D} = 2.26 + 14.24 \frac{l_m}{D} \tag{4-8}$$

表 4-5　　　　　　　　不同流速比条件下相向掺混区长度计算结果

工况序号	水深 H/mm	d/s	R	相向掺混区长度（l_v/D）
P2JH14	80	0.10	0.6	11.078
P2JH15	80	0.10	0.7	11.842
P2JH16	80	0.10	0.8	13.647
P2JH17	80	0.10	0.9	15.452
P2JH18	80	0.10	1.0	16.392

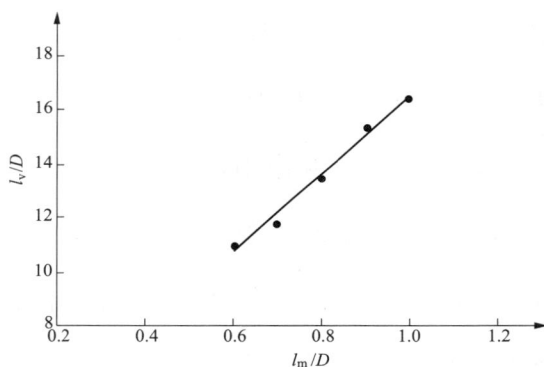

图 4-14　不同流速比条件下相向掺混区长度 l_v 分布

　　分析式（4-8）可知，当水深与错距恒定时，随着流速比的增加，错孔相向射流之间的掺混作用不断增强，相向掺混区长度与射流比之间服从线性分布。由于当 R 为零时，只有一个支孔射流，不再符合错孔相向射流的流动特性，而是符合有限空间中单孔射流的流动特性，该公式也不再适用，故式（4-8）的适用范围为 $0<R\leqslant1$。此外，虽然本书未进行其他错距条件下的流速比变化实验，但式（4-8）是建立在错孔相向射流时均流场之上的，结合式（4-7），可推测使用式（4-8）的另一个限定范围，即 $0<d/s<0.355$。

本 章 小 结

在常见流动条件下的错孔相向射流时均流场中，射流之间存在复杂的相互作用，流场结构十分复杂，其分区结构及关键控制因子尚不明确。鉴于此，本章主要针对错孔相向射流流场的分区结构及可靠性进行了研究，结果表明：

（1）采用直接拍摄法和油流法，观测错孔相向射流的运动和掺混过程，发现在错孔相向射流中，掺混机制的主体不断在发生变化：一是相遇后但还未充分发展前，掺混机制的主体为两股相向运动的射流；二是充分发展之后，掺混机制的主体为两股相向运动的射流、射流与周围静止的水体。同时，根据错孔相向射流的实验现象，将它的时均流场划分为未受影响区和相向掺混区。

（2）选取紊流涡黏度和紊动能作为特征物理量来衡量掺混的剧烈程度，根据未受影响区和相向掺混区的掺混特征，在各自区域内选取特征剖面，绘制特征剖面紊动能分布（图 4-5～图 4-8），从特征剖面实测紊动能数据的角度，并对比有限空间中单孔射流实测流场相同位置的剖面，检验了分区结构存在的合理性及可靠性。

（3）基于未受影响区和相向掺混区不同的掺混机制，采用无量纲轴线紊动能 k_d 的数学模型，探寻了未受影响区和相向掺混区的分界点，见表 4-1～表 4-3。同时根据 div1 与 div2 附近剖面的紊动能分布规律，论证了模型计算的准确性。此外根据各工况无量纲轴线紊动能数学模型计算结果可知，错距和流速比是影响错孔相向射流流动特性的关键控制因子。

（4）根据各工况中 div1 和 div2 纵向位置计算的结果，提出了相向掺混区长度 l_v 的概念，同时借助动量通量长度比尺 l_m，建立了相向掺混区长度 l_v/l_m 与错距 d/l_m、流速比（$R = l_m/D$）之间的关系式，两者皆为线性关系。

第五章

错孔相向射流流动特性
及相互作用机制

在第四章的研究中，对错孔相向射流流场进行了分区，即未受影响区和相向掺混区，并基于各区内的掺混机制，采用无量纲轴线紊动能 k_d 的数学模型，较为准确地识别了未受影响区和相向掺混区的分界点纵向位置，研究得到了各工况中的相向掺混区长度。同时，综合各工况 k_d 的计算，探明了影响错孔相向射流流动特性的关键控制因子，即错距和流速比。为了进一步揭示错孔相向射流相向掺混区内的流动特性及相互作用机制，本章主要基于错距和流速比的变化，着重对 u 速度剖面分布、主射流内侧展向半宽值分布、主射流轨迹线速度衰减变化规律进行了研究，并分析了错孔相向射流的漩涡分布特性和紊动特性。

5.1 相向掺混区 u 速度剖面分布

基于第三章的研究成果，总结了有限空间中单孔射流流场水平面内 u 速度分布的规律：在Ⅰ区的大部分区域和Ⅱ区内，u 速度分布满足高斯方程，且具有较好的自相似性。由于两股相向运动的射流碰撞之后，会发生强烈的掺混，射流之间存在复杂的相互作用，其内在流动结构与掺混机制不同于单孔射流，因此相向射流流场水平面内速度剖面分布呈现出特殊的规律。需要指出的是，在相向射流中，纵向时均速度仍然远大于横向时均速度。鉴于此，本节基于不同错距和流速比的实验工况，对相向掺混区水平面内 u 速度分布特征展开系统研究。为便于后续的描述和分析，本书将错孔相向射流之间相互作用的区域定义为相向射流内侧，而未发生相互作用的一侧定义为相向射流外侧。

5.1.1　对比有限空间中单孔射流 u 速度剖面分布

本书以 P2JH18 工况为例，根据表 4-1 的计算结果，在靠近实测流场中部附近选取 $11D$、$12D$、$13D$、$14D$ 作为特征剖面，这 4 个剖面均位于 P2JH18 工况相向掺混区内的核心位置，能较好地体现 u 速度分布的特殊规律。同时，因 P2JH18 工况的实验条件（$H=80\text{mm}$、$R=1$），选择 P1JH3 工况相同位置的剖面作为对比，以利于分析相向射流与单孔射流中 u 速度分布的规律。将各特征剖面的 u 速度实测数据绘制成图 5-1，其中左侧图形反映了左射流特征剖面与单孔射流相同位置剖面的 u 速度实测数据，右侧图形则代表右射流特征剖面与单孔射流相同位置剖面的 u 速度实测数据。

在对图 5-1 进行分析之前，需做以下说明：①为探寻相向掺混区内 u 速度特殊的分布规律，图 5-1 的统计范围为 $-2<z/z_{m/2}<2$，而摒弃了射流外边缘的数据，$z_{m/2}$ 则表示左、右射流内侧的展向半宽值；②根据本书的坐标系统定义及 P2JH18 射孔编号，左射流为 J03 号射孔，沿 x 正方向纵向流动，实测 u 速度为正值，右射流为 J11 号射孔，沿 x 负方向流动，实测 u 速度为负值。为明确体现右射流的流动特点，在统计分析右射流特征剖面内 u/u_m 时，u_m 取绝对值代入计算，亦即右射流中实际纵坐标为 $u/|u_m|$。相应地，图 5-1 右侧图形中单孔射流特征剖面内纵坐标则为 $-u/u_m$，以利于形成更好的对比效果。但为了方便计，且考虑到与左射流的协调问题，图中将之统一记为 u/u_m。

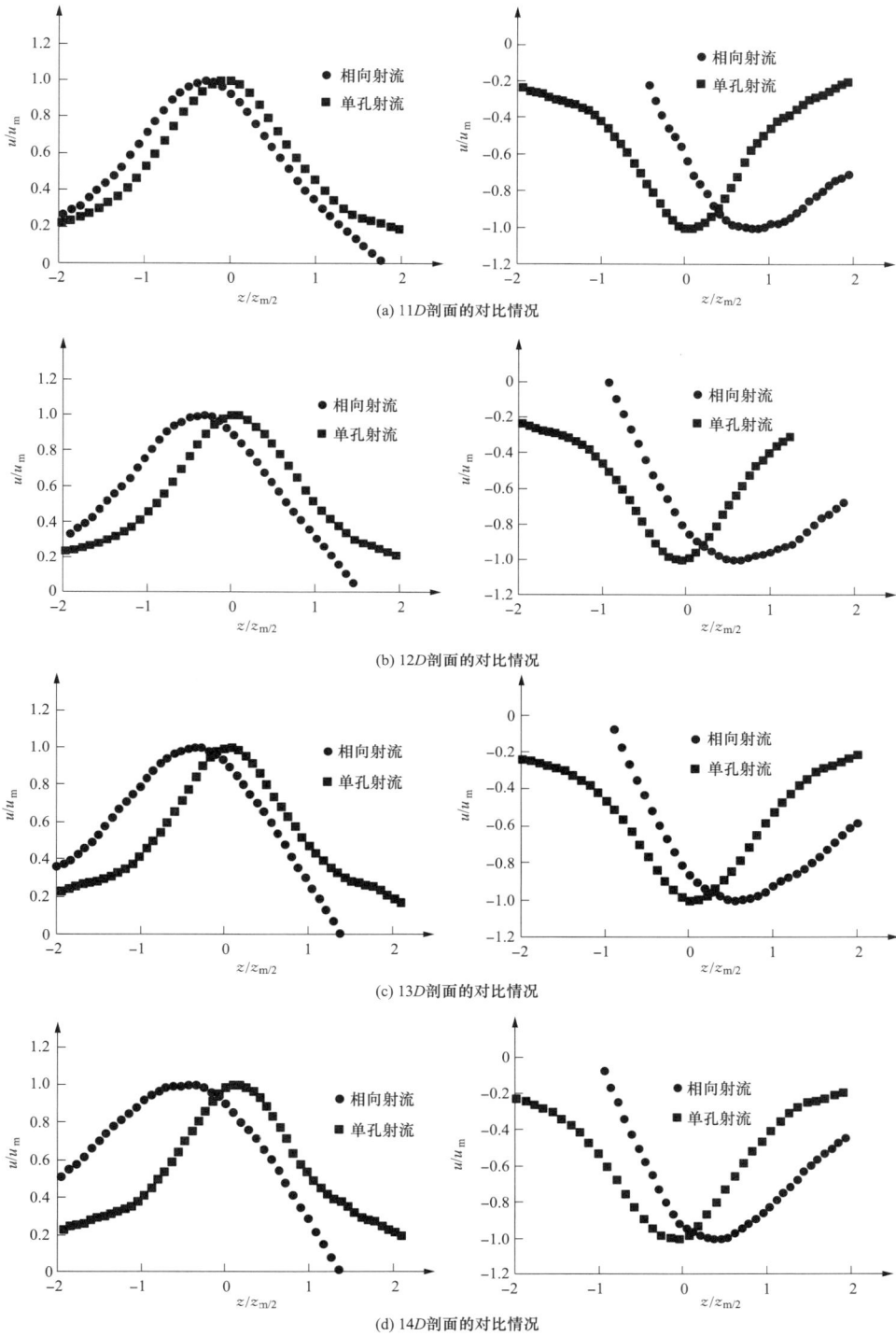

(a) 11D剖面的对比情况

(b) 12D剖面的对比情况

(c) 13D剖面的对比情况

(d) 14D剖面的对比情况

图 5-1 P2JH18 与 P1JH3 工况中特征剖面水平面内 u 速度分布对比

观察图 5-1,虚线表示左、右射流轴线。通过比较单孔射流特征剖面内 u 速度分布特征,发现在相向掺混区内,各特征剖面的 u 速度剖面分布规律不再保持对称,且并不服从高斯方程。在此,以左射流 $11D$ 剖面为例进行详细剖析:①在 $-2<z/z_{m/2}\leqslant-0.4$ 区域内,错孔相向射流流场实测 u 速度值大于单孔射流,且曲线的峰值出现在 $z/z_{m/2}=-0.4$ 处,较之单孔射流,最大 u 速度值已不再位于射流轴线上,这表明受右射流挤压效应影响,左射流的运动轨迹出现了偏转;②在 $-0.4<z/z_{m/2}<2$ 区域内,即进入错孔相向射流的内侧区域,与单孔射流相比,实测 u 速度值均小于单孔射流的实验数据。产生这种现象的原因主要是两股相向射流之间的掺混作用,当两股射流相遇之后,随即发生强烈的掺混,紊动强度增大,流场中各流团的脉动运动增强,紊动能急剧提升。根据紊流中脉动部分的能量方程,脉动动能来源于时均流动,随着紊动能的增大,时均流动部分的能量发生衰减,导致 u 速度实测值出现明显的下降。类似的规律亦存在于右射流中,限于篇幅,此处便不再赘述。

为进一步研究 P2JH18 工况相向掺混区内 u 速度的分布规律,图 5-2 给

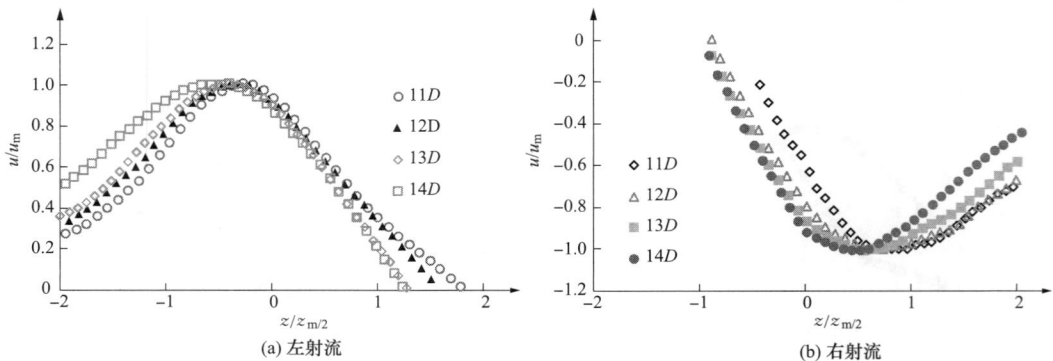

图 5-2　左、右射流中各特征剖面水平面内 u 速度分布

出了左、右射流各特征剖面水平面内的 u 速度分布。由图 5-2 可知，在相向掺混区内，各特征剖面内的 u 速度分布曲线走势大体一致，但却并不完全重合，这表明各特征剖面内 u 速度分布不具有自相似性。观察图 5-2（a）中左射流各曲线中 u_m 值的位置，在 $11D \sim 14D$ 剖面内分别为 $z = -0.29z_{m/2}$、$z = -0.32z_{m/2}$、$z = -0.42z_{m/2}$、$z = -0.51z_{m/2}$。此外，计算特征剖面的无量纲轴线紊动能 k_d，得到 $11D$ 剖面内为 1.149，$12D$ 剖面内为 1.201，$13D$ 剖面内为 1.252，$14D$ 剖面内为 1.296。上述计算结果充分说明左射流中 $14D$ 剖面内掺混的强烈程度明显大于其他特征剖面，从而使右射流的冲击挤压作用得到增强，导致 $14D$ 剖面内 u_m 值的位置出现较大偏离。同理，观察图 5-2（b）中右射流各曲线中 u_m 值的位置，亦呈现出相同的规律：$11D \sim 14D$ 剖面内 u_m 值的位置分别为 $z = 0.86z_{m/2}$、$z = 0.62z_{m/2}$、$z = 0.54z_{m/2}$、$z = 0.42z_{m/2}$。需要说明的是，特征剖面位置的选取是基于本书定义的坐标系统，即以左射孔为基准，而右射孔布置在左射孔的对侧，若以右射流为基准，则在右射流中，$11D$ 剖面的位置类似于左射流的 $14D$ 剖面位置，其掺混作用和紊动强度均高于其他特征剖面。综合分析图 5-2 可知在相向掺混区内，左、右射流中各特征剖面内 u_m 位置偏移量（距轴线的距离）随相互作用的增强而增大。

5.1.2　错距对 u 速度剖面分布的影响规律

为探讨错距对相向掺混区内 u 速度剖面分布的影响规律，图 5-3 给出了不同错距条件下错孔相向射流时均流场的流速矢量分布。

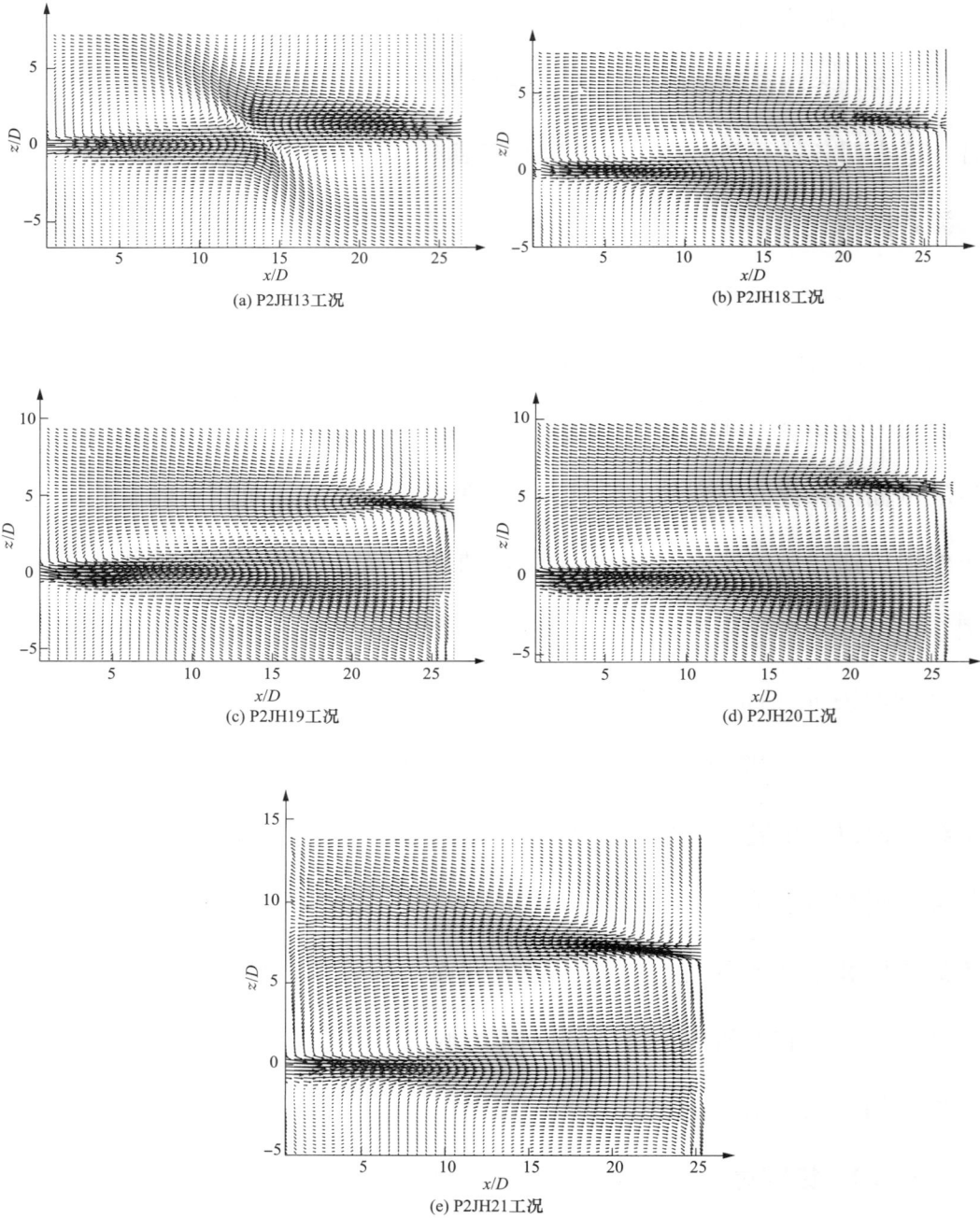

(a) P2JH13工况

(b) P2JH18工况

(c) P2JH19工况

(d) P2JH20工况

(e) P2JH21工况

图 5-3　不同错距条件下错孔相向射流时均流场的流速矢量分布

图 5-3（a）所示为 P2JH13 工况时均流场的流速矢量分布。由图

5-3（a）可知，两股相向运动的射流形成较为明显的对冲现象，在靠近流场中部 $x=13D$ 附近处，左右两股射流在迎流侧发生猛烈碰撞，由于射流间强烈的冲击挤压作用，左、右射流的运动轨迹发生显著偏转：左射流主要沿 z 轴负方向运动，在 $-1\leqslant z/D\leqslant-6$、$14\leqslant x/D\leqslant20$ 区内流动方向皆有明显的改变；右射流则主要沿 z 轴正方向运动，在 $1\leqslant z/D\leqslant7$、$7\leqslant x/D\leqslant13$ 区域内流动方向偏转厉害。同时，左射流与右射流分别在 $-6\leqslant z/D\leqslant0$、$15\leqslant x/D\leqslant25$，$0\leqslant z/D\leqslant6$、$1\leqslant x/D\leqslant11$ 区域内形成较大的掺混区，实测流速值迅速减小。

图 5-3（b）所示为 P2JH18 工况时均流场的流速矢量分布。从整体来看，左、右射流相遇之后，流向仍有较大程度的变化，前者的运动轨迹沿 z 轴的负方向偏转，而后者则沿 z 轴的正方向偏转。较之图 5-3（a），随着错距的递增，图 5-3（b）中左、右射流的偏转厉害程度被削弱，偏转的区域束窄，这是由于射流间挤压效应减小而引起的。此外，从图 5-3（b）中还可以看出，由于错距的增加，两股射流间相互作用的区域扩大，在两股射流轴线之间形成较为强烈的掺混区，大小流团不断发生碰撞、合并、分离等现象，能量耗散较大，流速值均小于邻近区域。

图 5-3（c）所示为 P2JH19 工况时均流场的流速矢量分布。随着错距的继续增大，左、右射流依然在迎流侧被冲弯，但弯曲程度则明显低于图 5-3（a）和图 5-3（b）。由图 5-3（c）可知，掺混区域仍形成于两射流轴线之间，但由于两股射流参与掺混的流体减少，流速值发生显著降低的区域则远小于图 5-3（a）和图 5-3（b）。上述分析表明射流间相互作用随着错距的持续增加，再次得到削弱。

图 5-3（d）与图 5-3（e）所示分别为 P2JH20 工况和 P2JH21 工况时均流场的流速矢量分布。由图 5-3（d）和图 5-3（e）可知，在射流轴线之间存在较小的掺混区，且左、右射流的流动方向基本未发生改变，表明射流间的相互作用已然十分微弱。

通过分析图 5-3，定性地得出了错距对 u 速度分布的影响规律。为了更深入地分析，本书选取左射流 $13D$ 作为典型剖面，统计 P2JH13、P2JH18、P2JH19、P2JH20、P2JH21 工况下典型剖面内 u 速度的分布规律，见图 5-4。由图 5-4 可知，不同工况中 $13D$ 剖面内的 u 速度分布曲线并不重合，不具有相似性，这说明当错距改变时，u 速度分布亦随之发生变化，并不独立于错距，反而对错距的依赖程度相当大。观察各工况中典型剖面内 u_m 出现的位置，错距逐级递增，u_m 值分别位于 $z = -0.53z_{m/2}$、$z = -0.42z_{m/2}$、$z = -0.25z_{m/2}$、$z = -0.15z_{m/2}$、$z = -0.12z_{m/2}$ 处，这表明随着错距的增大，射流间相互作用呈递减的趋势，左射流中典型剖面内 u_m 位置偏离程度逐渐

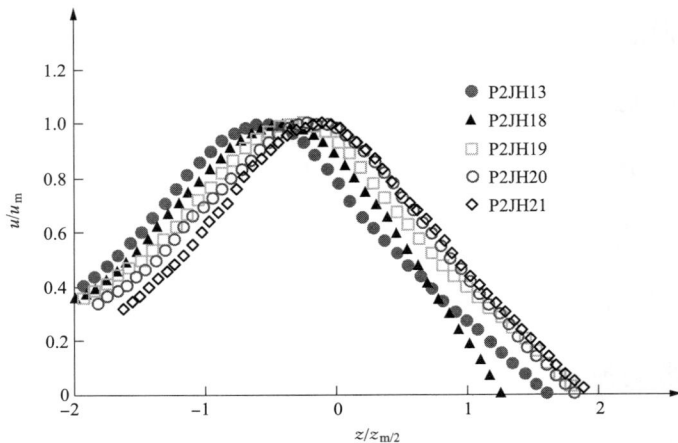

图 5-4 不同错距条件下左射流中 $13D$ 剖面 u 速度分布

减小，这与图 5-3 得出的结论基本一致。同时，通过典型剖面无量纲轴线紊动能 k_d 的计算，各工况 k_d 值依次为 1.427、1.252、1.338、0.957、0.941，综合考虑积分区域的大小和以上各值的量级，从定量上也可说明错距越小，射流间相互作用越大，掺混程度越强烈，u 速度分布曲线整体偏移也就越厉害。

5.1.3　流速比对 u 速度剖面分布的影响规律

为了探寻不同流速比对 u 速度剖面分布的影响规律，图 5-5 给出了不同流速比条件下错孔相向射流时均流场的流速矢量分布。

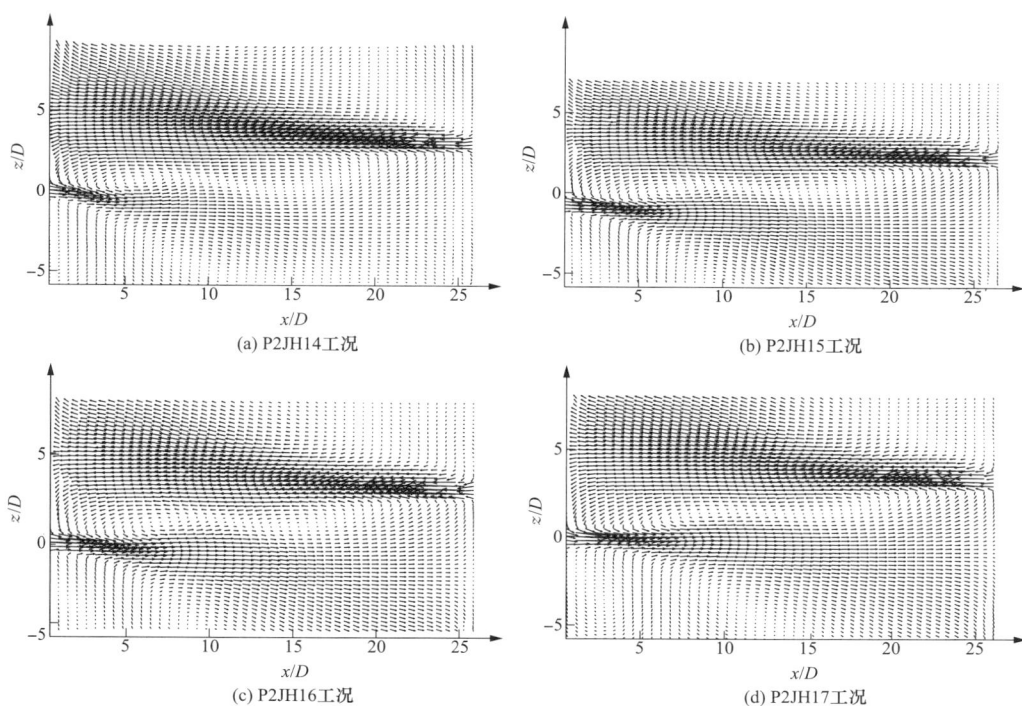

(a) P2JH14工况　(b) P2JH15工况　(c) P2JH16工况　(d) P2JH17工况

图 5-5　不同流速比条件下错孔相向射流时均流场的流速矢量分布

值得指出的是，$H=80\text{mm}$，$d=40\text{mm}$，$R=1$ 的实验工况（P2JH18）

已由图 5-3（b）给出，在图 5-5 中不再列出。同时，本书在进行不同流速比的实验测量时，为便于后期的数据处理，设计 J03 射孔（左射流）以不同的初始入射流速射出，将之定义为副射流，而 J11 射孔（右射流）则始终保持基准入射流速（$u_0 = 0.7\text{m/s}$），将之定义为主射流。而进行不同错距的实验时，由于 $R = 1$，此时左、右射流均为主射流。基于此，当流速比发生变化时（见图 5-5），本书着重分析讨论副射流对主射流流场的影响规律。

观察图 5-5 后发现，流速比的变化将直接影响主射流流动的偏转程度。统计主射流纵向偏转运动的区域，$R = 0.6 \sim 1.0$，纵向偏转区域分别为 $1 \leqslant x/D \leqslant 10$ [图 5-5（a）]、$1 \leqslant x/D \leqslant 11$ [图 5-5（b）]、$1 \leqslant x/D \leqslant 12$ [图 5-5（c）]、$1 \leqslant x/D \leqslant 13$ [图 5-5（d）]、$1 \leqslant x/D \leqslant 14$ [图 5-3（b）]。由此可见，随着流速比的增加，副射流对主射流的作用越强，射流间相互作用随之增长，进而主射流流动偏转的厉害程度增加。为进一步论证上述观点，参考图 5-4，同样选取 $13D$ 剖面作为典型剖面，分析不同流速比条件下右射流中 $13D$ 剖面内的 u 速度分布，见图 5-6。

较之图 5-4，图 5-6 中呈现出相同的规律：随着流速比发生变化，各工况主射流中典型剖面内 u 速度分布曲线也不重合，不具有自相似性，表明 u 速度分布与流速比关系较为密切。结合图 5-3~图 5-6，从侧面也进一步论证了错距和流速比是影响错孔相向射流流动特性的关键控制因子。另外，分析图 5-6 中各 u 速度分布曲线，$R = 0.6 \sim 1.0$，各工况典型剖面内 u_m 的位置依次为 $z = 0.32z_{m/2}$、$z = 0.38z_{m/2}$、$z = 0.49z_{m/2}$、$z = 0.54z_{m/2}$、$z = 0.63z_{m/2}$。进一步地，通过计算各工况典型剖面内的无量纲轴线紊动能 k_d，其值分别为 0.591、0.658、0.884、1.035、1.252，定量地表明主射流 u 速度分布曲线

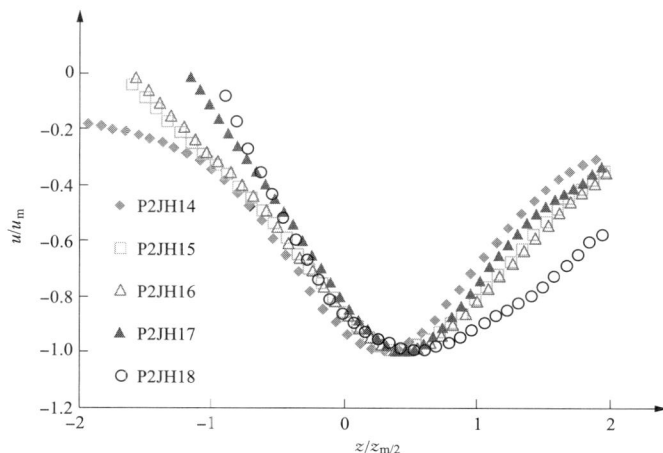

图 5-6　不同流速比条件下右射流中 $13D$ 剖面内的 u 速度分布

的偏移量随着流速比的增加而增大。

综合分析图 5-1～图 5-6，据此总结错孔相向射流相向掺混区内水平面 u 速度分布规律：①u 速度剖面分布不满足高斯方程，且不具有完整的自相似性，各剖面的 u 速度分布与错距和流速比密切相关；②当错距逐渐递增时，射流间相互作用随之出现不同程度的减弱，各剖面 u 速度分布曲线的偏移量随错距的减小而增大；③当流速比增加时，射流间相互作用得到增强，各剖面 u 速度分布曲线的偏移量亦越大；④通过分析图 5-4 和图 5-6 可以预测，当错距持续增加或者流速比接着减小时，各剖面 u 速度分布曲线的偏移量将进一步缩小，直至与轴线重合，此时射流间相互作用完全消失，错孔相向射流已经转变为有限空间中的单孔射流。

通过上述分析不难发现，由于在错孔相向射流相向掺混区内 u 速度剖面分布不满足自相似理论，故不能采用积分法对相向掺混区内的特征物理量（如展向速度半宽值和中心线最大速度衰减）进行理论分析。鉴于此，接下来本书主要基于各工况详细的实验测量数据，对主射流内侧展向半宽值分布和中心线最大速度衰减变化规律进行系统的研究。在后续采用其他方法来建立错孔相向射流理论体系的研究课题之中，本书的实验成果可为一些经验公式、条件假设和经验系数等提供有效的数据支撑。

5.2 相向掺混区主射流内侧展向半宽值分布

在错孔相向射流相向掺混区内，由于射流间存在复杂的相互作用，其 u 速度剖面分布不再关于射流轴线呈对称排列，且不具有自相似性，导致相向掺混区内速度半宽值分布也呈现出特殊的规律。为了更好地体现射流间的相互作用，本节以主射流内侧展向半宽值作为研究对象，主要探讨错距和流速比对主射流内侧展向半宽值分布的影响规律。

5.2.1 错距对主射流内侧展向半宽值分布的影响规律

为获取错距对主射流内侧展向半宽值分布的影响规律，图 5-7 给出了不同错距条件下各工况相向掺混区主射流内侧半宽值实测数据。值得指出的是，为了与后续分析流速比相协调，本书选取各工况右射流作为主射流，对其内侧展向半宽值实测数据进行了全面统计。由图 5-7 可知，在相向掺混区内，各工况主射流内侧展向半宽值分布仍满足线性方程，表明在错孔相向射流流场中，虽然射流间存在极为复杂的相互作用，但主射流内侧展向半宽值的分布规律与单孔射流展向半宽值分布基本一致，即服从线性分布。

基于此，表 5-1 给出了不同错距条件下各工况相向掺混区主射流内侧展向半宽值的扩展率及相关系数。在分析时，同样参考文献［9］中关于船闸

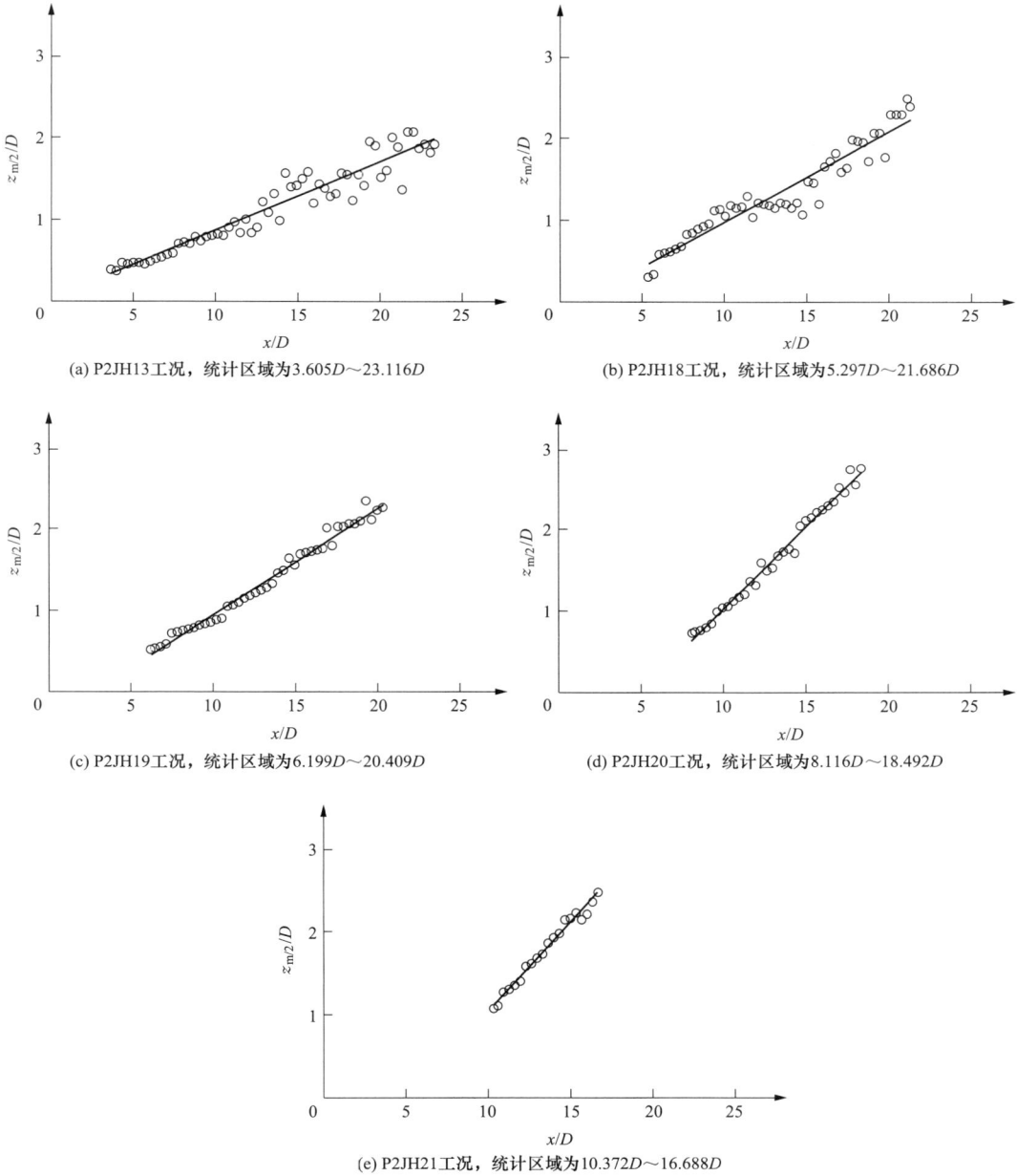

(a) P2JH13工况，统计区域为3.605D~23.116D

(b) P2JH18工况，统计区域为5.297D~21.686D

(c) P2JH19工况，统计区域为6.199D~20.409D

(d) P2JH20工况，统计区域为8.116D~18.492D

(e) P2JH21工况，统计区域为10.372D~16.688D

图 5-7　不同错距条件下各工况相向掺混区主射流内侧展向半宽值实测数据

输水系统支孔间距设计的规定，本书选取错距 d 与径向距离 s 的比值作为无量纲的量，并以此量化本书实验中不同的错距工况。由表 5-1 可知，当 $d/s =$ 0.05 时，主射流内侧展向半宽值扩展率 $\mathrm{d}z_{m/2}/\mathrm{d}x = 0.084$，相关系数 $R^2 =$ 0.908，其扩展率和相关系数均最小。对此进行剖析，由于该错距条件下，相向射流之间的内侧区域掺混程度最为激烈，相互作用亦最强，u 速度实测值急剧下降，u 速度剖面束窄，导致其内侧展向半宽值扩展率较小。同时加之较强的掺混，使各速度剖面内 u 速度实测值产生较强的振荡，故 P2JH13 工况中主射流内侧展向半宽值分布的线性拟合方程的相关系数低于其他工况的相关系数。当 $d/s = 0.10$ 和 0.15 时，$\mathrm{d}z_{m/2}/\mathrm{d}x$ 分别为 0.108、0.135，线性拟合方程的相关系数分别为 0.920、0.987。由此可见，射流间相互作用随错距的增加而逐步减弱，削弱了主射流内侧 u 速度剖面束窄效应，致使其展向半宽值扩展率逐渐增大；当错距继续增加时，射流间相互作用被进一步压缩，紊动掺混作用较小，加之射流轴线之间的区域拓宽，为射流的运动创造了更大的自由空间，故主射流内侧展向半宽值的扩展率将延续增长势头。但是，这并不意味着无上限的增长，在 P2JH20～P2JH21 工况中，$\mathrm{d}z_{m/2}/\mathrm{d}x$ 分别为 0.204 和 0.208，两者几乎相同。

分析 P2JH20～P2JH21 工况中相向掺混区的范围，较之本书第三章定义的垂直挡板影响区，已有部分区域位于垂直挡板影响区中。同时通过第三章的研究可知，有限空间中单孔射流垂直挡板影响区内水平面展向半宽值的扩展率为 0.205（$H = 80\mathrm{mm}$），在数量级上与 P2JH20～P2JH21 工况中保持高度一致。这表明这两个工况中两股相向运动的射流之间互相干扰的程度较小，相互作用十分微弱，主射流内侧展向半宽值扩展率非常接近于单孔射流。

表 5-1　　　　不同错距条件下各工况相向掺混区主射流

内侧展向半宽值扩展率及相关系数

工况序号	水深 H/mm	错距 d/mm	d/s	流速比 R	$\mathrm{d}z_{m/2}/\mathrm{d}x$	相关系数 R^2
P2JH13	80	20	0.05	1	0.084	0.908
P2JH18	80	40	0.10	1	0.108	0.920
P2JH19	80	60	0.15	1	0.135	0.987
P2JH20	80	80	0.20	1	0.204	0.984
P2JH21	80	100	0.25	1	0.208	0.979

为进一步量化错距对主射流内侧展向半宽值扩展率的影响作用，图 5-8 给出了相向掺混区主射流内侧展向半宽值扩展率 $\mathrm{d}z_{m/2}/\mathrm{d}x$ 与 d/l_m 之间的关系。由图 5-8 可知，$0<d/s\leqslant0.2$，主射流内侧展向半宽值扩展率与 d/l_m 满足指数函数方程，如式（5-1）所示，相关系数 $R^2=0.979$。

$$\frac{\mathrm{d}z_{m/2}}{\mathrm{d}x}=0.062\exp\left(0.217\frac{d}{l_m}\right) \tag{5-1}$$

式中：$\mathrm{d}z_{m/2}/\mathrm{d}x$ 为相向射流内侧速度半宽值的扩展率；d 为错距；l_m 为动量通量长度比尺。

根据第四章的研究结果，当 $d/s\geqslant0.355$ 时，相向掺混区长度 l_v 为零，相向射流之间的掺混作用完全消失。结合表 5-1 与图 5-8，可进行预测：当 $0.2<d/s<0.355$ 时，射流间相互作用较小，主射流内侧展向半宽值的扩展率将不再出现较大幅度的增加。当错距继续增加时，相向掺混区范围缩小，左分界点位置将进一步靠近本书所定义的Ⅱ区，故可以预测的是，此时主射流内侧展向半宽值扩展率在 0.205 附近将存在极小幅度的波动，认为其基本

为一常量，可用式（5-2）描述：

$$\frac{\mathrm{d}z_{\mathrm{m}/2}}{\mathrm{d}x} = 0.205 \tag{5-2}$$

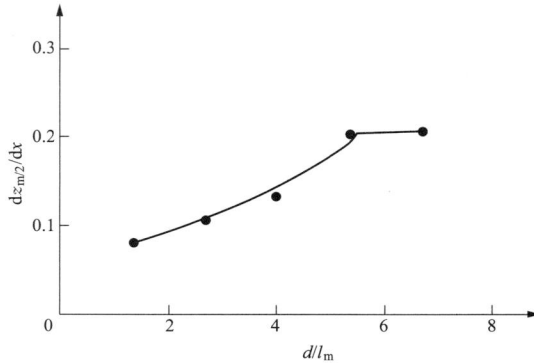

图 5-8　相向掺混区主射流内侧展向半宽值扩展率 $\mathrm{d}z_{\mathrm{m}/2}/\mathrm{d}x$ 与 d/l_{m} 之间的关系

5.2.2　流速比对主射流内侧展向半宽值分布的影响规律

为探讨流速比对主射流内侧展向半宽值分布的影响规律，图 5-9 给出了不同流速比条件下各工况相向掺混区主射流内侧展向半宽值实测数据。值得指出的是，当流速比 $R=1$ 时，主射流内侧展向半宽值统计数据可参考图 5-7（b）。

由图 5-9 可见，当流速比变化时，主射流内侧展向半宽值的分布仍然服从线性方程，与图 5-7 中呈现的规律保持一致。表 5-2 给出了不同流速比条件下各工况相向掺混区主射流内侧展向半宽值扩展率及相关系数。从表 5-2 中可知，当流速比 $R=1$ 时，主射流内侧展向半宽值的扩展率为 0.108，相关系数为 0.967；当流速比减小时，其扩展率变化不大，均在 0.108 附近轻微波动，最小值为 0.105，与最大值相差仅为 +0.003。这充分说明在相向掺混区内，主射流内侧展向半宽值扩展率对流速比变化的敏感性较差。

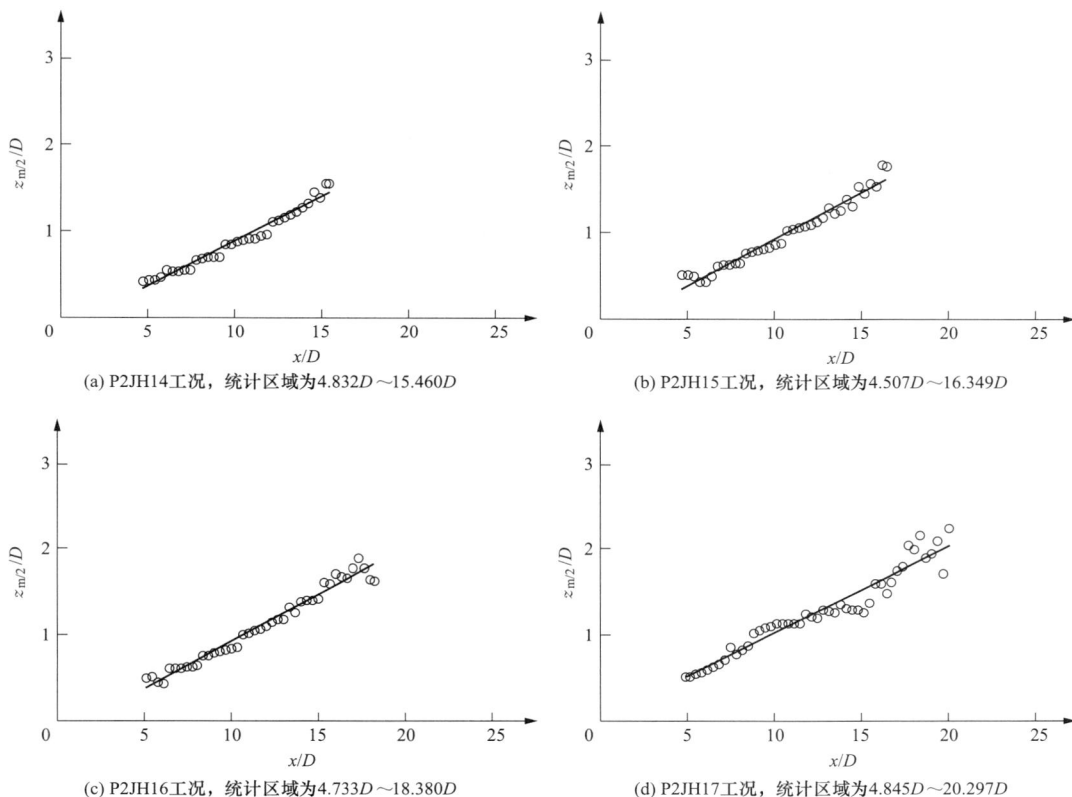

(a) P2JH14工况，统计区域为4.832D～15.460D

(b) P2JH15工况，统计区域为4.507D～16.349D

(c) P2JH16工况，统计区域为4.733D～18.380D

(d) P2JH17工况，统计区域为4.845D～20.297D

图 5-9　不同流速比条件下各工况相向掺混区中主射流内侧展向半宽值实测数据

表 5-2 　　　不同流速比条件下各工况相向掺混区主射流

内侧展向半宽值扩展率及相关系数

工况序号	水深 H/mm	错距 d/mm	d/s	流速比 R	$dz_{m/2}/dx$	相关系数 R^2
P2JH14	80	40	0.10	0.6	0.105	0.967
P2JH15	80	40	0.10	0.7	0.105	0.958
P2JH16	80	40	0.10	0.8	0.107	0.969
P2JH17	80	40	0.10	0.9	0.106	0.940
P2JH18	80	40	0.10	1.0	0.108	0.920

163

图 5-10 给出了相向掺混区主射流内侧展向半宽值扩展率 $dz_{m/2}/dx$ 与 l_m/D 之间的关系。从图 5-10 中可明显看出，当流速比（$R = l_m/D$）发生变化时，主射流内侧展向半宽值扩展率的分布曲线近似为一条水平的直线，这说明在错孔相向射流相向掺混区内，主射流占据绝对主导地位，副射流的强弱虽然在一定程度内能够影响主射流的运动轨迹，使主射流各 u 速度剖面分布曲线发生偏移，但对 u 速度剖面的束窄效应较弱，从而使主射流内侧展向半宽值的扩展率基本未发生变化，主射流内侧展向半宽值扩展率对流速比改变的敏感度较低。

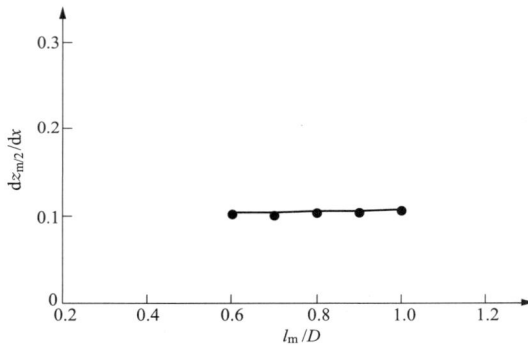

图 5-10　相向掺混区主射流内侧展向半宽值扩展率 $dz_{m/2}/dx$ 与 l_m/D 之间的关系

5.3　相向掺混区主射流轨迹线速度衰减变化规律

在有限空间中单孔射流流场中，由于存在壁面效应，因此主要基于中垂面研究最大速度衰减变化规律。然而，对于错孔相向射流流场而言，为体现射流间的相互作用，本书重点观测了错孔相向射流水平面内的速度场，统计了主射流轨迹线上的速度，以探寻不同错距和流速比对它的影响规律。

值得指出的是，通过前面的分析（图 5-3 和图 5-5）可知，受射流间相互作用的影响，左、右射流在迎流侧将被冲弯，导致射流的运动轨迹出现不同程度的偏转，偏转程度与错距和流速比密切相关。因此，本书选择研究主射流轨迹线速度衰减，它能够很好地反映射流间的相互作用。实际上，对于主射流轨迹线的定义，应为相向掺混区内主射流各剖面内合速度最大点的连线。由于在错孔相向射流流场中 w 速度远远小于 u 速度，在计算合速度时可作为一个小量，忽略不计。鉴于此，本书认为主射流各剖面内 u_m 速度值已经无限趋近于合速度值，因此以之代替合速度进行主射流轨迹线速度衰减变化的统计分析。

5.3.1 错距对主射流轨迹线速度衰减变化的影响规律

为研究错距对主射流轨迹线速度衰减变化的影响规律，图 5-11 给出了不同错距条件下各工况相向掺混区主射流各剖面内 u_m 实测数据。各工况的统计区域与图 5-7 中的相同，均为各自的相向掺混区。由图 5-11 可知，各工况中相向掺混区主射流轨迹线速度衰减实测数据分布规律与有限空间中单孔射流的基本一致，均满足幂函数方程。因错孔相向射流流场中射流间存在复杂的相互作用，各工况相向掺混区主射流轨迹线速度衰减指数 n 势必呈现出特殊的规律。

表 5-3 给出了不同错距条件下各工况相向掺混区主射流轨迹线速度衰减指数及相关系数。由表 5-3 可知，各工况相向掺混区的 n 值差异明显，说明 n 对错距的变化较为敏感；n 值随错距的增加而呈现降低的趋势，P2JH13 工况中 n 值最大，达到 1.206，P2JH21 工况中 n 值最小，为 0.549，两者之间的偏差约为 55%，下降幅度较大，这与射流间相互作用的强弱息息相关。

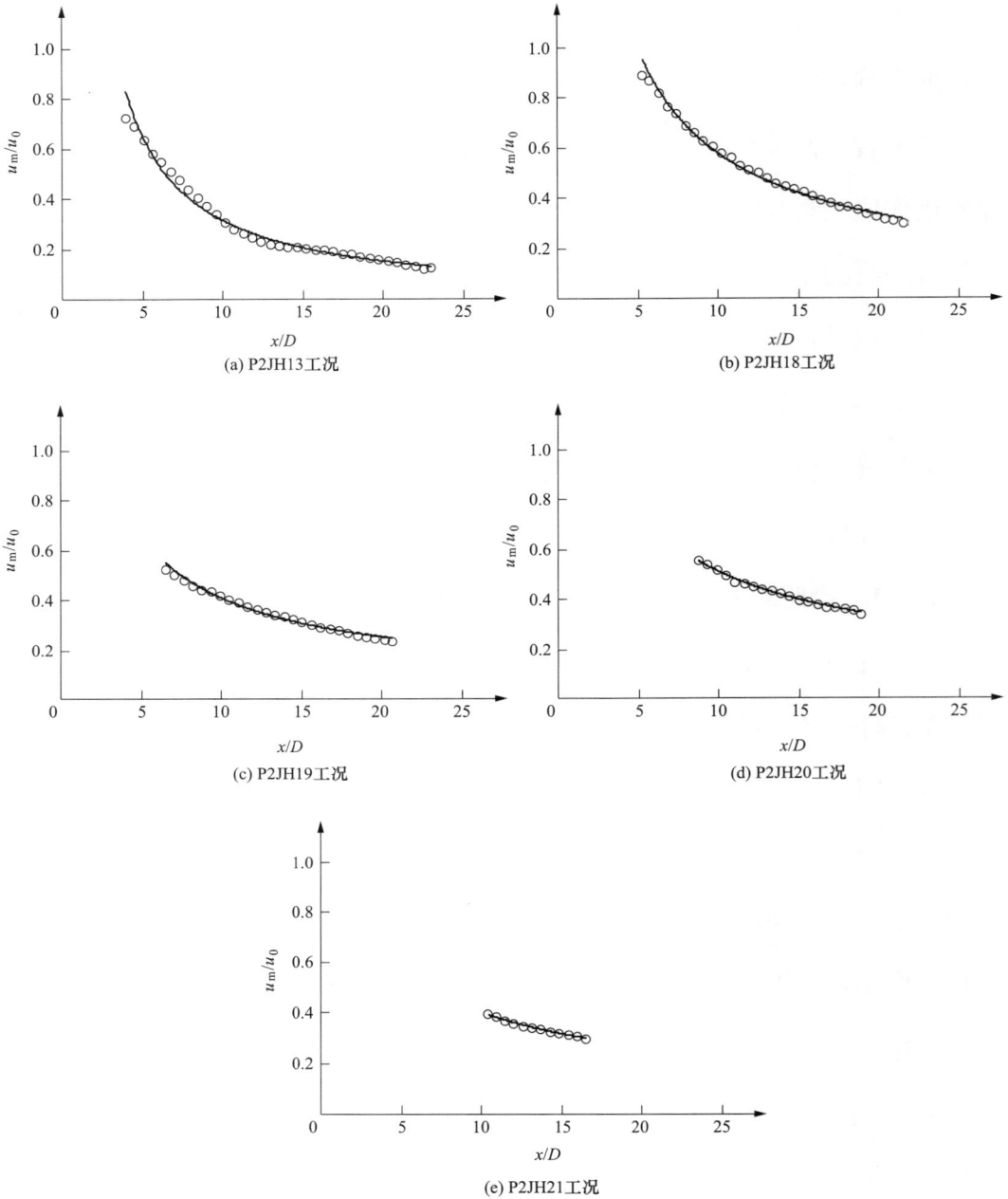

(a) P2JH13工况

(b) P2JH18工况

(c) P2JH19工况

(d) P2JH20工况

(e) P2JH21工况

图 5-11　不同错距条件下各工况相向掺混区主射流各剖面内 u_m 实测数据

通过前面的研究，已然清楚地认识到 P2JH13 工况中射流间的相互作用明显强于其他工况中射流间的相互作用，故在其相向掺混区内，紊动强度较大，紊动能急剧增加，导致时均流动的动能衰变较快，主射流轨迹线速度衰减指数迅速攀升。

表 5-3　　　　不同错距条件下各工况相向掺混区主射流

轨迹线速度衰减指数及相关系数

工况序号	水深 H/mm	错距 d/mm	d/s	流速比 R	n	相关系数 R^2
P2JH13	80	20	0.05	1	1.206	0.985
P2JH18	80	40	0.10	1	0.807	0.991
P2JH19	80	60	0.15	1	0.704	0.988
P2JH20	80	80	0.20	1	0.602	0.996
P2JH21	80	100	0.25	1	0.549	0.993

为了更深入地了解错距对主射流轨迹线速度衰减指数的影响，图 5-12 给出了主射流轨迹线速度衰减指数 n 与 d/l_m 之间的关系，可用方程式（5-3）表示，$R^2=0.998$。

$$n=1.11-0.297\ln\left(\frac{d}{l_m}\right) \tag{5-3}$$

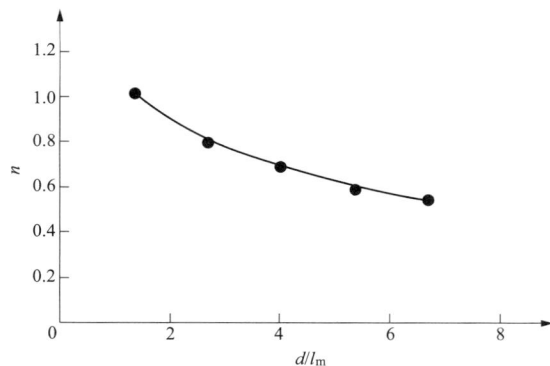

图 5-12　主射流轨迹线速度衰减指数 n 与 d/l_m 之间的关系

式（5-3）表明，n 与 d/l_m 为对数函数关系。通过图 5-3（e）可知，P2JH21 工况内主射流运动轨迹的偏转程度十分微小，基本观察不到明显的偏转现象。因此，可推测当 $d/s>0.25$ 时，偏转程度将进一步减小，可近似地认为主射流轨迹线已经不发生偏转了，此时与有限空间中单孔射流的轨迹线基本吻合。另外，综合分析 P2JH21 工况的相向掺混区范围，虽有一小部分区域内的数据位于垂直挡板影响区内，但根据相向掺混区长度 l_v/l_m 与 d/l_m 的线性变化特征，当 d/s 持续增加时，l_v 必然进一步束窄，导致绝大部分相向掺混区内的实测数据已经位于本书定义的Ⅰ区内。在有限空间中单孔射流流场内，射流未充分发展之前，基于壁面射流理论，内层仅侵占外层较少的部分，边界层很薄，外层占据射流宽度的绝大部分，而外层满足自由紊动射流理论，则从理论上可以认为中垂面各剖面内 u_{m0} 值与水平面内射流中心线上 u_m 值非常接近。这点通过观察Ⅰ区内中垂面各剖面 u_{m0} 值与水平面内 u_m 值的实测数据也可说明。因此，利用 u_{m0} 统计的速度衰减变化规律与 u_m 的统计规律近似相同。通过第三章的研究成果，Ⅰ区内衰减指数 $n=0.468$。基于此，本书可计算出式（5-3）适用范围的上限临界点，为 $d/s=0.325$，即式（5-3）的适用范围为 $0<d/s<0.325$。

在 $0.325 \leqslant d/s<0.355$ 区域内，即认为相向掺混区已经完全处于Ⅰ区内，主射流轨迹线速度衰减指数与有限空间中单孔射流保持一致，为一常量，如式（5-4）所示：

$$n=0.468 \tag{5-4}$$

5.3.2　流速比对主射流轨迹线速度衰减变化的影响规律

图 5-13 给出了不同流速比条件下各工况相向掺混区主射流各剖面内 u_m

实测数据。其中，流速比 $R=1$ 的实测数据已由图 5-11（b）给出，各统计区域与图 5-11 中的相同，均为各自的相向掺混区。从图 5-13 中可以看出，流速比发生变化时，主射流轨迹线速度衰减变化仍服从幂函数方程。将不同流速比条件下各工况相向掺混区主射流轨迹线速度衰减指数及相关系数汇总于表 5-4，以利于分析流速比对主射流轨迹线速度衰减变化的影响规律。由表 5-4 可知，流速比发生改变，各工况中 n 值随之变化，这与表 5-2 呈现的规律截然相反，表明 n 值对流速比变化的敏感度较高。

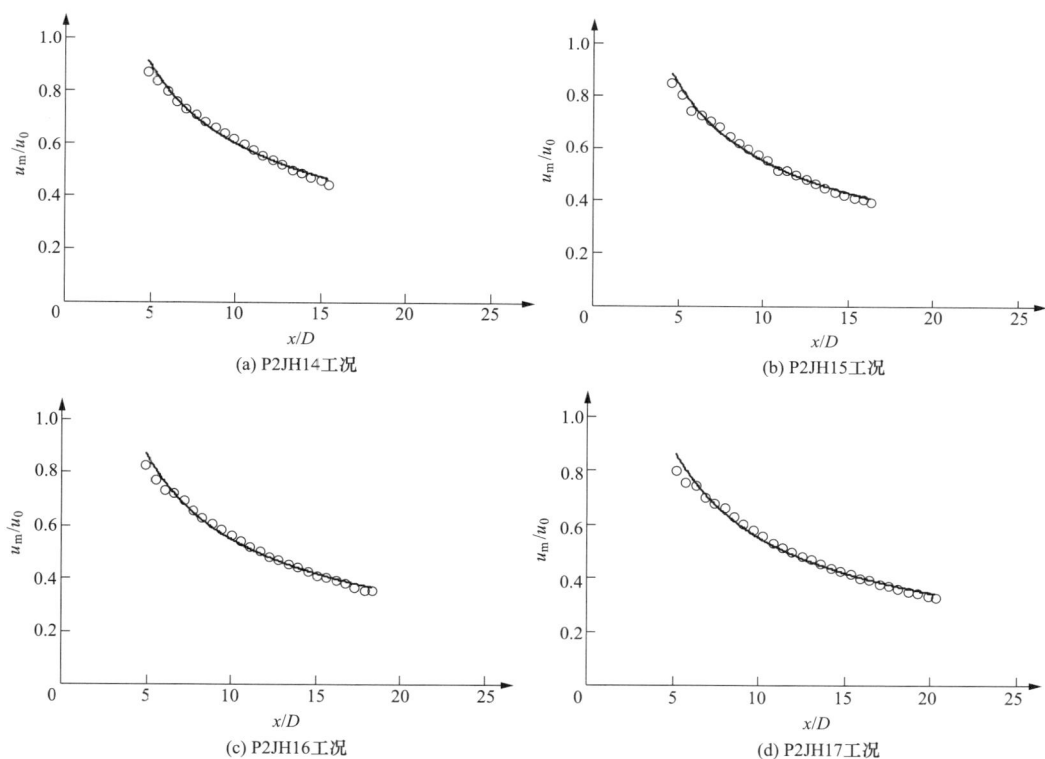

(a) P2JH14工况 (b) P2JH15工况 (c) P2JH16工况 (d) P2JH17工况

图 5-13　不同流速比条件下各工况相向掺混区主射流

各剖面内 u_m 实测数据

表 5-4　　　　　不同流速比条件下各工况相向掺混区主射流轨
迹线速度衰减指数及相关系数

工况序号	水深 H/mm	错距 d/mm	d/s	R	n	相关系数 R^2
P2JH14	80	40	0.10	0.6	0.57	0.985
P2JH15	80	40	0.10	0.7	0.614	0.989
P2JH16	80	40	0.10	0.8	0.655	0.990
P2JH17	80	40	0.10	0.9	0.721	0.994
P2JH18	80	40	0.10	1.0	0.807	0.991

图 5-14 给出了主射流轨迹线速度衰减指数 n 与 l_m/D 之间的关系，可用方程式（5-5）进行描述，$R^2=0.987$。

$$n = 0.34\exp\left(0.856\frac{l_m}{D}\right) \qquad (5\text{-}5)$$

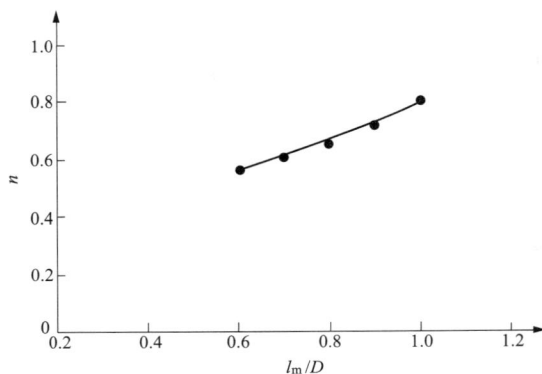

图 5-14　主射流轨迹线速度衰减指数 n 与 l_m/D 之间的关系

式（5-5）表明 n 与 l_m/D 满足指数函数关系。参考第 5.3.1 节的分析，考虑到 P2JH14 工况的相向掺混区范围为 $4.832D\sim15.460D$，其超过 90%

区域的数据均落在本书所定义的Ⅰ区内，故当流速比继续减小时，根据相向掺混区长度 l_v/D 与 l_m/D 的线性关系，l_v 势必再次受到压缩，即认为此时相向掺混区内的数据已基本位于Ⅰ区内。基于此，通过式（5-5），可计算其适用范围的下限临界点，为 $R=0.4$。

同时，在设计流速比变化的实验时，由于本书采用控制变量法，只测量了 $d/s=0.10$ 的情况，尚未就其他错距条件下改变流速比的情况展开系列测量，但是式（5-5）是基于射流间存在较大的相互作用而建立的，根据前面章节的描述，可得出当 $0.20<d/s<0.355$ 时，射流间相互作用较小，这个论点后续还将进行详细论证。基于此可进行有效推测：当 d/s 位于上述区内，改变 R，如果再利用式（5-5）计算得到主射流轨迹线速度衰减指数，其精度将难以保证。因此，式（5-5）的适用范围为 $0<d/s\leq0.20$，$0.4<R\leq1.0$。

当 $0<d/s\leq0.20$，$0\leq R\leq0.4$ 时，由于流速比很小，主射流占据绝对地位，加之射流间相互作用亦较小，主射流轨迹线速度衰减变化规律与有限空间中单孔射流Ⅰ区内的相符，此时 n 为一常量，可用式（5-6）描述：

$$n=0.468 \tag{5-6}$$

下面从几个方面进一步对 $0<d/s\leq0.20$ 区域内射流间存在较强的相互作用进行论证说明：①典型剖面内 u_m 值偏移量与错距之间的关系，通过图5-4分析可知，当 $0<d/s\leq0.20$ 时，各工况中 u_m 值的偏移量均显著高于P2JH21工况，表明在该区内射流间相互作用较强；同时通过观察图5-3可知，P2JH21工况流场中主射流轨迹线基本未见明显的偏转现象，从侧面也反映出该工况中射流间的掺混作用较小。②分析错距与主射流内侧展向半宽

值扩展率之间的关系，通过表5-1、式（5-1）和式（5-2）可知，当$0.20<d/s\leqslant0.355$时，射流间相互作用非常小，主射流内侧展向半宽值扩展率与有限空间中单孔射流Ⅱ区内的基本一致。③分析错距与主射流轨迹线速度衰减指数之间的关系，在$0<d/s\leqslant0.20$区域内，n的最小值比有限空间中单孔射流Ⅰ区内n的最小值高约30%，而在P2JH21工况中n的最小值比之高17%，这表明在$0<d/s\leqslant0.20$区域内存在更强的紊动掺混作用。④通过表4-4可知，在$0<d/s\leqslant0.20$区域内，相向掺混区长度l_v均超过$10l_m$，最小的l_v值也为P2JH21工况中l_m的1.64倍，这充分说明当$0<d/s\leqslant0.20$时，射流间相互作用较为强烈。

同理，当错距位于$0<d/s\leqslant0.20$区域内时，改变流速比，研究分析射流间存在较大相互作用的R范围，为$0.7\leqslant R\leqslant1.0$。具体分析过程如下：①根据表4-5，对比各工况的$l_v$，发现$R$由0.8减至0.7时，$l_v$的衰减幅度为15%，而$R$从0.7减至0.6时，$l_v$的衰减幅度仅为7%，这表明$R<0.7$以后，射流间相互作用开始大幅度减弱；②分析图5-5和图5-6，当R由0.6增至0.7时，典型剖面内u_m值的偏移量增加$+0.06z_{m/2}$，而R由0.7增至0.8时，偏移量增加$+0.11z_{m/2}$，几乎为$0.06z_{m/2}$的两倍之多；③根据表5-4，当$R=0.7$时，n值比有限空间中单孔射流Ⅰ区中的n值高31%，而当$R=0.6$时，n值比之高21%，这充分说明当$R<0.7$之后，射流间相互作用明显弱于其他工况。

综上分析，在$0<d/s\leqslant0.20$，$0.7\leqslant R\leqslant1.0$区域内，错孔相向射流之间存在较强的相互作用。此外，在上述区域内，主射流内侧展向半宽值扩展率与错距服从指数函数关系，而其对流速比变化的敏感度却较低；主射流轨

迹线速度衰减指数与错距符合对数函数关系，与流速比则为指数函数关系。

此外，综合式（5-1）～式（5-4），当流速比 $R=1$，只改变错距时，在 $0.325 \leqslant d/s < 0.355$ 区内，错孔相向射流间相互作用已经可以忽略不计了，此时错孔相向射流的流动特性类似于有限空间中的两个单孔射流流动特性。同时，结合式（5-5）的适用范围，表明当 $0 < d/s \leqslant 0.20$，$0 \leqslant R \leqslant 0.4$ 时，主射流已完全占据主导地位，副射流对主射流的影响可以忽略，此时流场内的错孔相向射流流动特性类似于有限空间中单孔射流的流动特性。

5.4 错孔相向射流流场中漩涡分布特性

由于错孔相向射流流场中射流之间存在复杂的相互作用，两股相向运动的射流会发生碰撞、掺混等，在射流间相互作用的区域内将形成漩涡，本书应用流线分析法，即选取流线作为特征量对错孔相向射流流场中的漩涡进行识别，其基本原理可参考文献［199］，受限于篇幅，此处不再赘述，同时这种方法在文献［163］中也有涉及。本节基于错孔和流速比的变化，着重探讨了关键控制因子对错孔相向射流流场中漩涡分布特性的影响规律。值得指出的是，由于实测流场数据具有较强的统计平均意义，并未涉及瞬时速度场，故本节主要针对错孔相向射流时均流场中的漩涡特性展开研究。

5.4.1 不同错距条件下错孔相向射流流场中漩涡分布

为探寻错距对错孔相向射流时均流场中漩涡分布的影响规律，图 5-15 给

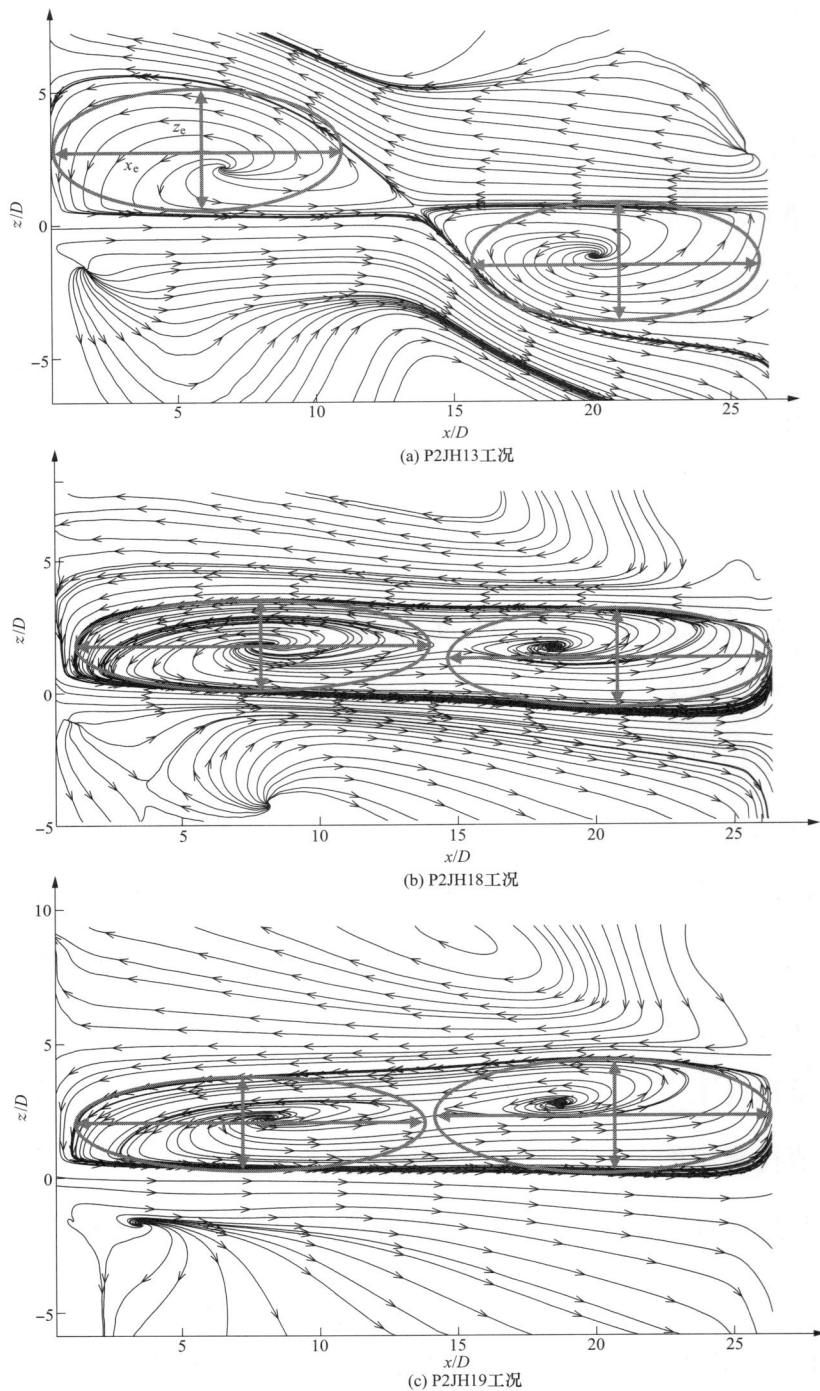

(a) P2JH13工况

(b) P2JH18工况

(c) P2JH19工况

图 5-15　不同错距条件下各工况中漩涡的分布特征及其范围（一）

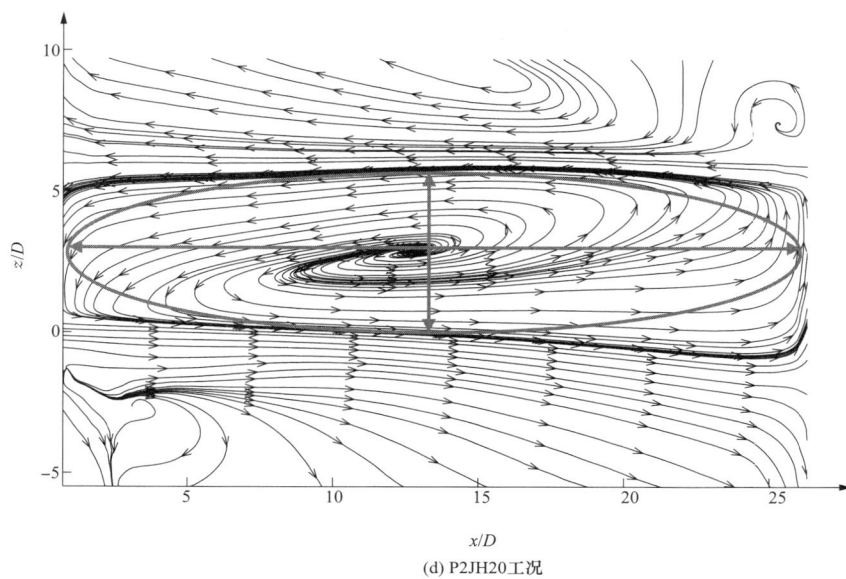

(d) P2JH20工况

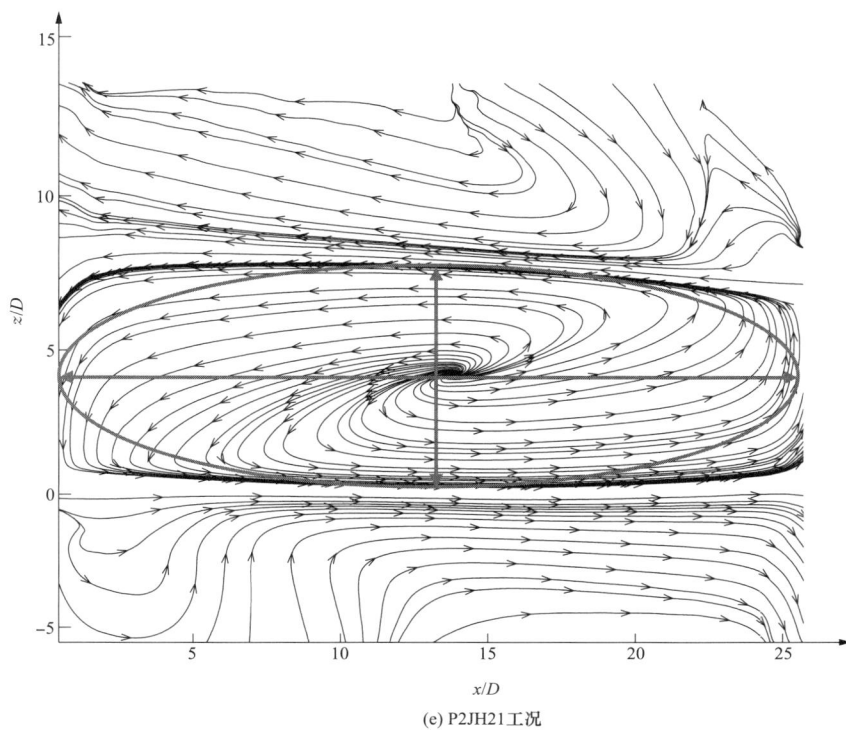

(e) P2JH21工况

图 5-15 不同错距条件下各工况中漩涡的分布特征及其范围（二）

出了不同错距条件下各工况中漩涡的分布特征及其范围。初步分析图 5-15 可知，在 P2JH13、P2JH18、P2JH19 工况中存在两个明显逆时针旋转的椭圆形漩涡，本书将靠近左射流一侧的漩涡定义为左漩涡，其涡心点记为 vor1；靠近右射流一侧的漩涡定义为右漩涡，其涡心点记为 vor2；而在 P2JH20～P2JH21 工况中，漩涡个数减至 1 个，本书将其涡心点记为 vor。

表 5-5、表 5-6 给出了 P2JH13、P2JH18、P2JH19 工况左、右漩涡 vor1 与 vor2 的坐标位置及漩涡范围，其中，x_e 为椭圆的长轴，z_e 为椭圆的短轴，其示意图见图 5-15（a）。

表 5-5　　　　　　**P2JH13、P2JH18、P2JH19 工况中左漩涡**

vor1 坐标位置及漩涡范围

工况序号	vor1 坐标位置		漩涡范围	
	x/D	z/D	x_e/D	z_e/D
P2JH13	6.7	2.2	10.9	4.4
P2JH18	8.6	1.9	12.4	3.3
P2JH19	8.2	2.2	12.9	3.2

表 5-6　　　　　　**P2JH13、P2JH18、P2JH19 工况中右漩涡**

vor2 坐标位置及漩涡范围

工况序号	vor2 坐标位置		漩涡范围	
	x/D	z/D	x_e/D	z_e/D
P2JH13	20.1	-1.2	10.3	4.3
P2JH18	18.6	1.7	12.2	3.4
P2JH19	18.8	2.7	12.4	3.8

结合图 5-15 和表 5-5、表 5-6，进一步分析错距对错孔相向射流时均流场中漩涡分布的影响规律：①在 P2JH13、P2JH18、P2JH19 工况中，左、右两个漩涡分布的坐标位置并不完全相同；②当 $d/s=0.05$ 时，受射流间强烈的挤压效应影响，以及受射流与周围水体相互卷吸、掺混等综合作用，主射流运动轨迹偏转厉害，观察 vor1 和 vor2 的位置，发现 vor1 与 vor2 基本呈反向对称分布，左漩涡纵向范围 $x_e=10.9D$、$z_e=4.4D$，右漩涡纵向范围 $x_e=10.3D$、$z_e=4.3D$，两者基本相同；③当 $d/s=0.10$ 和 0.15 时，由于错距增加，给相向射流的运动留出了足够大的自由空间，加之射流间相互作用减弱，vor1 和 vor2 的坐标位置基本位于两股射流轴线之间，且呈左右对称分布，左、右漩涡纵向范围亦大致相同，均为 12.5D 左右。

表 5-7 则给出了 P2JH20～P2JH21 工况中 vor 坐标位置及漩涡范围。由表 5-7 可知，当错距持续扩大时，射流间相互作用也随之进一步减小，参与掺混的流体也骤减，紊动掺混作用下降，左、右漩涡极不稳定，逐渐脱落、合并，形成一个尺度较大的单漩涡，漩涡的纵向范围基本影响了整个有限空间。根据前面章节的研究，当 $0.325 \leqslant d/s < 0.355$ 时，射流间相互作用十分微小，此时在错孔相向射流时均流场中单漩涡将消失。

表 5-7　　P2JH20～P2JH21 工况中 vor 坐标位置及漩涡范围

工况序号	vor 坐标位置		漩涡范围	
	x/D	z/D	x_e/D	z_e/D
P2JH20	13.1	3.0	25.7	4.9
P2JH21	13.9	3.8	25.5	7.0

5.4.2 不同流速比条件下错孔相向射流流场中漩涡分布

图 5-16 给出了不同流速比条件下各工况中漩涡的分布特征及其范围。其中，当流速比 $R=1$ 的工况其漩涡分布已由图 5-15（b）给出，限于篇幅原因，此处便不再列出。

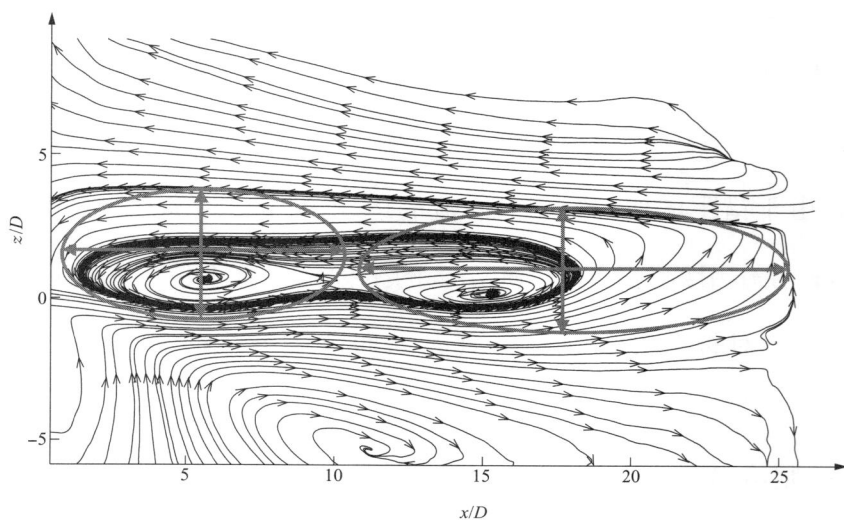

(a) P2JH14工况

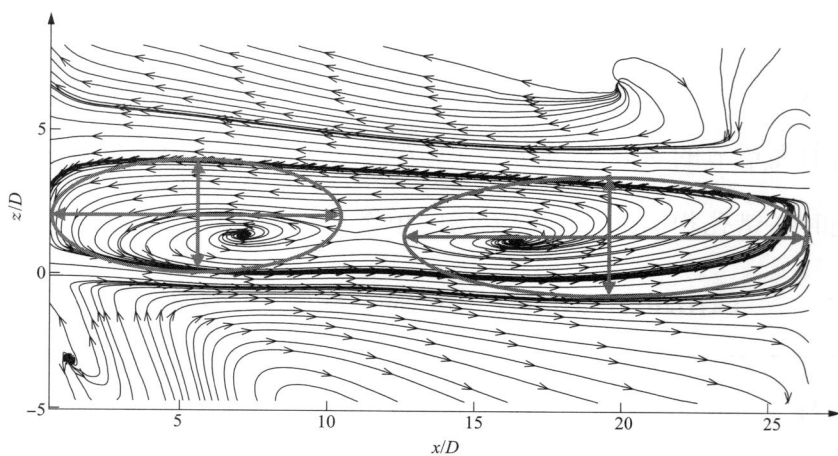

(b) P2JH15工况

图 5-16 不同流速比条件下各工况中漩涡的分布特征及其范围（一）

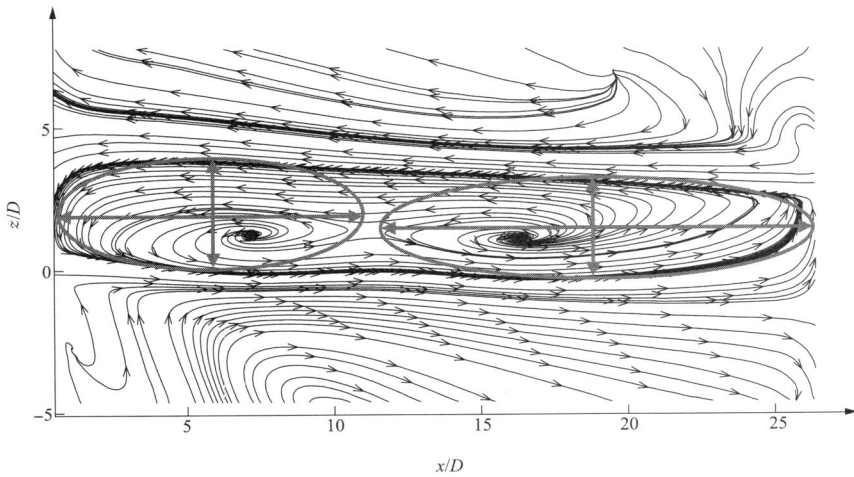

(c) P2JH16工况

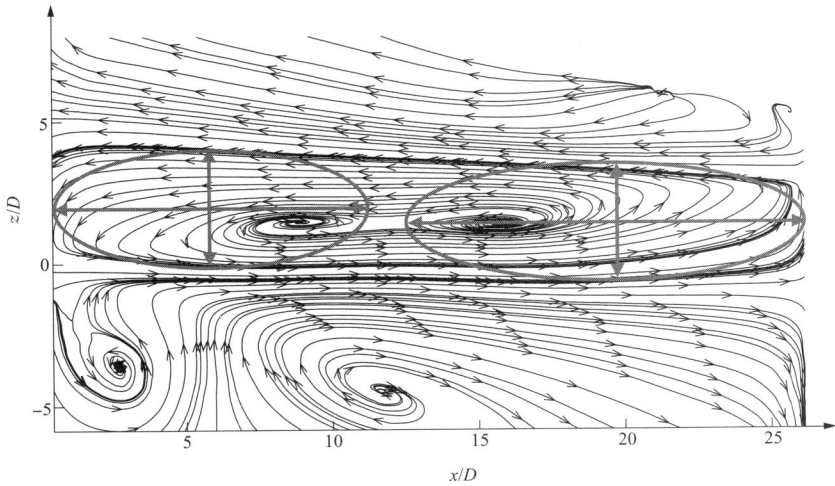

(d) P2JH17工况

图 5-16　不同流速比条件下各工况中漩涡的分布特征及其范围（二）

初步分析图 5-16，发现各工况中均存在两个逆时针旋转的椭圆形漩涡，参照表 5-5、表 5-6，统计 $R=0.6\sim0.9$ 条件下左、右漩涡 vor1 与 vor2 的坐标位置及漩涡范围，见表 5-8、表 5-9。而 $R=1$ 条件下左、右漩涡的分布特性可参见表 5-5 和表 5-6，此处不再重复。

179

结合表5-8、表5-9，对图5-16展开分析：当流速比发生变化时，在相向射流流场结构中存在两个漩涡，漩涡依然呈逆时针旋转，形状为椭圆形，这与P2JH13、P2JH18、P2JH19工况中左、右漩涡的分布及形状一致，各工况中vor1与vor2的坐标位置不同。就主射流而言，当$R=0.6$时，vor2的纵向坐标位置为15.3D，小于其他工况中vor2的纵向坐标位置，表明流速比越小，vor2偏离主射流越远，随着流速比的增加，vor2逐渐向主射流靠近，vor1与vor2基本对称；当流速比小于1时，右漩涡的纵向范围x_e均为14D左右，横向范围z_e在3.5D附近变化，表明右漩涡范围受副射流的影响较小。同时，基于前面章节的研究结果，同时考虑图5-15（c）、图5-15（d）以及图5-16内的漩涡分布特征，可推得当$0<d/s\leqslant0.15$，$0\leqslant R\leqslant0.4$时，主射流已经完全压制了副射流，此时错孔相向射流的流动特性类似于有限空间中单孔射流的流动特性，错孔相向射流时均流场内左、右漩涡将不复存在。

表 5-8   P2JH14～P2JH18 工况中左漩涡 vor1 坐标位置及漩涡范围

工况序号	vor1 坐标位置		漩涡范围	
	x/D	z/D	x/D	z/D
P2JH14	5.7	0.6	8.8	4.0
P2JH15	7.2	1.1	10.2	3.5
P2JH16	7.3	1.3	10.5	3.7
P2JH17	8.5	1.4	10.7	3.9

表 5-9　P2JH14～P2JH18 工况中右漩涡 vor2 坐标位置及漩涡范围

工况序号	vor2 坐标位置		漩涡范围	
	x/D	z/D	x/D	z/D
P2JH14	15.3	0.2	14.6	4.2
P2JH15	16.4	1.0	14.0	3.9
P2JH16	16.5	1.1	14.2	3.4
P2JH17	16.3	1.3	13.9	3.8

综合分析图 5-15、图 5-16，总结出错距和流速比对漩涡特性的影响规律。

对于错距而言，当 $0<d/s\leqslant0.15$ 时，存在两个逆时针旋转的椭圆形漩涡，而当 d/s 在 0.05 附近变化时，由于射流间存在极强的相互作用，将形成一对反向对称的漩涡；随着 d/s 增加，射流间相互作用减小，将在主射流轴线之间形成一对对称的漩涡；当 d/s 超过 0.15 并继续增长时，射流间相互作用继续降低，左、右漩涡逐渐融合成单个漩涡，其纵向范围充满了整个有限空间；当 $0.325\leqslant d/s<0.355$ 时，射流间相互作用十分微弱，时均流场中的单漩涡将消失。

对于流速比而言，当流速比较小时，主射流占据绝对主导地位，形成一对偏离主射流的椭圆形漩涡。随着流速比的增大，副射流对主射流的作用增强，左、右漩涡逐渐向主射流靠拢，且涡心点位置、漩涡范围呈现较好的对称性；当 $0<d/s\leqslant0.15$，$0\leqslant R\leqslant0.4$ 时，时均流场中左、右漩涡将消失。

5.5　相向掺混区紊动特性

不难发现，前面的研究内容均是针对错孔相向射流的时均流场展开，并

181

未涉及脉动场的分析。鉴于此，本节主要基于错孔相向射流的脉动场，从紊动强度和雷诺应力两个方面研究错距和流速比对错孔相向射流相向掺混区紊动特性的影响规律。

5.5.1 对比有限空间中单孔射流紊动特性

参考第 5.1 节的研究思路，以 P2JH18 工况为例，选取 $11D$、$12D$、$13D$ 和 $14D$ 剖面作为特征剖面，分别绘制各特征剖面的紊动量分布，见图 5-17～图 5-19。

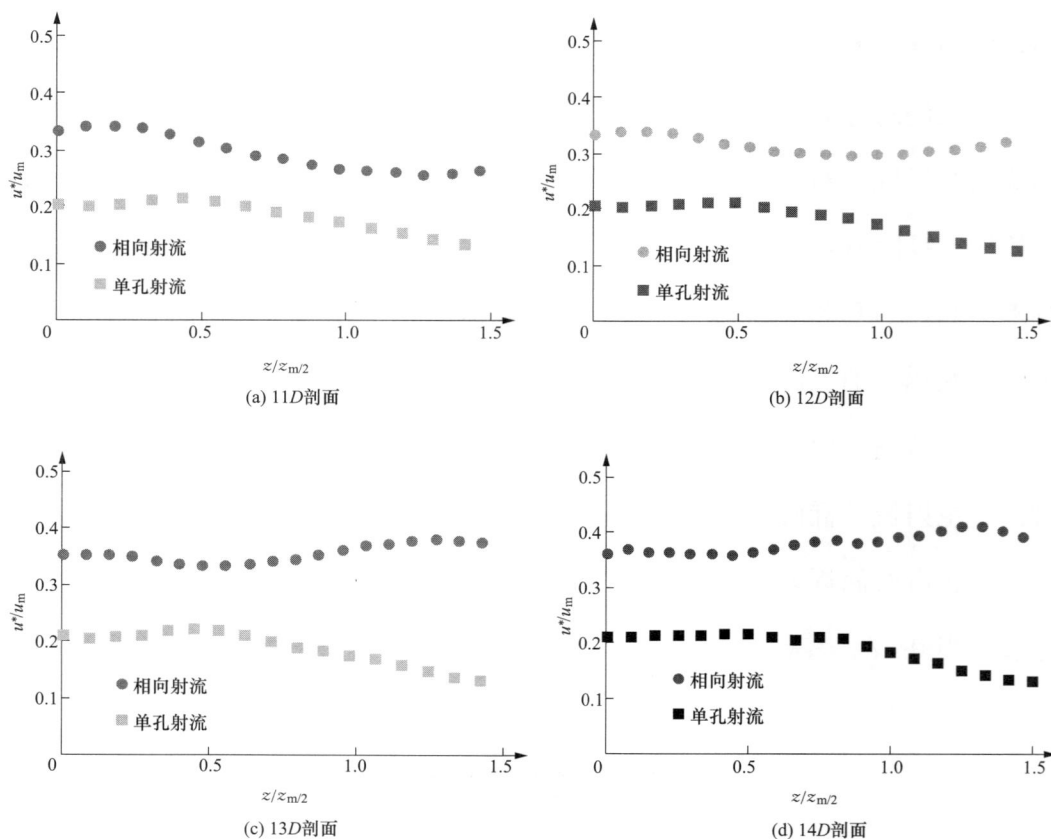

(a) $11D$ 剖面   (b) $12D$ 剖面

(c) $13D$ 剖面   (d) $14D$ 剖面

图 5-17 P2JH18 与 P1JH3 工况中特征剖面内 u^* 分布对比

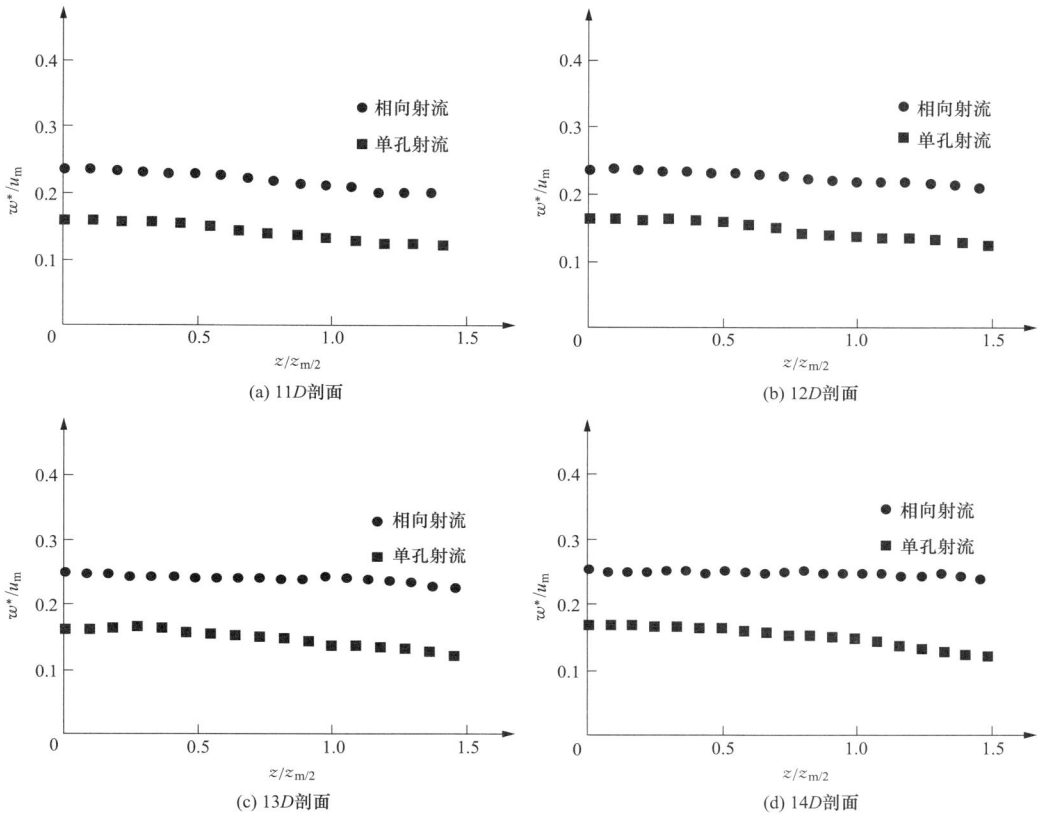

(a) 11D剖面

(b) 12D剖面

(c) 13D剖面

(d) 14D剖面

图 5-18   P2JH18 与 P1JH3 工况中特征剖面内 w^* 分布对比

值得指出的是，紊动强度与雷诺应力均根据式（3-77）～式（3-79）计算。在统计特征剖面内紊动量分布时，将 P2JH18 工况中左射流作为主射流，且对比了 P1JH3 工况中相同位置剖面的紊动量实测数据。同时，在图 5-17～图 5-19 中，统计范围为 $0 \leqslant z/z_{m/2} < 1.5$，$z_{m/2}$ 表示左射流内侧展向半宽值。统计 u^*、w^*、$-\overline{u'w'}$ 紊动量时，分别选取 u^*/u_m、w^*/u_m、$-\overline{u'w'}/u_m$ 作为无量纲的特征量进行分析。

图 5-17 所示为 P2JH18 与 P1JH3 工况中特征剖面内 u^* 分布对比。由图 5-17 可知，在错孔相向射流相向掺混区内，各特征剖面内 u^* 值均显著高于有

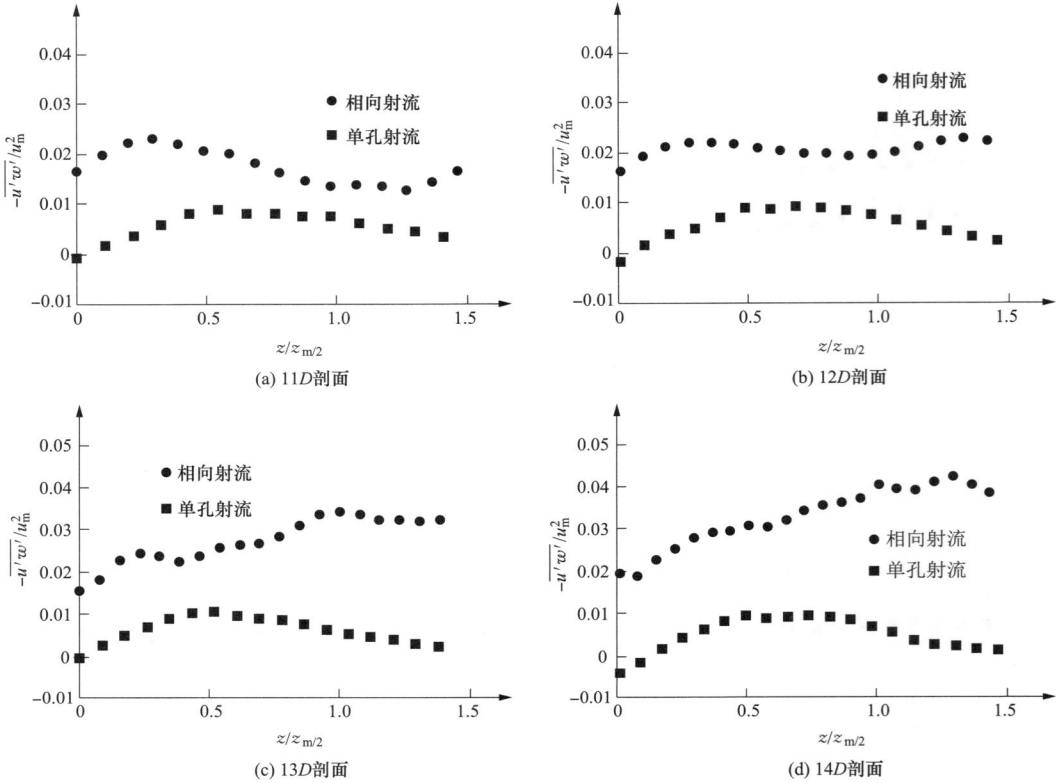

图 5-19　P2JH18 与 P1JH3 工况中特征剖面内 $-\overline{u'w'}$ 分布对比

限空间中单孔射流的相同位置剖面内的纵向紊动强度，这是由射流间复杂的相互作用引起的。在相向掺混区内，两股相向运动的射流发生较强的掺混作用，掺混机制的主体为两股射流，而单孔射流掺混机制的主体是射流与周围静止环境流体。显然，相向掺混区内掺混更强，u^* 值更大。以图 5-17（a）为例，在 $0 \leqslant z/z_{m/2} < 1.5$ 区域内，P1JH3 工况中 u^* 值呈逐渐减小的趋势，在射流中心线上取得最大值，为 $0.204u_m$。观测 P2JH18 工况中 11D 剖面内 u^* 值，却呈现出以下变化规律：①在 $0 \leqslant z/z_{m/2} \leqslant 1$ 区域内，u^* 值分布曲线呈下降走势，最大值并未出现在主射流轴线上，而是位于 $z = 0.195z_{m/2}$ 位置处，为 $0.345u_m$，

比单孔射流中高 70%；②在 $1<z/z_{m/2}<1.5$ 区域内，u^* 值开始出现增长势头。通过第 5.1 节的研究得到，在左射流 $11D\sim14D$ 剖面内，无量纲轴线紊动能逐步增大。在此基础之上，观察图 5-17（b）～图 5-17（d），并与图 5-17（a）中的规律进行对比，发现 u^* 值下降区间范围随紊动掺混作用的增加而束窄，分别为 $0\leqslant z/z_{m/2}\leqslant0.7$［图 5-17（b）］、$0\leqslant z/z_{m/2}\leqslant0.5$［图 5-17（c）］、$0\leqslant z/z_{m/2}\leqslant0.3$［图 5-17（d）］。之后，各 u^* 值分布曲线均呈上升趋势。分析其原因，随着横坐标的增加，统计区域越靠近右射流，受到的相互作用开始增强，特征剖面内无量纲轴线紊动能越大，表明剖面内受射流间相互作用的影响越大，故 u^* 值曲线较早就开始呈现增长趋势［图 5-17（d）］。

图 5-18 所示为 P2JH18 与 P1JH3 工况中特征剖面内 w^* 分布对比。由图 5-18 可知，P2JH18 工况中各特征剖面的 w^* 值远大于有限空间中单孔射流相同位置剖面内 w^* 的实测结果，且整体呈现逐渐减小的趋势。例如，图 5-18（a），P2JH18 工况中 $11D$ 剖面内 w^* 峰值位于射流轴线上，为 $0.238u_m$，比单孔射流中高 48%。分析图 5-18（a）～图 5-18（d），发现特征剖面内 w^* 值曲线减小的趋势随着特征剖面内射流间相互作用的增大而逐渐减弱，在图 5-18（c）和图 5-18（d）中，w^* 分布近乎为一条水平的直线。

图 5-19 所示为 P2JH18 与 P1JH3 工况中特征剖面内 $-\overline{u'w'}$ 分布对比。图 5-19 中，将 P2JH18 工况中各特征剖面雷诺应力值与有限空间中单孔射流相同位置剖面内雷诺应力值进行对比，其呈现出与图 5-17 和图 5-18 相同的变化特征，即远超单孔射流中特征剖面内的雷诺应力。分析图 5-19（a），P2JH18 工况中 $11D$ 剖面内雷诺应力值分布曲线呈先增大后减小，而后又升高的趋势；而 P1JH3 工况中 $11D$ 剖面内 $-\overline{u'w'}$ 则呈先增大后一直减小的趋

势。产生这种现象的原因在于，当统计区域逐渐向右射流区域逼近时，受到的射流间的相互作用随之增强，紊动掺混的剧烈程度增加，导致雷诺应力值攀升。此外，比较雷诺应力峰值大小，P2JH18 工况中 $11D$ 剖面内雷诺应力峰值出现在 $z=0.3z_{m/2}$ 处，为 $0.0233u_m$；P1JH3 工况中 $11D$ 剖面内雷诺应力峰值的位置较为靠后，为 $z=0.54z_{m/2}$，其峰值仅占 $0.0233u_m$ 的 39%。类似的变化规律也存在于图 5-19（b）中。但是，当射流间相互作用增加时，P2JH18 工况中 $13D$ 与 $14D$ 剖面内的雷诺应力值则整体呈现出大幅增加的趋势 [图 5-19（c）和图 5-19（d）]。

为更深入地探寻 P2JH18 工况中各特征剖面内紊动量的分布规律，图 5-20 给出了 P2JH18 工况中各特征剖面内的紊动量分布。从图 5-20 中可以看出，各特征剖面内紊动量分布均不满足自相似性，且随着射流间相互作用的增加，u^* 和 $-\overline{u'w'}$ 实测值均增幅显著 [图 5-20（a）和图 5-20（c）]。观察图 5-20（b）后发现，w^* 值虽然也随射流间相互作用的增加而递增，但涨幅较小，表明射流间相互作用对 w^* 分布的影响较弱。

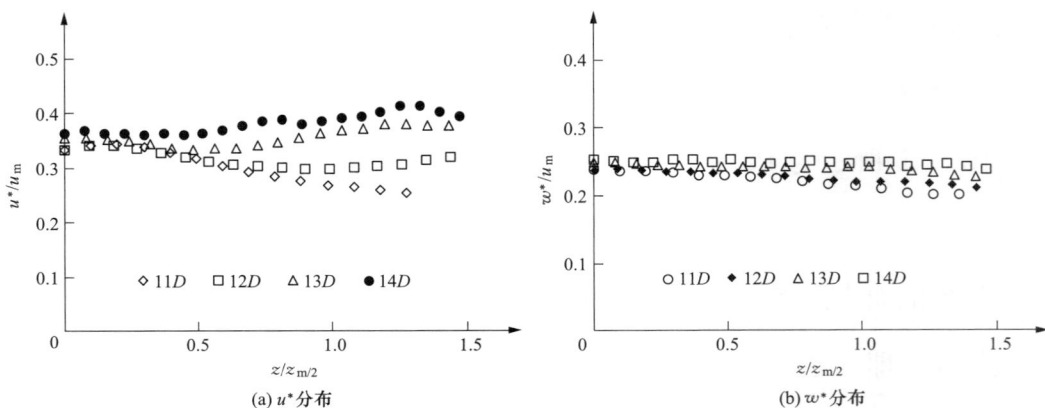

(a) u^* 分布 　　　　　　(b) w^* 分布

图 5-20　P2JH18 工况中各特征剖面内紊动量分布（一）

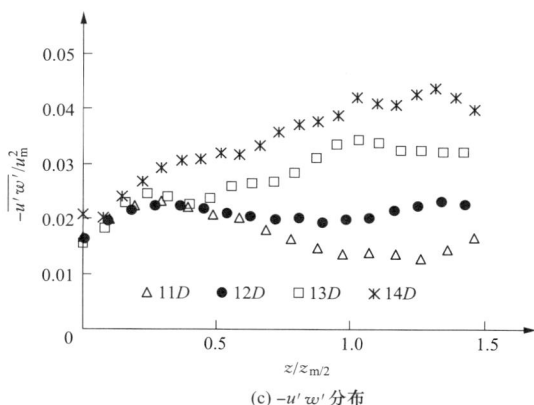

(c) $-\overline{u'w'}$ 分布

图 5-20 P2JH18 工况中各特征剖面内紊动量分布（二）

5.5.2 错距对相向掺混区紊动特性的影响规律

为掌握错距对各工况中相向掺混区紊动特性的影响规律，选取左射流 13D 剖面作为典型剖面，绘制不同错距条件下典型剖面内的紊动量分布，统计工况为 P2JH13、P2JH18、P2JH19、P2JH20、P2JH21，并与 P1JH3 工况中典型剖面内紊动量分布做对比，见图 5-21。

图 5-21（a）所示为不同错距条件下典型剖面内 u^* 分布。由图5-21（a）可知，各工况中典型剖面内 u^* 分布曲线不重合，不具有相似性，对错距的依赖程度相当大，其随着错距的增加而减小。当 $d/s＝0.05$ 和 0.10 时，u^* 分布曲线皆位于其他曲线的上方，其变化趋势与图 5-17（c）中一致。不同的是，P2JH13 工况中 u^* 峰值为 $0.496u_m$，比 P2JH18 工况中实测峰值高 40%，表明由于 P2JH13 工况中射流间存在极强的相互作用，掺混剧烈，纵向紊动强度显著提升；随着错距的增加，射流间的相互作用随之减小，各工况中典型剖面内 u^* 分布曲线呈降低趋势，与 P1JH3 工况中实测 u^* 分布曲线走势基本一致。分析其原因，由于错距扩大，导致主射流轴线之间的区域

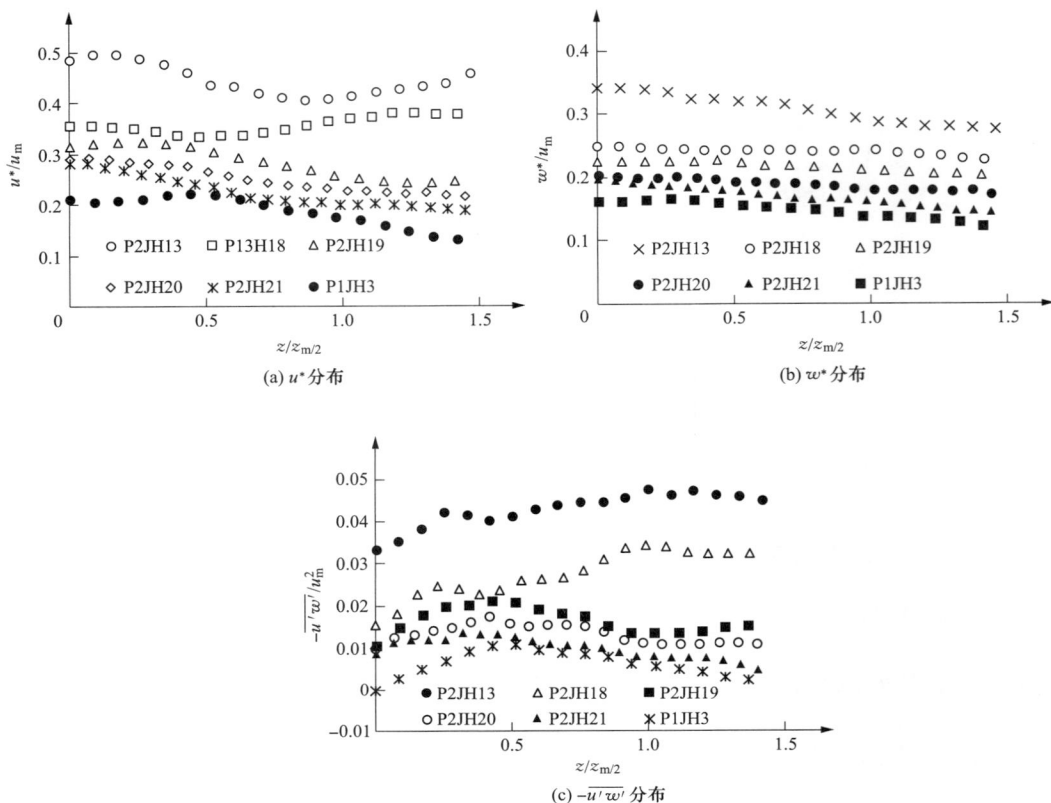

(a) u^* 分布

(b) w^* 分布

(c) $-\overline{u'w'}$ 分布

图 5-21   不同错距条件下左射流中 $13D$ 剖面内紊动量分布

被拓宽，参与相互作用的流体相对较少，使射流间的相互作用发生不同程度的衰减，而图 5-21 的统计范围为 $0 \leqslant z/z_{m/2} < 1.5$，在 $1 < z/z_{m/2} < 1.5$ 区域内，统计区域逼近射流间的相互作用区域，但是由于射流间的相互作用减弱，故并未形成 P2JH13 和 P2JH18 工况中 u^* 值分布曲线突然向上翘起的现象，而是呈平缓下降的走势，表明在统计区域内紊动掺混剧烈程度降低。同时值得注意的是，P2JH21 工况中 $13D$ 剖面内 u^* 值实测结果已经比较接近于 P1JH3 工况中相同剖面内的 u^* 值，特别是在 $0.5 \leqslant z/z_{m/2} \leqslant 1$ 区域内，两者的实测数据点几乎重合。

图 5-21（b）所示为不同错距条件下典型剖面内 w^* 分布。由图 5-21（b）可知，各工况中典型剖面内 w 实测值分布曲线均不重合，其变化走势在统计区域内都呈下降趋势。同时发现，随着射流间相互作用的减小，曲线逐渐向 P1JH3 工况中实测 w^* 分布曲线靠拢。

图 5-21（c）所示为不同错距条件下典型剖面内 $-\overline{u'w'}$ 分布。各工况中典型剖面内实测雷诺应力分布曲线的变化规律与图 5-21（a）中基本一致，此处便不再赘述。

进一步综合分析图 5-21（a）～（c），就紊动强度和雷诺应力而言，P2JH13、P2JH18、P2JH19、P2JH20 工况内测量结果均明显大于 P2JH21 工况内测量结果，且 P2JH21 工况内实测紊动量分布非常靠近有限空间中单孔射流相同位置剖面内的实测数据。这从相向掺混区内脉动场的角度说明，当 $0 < d/s \leqslant 0.20$ 时，射流间存在较大的相互作用。

5.5.3　流速比对相向掺混区紊动特性的影响规律

为了了解和认识流速比对相向掺混区紊动特性的影响规律，本节选择右射流作为主射流，以 $13D$ 剖面作为典型剖面绘制不同流速比条件下主射流典型剖面内紊动量分布，见图 5-22。

值得指出的是，图 5-22 统计工况为 P2JH14、P2JH15、P2JH16、P2JH17 以及 P2JH18，并与 P1JH3 工况进行对比。同时，图 5-22 中横坐标是基于右射流轴线而定的，即将右射流轴线定为零轴，此时左射流正好位于右射流零轴的负方向，为体现射流间的相互作用，将统计区域设定为 $-1.5 < z/z_{m/2} \leqslant 0$，这里的 $z_{m/2}$ 则代表右射流内侧展向半宽值。

观察右射流中典型剖面内各紊动量的分布曲线，发现流速比发生变化

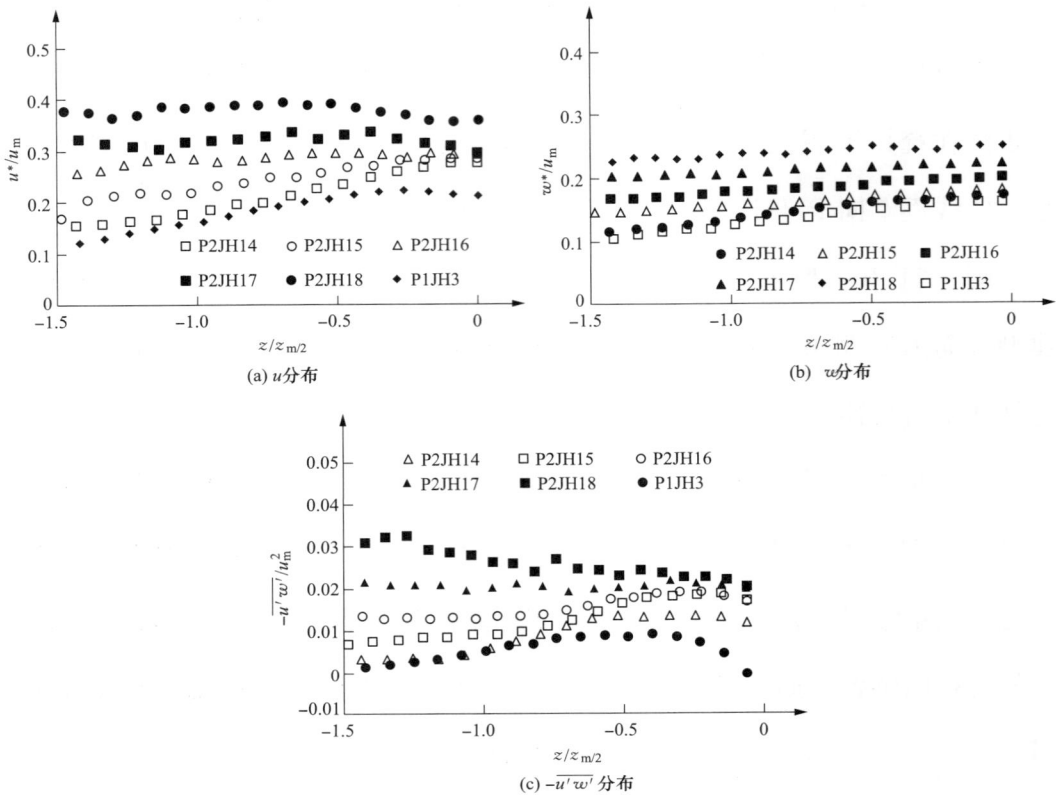

图 5-22　不同流速比条件下右射流中 $13D$ 剖面内紊动量分布

时，各紊动量分布曲线均不重合，不具备自相似性，表明各紊动量与流速比的变化密切相关。此外，各工况中主射流典型剖面内实测紊动量大小随流速比的提升而增加。同时还发现，当 $R = 0.7 \sim 1.0$ 时，典型剖面内各紊动量大小均大于 $R = 0.6$ 的实验条件；在 $-1.5 < z/z_{m/2} \leqslant 0.5$ 区域内，$R = 0.6$ 的实验工况中各紊动量实测曲线与 P1JH3 工况典型剖面内的紊动量分布曲线十分相近，甚至部分区域内已经发生了数据点重合的现象。这可充分说明当 $0.7 \leqslant R \leqslant 1.0$ 时，射流间存在较大的相互作用。

目前文献 [9] 中规定闸墙长廊道侧支孔输水系统的支孔间距宜为闸室

宽度的 0.25 倍，一般而言，在船闸输水系统的设计工作中，相邻支孔间距与支孔错距均选用相同的值。通过本章的研究，不难发现，当 $d/s=0.25$，$R=1$ 时，实测主射流内侧展向半宽值的扩展率为 0.208，主射流轨迹线速度衰减指数为 0.549，同时结合图 5-21，均能很好地说明在这种错距条件下，射流间相互作用相对薄弱，与有限空间中单孔射流的流动特性较为接近。综上所述，文献［9］规定的这个经验值在一定程度上比较保守，尚未较好地体现错孔相向射流间的相互作用。鉴于此，本书提出一个较为合理的区间，对 0.25 这个值进行适当修正，以利于闸室输水时达到更好的消能效果。

基于本书的研究成果，当 $0<d/s\leqslant0.10$ 时，两股射流错距布置较小，射流间相互作用极强，将形成比较明显的对冲现象［图 5-3（a）和图 5-3(b)］，紊动掺混剧烈，紊动强度与雷诺应力均显著高于其他工况（图 5-21），主射流轨迹线速度衰减指数均为 0.8 以上，能量耗散较快。但是，由于左、右射流轴线之间的距离狭窄，如此狭小的空间内发生强烈的掺混势必带来较大的掺混高度，一旦超出水面，将导致闸室中央水面凸起，可能使停靠船舶产生比较厉害的摇晃、颠簸等现象。同时，射流间较强的相互作用也将使主射流运动轨迹产生较大程度的偏转，从而影响周围静止流体，极易在闸室内形成斜流、回流、泡漩等不良水力现象，威胁船舶停靠安全。当错距增至 0.15 时，由图 5-3（c）可知，主射流轨迹线偏转的厉害程度减小，且在轴线之间形成一对对称的漩涡，卷吸周围静止流体一起发生掺混，各紊动量分布曲线的走势基本与 $d/s=0.20$ 和 $d/s=0.25$ 条件下基本一致（见图5-21），但实测数据点均在另两条曲线之上，表明当 $d/s=0.15$ 时，射流间仍存在较大的相互作用。同时综合式（5.1）～式（5.6），本书将 $0.15\leqslant$

$d/s \leqslant 0.20$ 作为一个较优区间，对 0.25 经验值进行优化。

另外，在船闸实际运行过程中，受阀门开启时间、双侧廊道阻力、沿程阻力系数等因素，很难保证两个错孔射流的初始入射流速一致。基于本书的研究成果，当 $0 < d/s \leqslant 0.2$，$0.7 \leqslant R \leqslant 1.0$ 时，均可获取较大的射流间相互作用。综上可确定一个比较合理的错距和流速比优化区间，为 $0.15 \leqslant d/s \leqslant 0.20$、$0.7 \leqslant R \leqslant 1.0$。

较优区间的提出，具有重要的实践意义：①可减少闸室内消能工的布设，简化输水系统布置；②能进一步提高输水系统的工作水头，扩大侧支孔输水形式的适用范围；③在船闸物理模型和数值实验中，为支孔间距实验方案的设计提供可靠的参考，减少一些不必要的实验组次，节省大量的人力、物力、财力；④可为侧支孔沿程流量分配与演化规律课题的研究提供借鉴。

本　章　小　结

为了解和认识错孔相向射流流动特性及相互作用机制，本章主要基于错距和流速比的变化，着重针对各工况相向掺混区内 u 速度剖面分布、主射流内侧展向半宽值分布和轨迹线速度衰减变化规律进行了统计分析，同时讨论了错孔相向射流的漩涡分布特性与紊动特性。结果表明：

（1）以 P2JH18 工况为例，选取 $11D$、$12D$、$13D$、$14D$ 作为特征剖面，绘制左、右射流特征剖面内的 u 速度分布，并与有限空间中单孔射流流场内相同位置剖面的 u 速度分布进行对比，表明在相向掺混区内，各剖面 u 速度分布不满足高斯方程，且不具有自相似性。由于射流间存在复杂的相互作用，u 速度分布曲线将沿射流轴线发生偏移，研究表明此偏移量随错距的增加而降低，而随着流速比的上升而增大。

（2）基于各工况相向掺混区内实测流场，研究分析错距和流速比对主射流内侧展向半宽值分布的影响规律，研究结果表明，当错距和流速比变化时，主射流内侧展向半宽值分布均服从线性方程。对于错距而言，当 $0<d/s\leqslant0.20$ 时，主射流内侧展向半宽值扩展率与错距呈指数函数关系，见式（5-1），当 $0.20<d/s<0.355$ 时，其扩展率基本为一常量，等于 0.205；对于流速比而言，主射流内侧展向半宽值扩展率对流速比变化的敏感性较差。

（3）根据各工况相向掺混区实验结果，探寻错距和流速比对主射流轨迹线速度衰减变化的影响规律。研究结果表明，改变错距和流速比，主射流轨迹线速度衰减变化均满足幂函数方程。当 $0<d/s<0.325$ 时，衰减指数与错距呈对数函数关系；当 $0.325\leqslant d/s<0.355$ 时，认为相向掺混区已经完全处于 I 区内，衰减指数与有限空间中单孔射流的衰减指数保持一致，为一常量，等于 0.468。当 $0<d/s\leqslant0.20$、$0.4<R\leqslant1.0$ 时，主射流轨迹线速度衰减指数与流速比为指数函数关系；当 $0<d/s\leqslant0.20$、$0\leqslant R\leqslant0.4$ 时，流速比很小，主射流占据绝对主导地位，副射流对主射流的影响作用可以忽略，主射流轨迹线速度衰减变化规律与有限空间中单孔射流 I 区内的相符，衰减指数为一常量，等于 0.468。

（4）基于错孔相向射流实测时均流场，应用流线分析法识别流场中的漩涡，研究得到错距和流速比对时均流场中漩涡分布特性的影响规律。对于错距而言，当 $0<d/s\leqslant0.15$ 时，存在两个逆时针旋转的椭圆形漩涡，而当 d/s 在 0.05 附近变化时，由于射流间存在极强的相互作用，将形成一对反向对称的

漩涡；随着 d/s 增加，射流间相互作用减小，将在主射流轴线之间形成一对对称的漩涡；当 d/s 超过 0.15 并继续增长时，射流间相互作用继续降低，左、右漩涡逐渐融合成单个漩涡，其纵向范围充满了整个有限空间；当 $0.325 \leqslant d/s < 0.355$ 时，射流间相互作用十分微弱，时均流场中的单漩涡将消失。对于流速比而言，当流速比较小时，主射流占据绝对主导地位，形成一对偏离主射流的椭圆形漩涡。随着流速比的增大，副射流对主射流的作用增强，左、右漩涡逐渐向主射流靠拢，且涡心点位置、漩涡范围呈现较好的对称性；当 $0 < d/s \leqslant 0.15$，$0 \leqslant R \leqslant 0.4$ 时，时均流场中左、右漩涡将消失。

（5）统计分析错孔相向射流脉动场，考察错距和流速比对相向掺混区内典型剖面内紊动量分布的影响规律。研究结果表明，在相向掺混区典型剖面内，各紊动量大小随着错距的增大而减小，随着流速比的增大而增大。综合分析错孔相向射流相向掺混区内的时均流动特性和紊动特性，得出在 $0.15 \leqslant d/s \leqslant 0.20$、$0.7 \leqslant R \leqslant 1.0$ 区域内，能获取较大的射流间相互作用，同时也可获得较好的消能效果。该区间的提出，可为船闸分散输水系统的设计提供参考。

第六章

研究总结

在船闸水力学领域内，错孔相向射流的复杂流动特性一直困扰着人们。主要原因表现在以下两个方面：一是模型实验方面，大多数已建立的船闸模型均基于实际工程，虽能够完成输水系统布置与选型、灌泄水时间、消能工布设、船舶系缆力监测等大部分内容，但由于模型设计尺度较大，无法实现对侧支孔射流的准确模拟，加之当下 ADV 仍是主要的流场测量手段，其属于单点接触式测量方式，可最大限度地准确捕捉位于探头下方 5cm 处的测点位置，势必不能实现对布置在闸室底部附近的侧支孔射流进行精准测量；二是数值模拟方面，设计者通常根据实际工程需求，更多地关注灌水过程中船舶底部的流速分布，以衡量闸室内水流条件的优劣，关于侧支孔射流流动特性的数值模拟研究较少。在射流力学领域内，以往的研究成果大多集中于半无限或无限空间内的单孔壁面射流或者多孔单向射流，目前对于相向射流流动特性仍知之甚少。因此，对错孔相向射流流动特性展开深入的研究具有极为重要的理论意义与工程实践价值。

鉴于目前没有一套装置能够准确模拟船闸侧支孔射流，本书设计了一套错孔相向射流实验系统（主要由射流实验系统和供回水系统组成）。通过对计算速度场的稳定性分析表明，该实验系统十分稳定，可长时间提供稳定、可靠的恒定水流。在此基础之上，本书采用二维 PIV 系统，结合理论分析，对有限空间中单孔射流和错孔相向射流进行了研究。主要研究成果如下：

（1）基于最大速度衰减规律，研究发现在有限空间中单孔射流流场内，沿射流方向具有 3 个明显不同的衰减区，依次划分为自由边界下的三维壁面射流区（Ⅰ区）、垂直挡板影响区（Ⅱ区）和近壁区（Ⅲ区）。

（2）对Ⅱ区内 u 速度分布进行统计分析，其变化规律与水深和雷诺数无关。在水平面内，u 速度分布服从高斯方程；中垂面内则满足 VERHOFF 解。同时，各剖面具有较好的相似性。在此基础之上，根据自相似理论，采用积分法和量纲分析法，导出了速度半宽值与最大速度衰减的理论公式。其中，速度半宽值分布服从线性方程，最大速度衰减服从幂方程，并通过实验数据确定了公式中的常系数。

（3）在Ⅱ区内，实测垂向半宽值扩展率 $\mathrm{d}y_{m/2}/\mathrm{d}x = 0.043$，其与雷诺数和水深的变化无关，中垂面虚源位置 O_2 位于 $x = -14.19D$ 处；展向半宽值扩展率 $\mathrm{d}z_{m/2}/\mathrm{d}x$ 虽与雷诺数无关，但对 $0.5H$ 的递增较为敏感。在 $H \sim 1.25H$ 范围内，$\mathrm{d}z_{m/2}/\mathrm{d}x = 0.205$，水平面虚源位置 O_1 位于 $x = 7.56D$ 处；当水深递增 0.5 倍时，$\mathrm{d}z_{m/2}/\mathrm{d}x = 0.27$，虚源位置 O_1' 位于 $x = 8.04D$ 处。结果表明，在船闸起始水深环境中，$0.5H$ 的递增更有利于射流的扩散。同时，由于二次流结构的作用，$(\mathrm{d}z_{m/2}/\mathrm{d}x)/(\mathrm{d}y_{m/2}/\mathrm{d}x) = 4.78 \sim 6.28$。

（4）实测Ⅱ区内最大速度衰减对水深的变化并不敏感，衰减指数 $n = 1.095$，与理论推导的结果相差不大。较之半无限空间中相同区域内的流动，最大速度衰减明显加快，能量耗散加剧。此外，对Ⅱ区脉动场中的紊动强度和雷诺应力进行统计分析，发现各紊动量的分布变化均与雷诺数和水深无关，且具有较好的自相似性。将Ⅱ区内时均流动特性和紊动特性与半无限空间中单孔三维壁面射流径向型衰减区流动特性进行详细比较，发现Ⅱ区与之相似，可将Ⅱ区视为提前进入径向型衰减区。

（5）根据近壁区内流动特性的实测结果，研究发现水平面内速度剖面分布波动较为强烈，而中垂面内速度剖面分布则具有较好的自相似性，但越逼近垂直挡板，这种自相似性将不再存在，类似的规律也出现在脉动场中各紊动量的分布变化。在近壁区内，二次流结构的影响效应被极大削弱，较之Ⅱ区，展向半宽值减小，垂向半宽值增大；最大速度衰减对水深依赖程度较低，且观测到明显的回流现象；此外，通过分析射流流场速度矢量分布，总结了射流撞击垂直挡板之后的流动特性，亦即在水平面内将形成角落射流，中垂面内则形成沿垂直挡板向上的附壁射流。

（6）利用直接拍摄法和油流法，拍摄记录特征时刻下错孔相向射流运动和掺混的全部过程。据此总结错孔相向射流的掺混机制：当两股射流相遇后但还未充分发展前，掺混机制的主体为两股相向运动的射流；而当充分发展之后，掺混机制的主体转换为两股相向运动的射流、射流与周围静止的水体。此外，根据错孔相向射流的实验现象，将错孔相向射流流场划分为未受影响区和相向掺混区。根据各区的掺混特征，绘制特征剖面内紊动能分布，并与有限空间中单孔射流流场内相同位置剖面内的紊功能分布进行比较，发现特征剖面紊动能分布在未受影响区内呈单峰形，而在相向掺混区内则呈明显的双峰形分布。两者展现出不同的紊动能分布规律，表明本书提出的分区结构是合理的、可靠的。

（7）基于未受影响区和相向掺混区不同的掺混机制，采用无量纲轴线紊动能 k_d 的数学模型，较为准确地识别了两个区域分界点（div1 与 div2）的纵向位置。同时结合 div1 与 div2 位置附近剖面的紊动分布规律，论证了该数学模型具有较高的计算准确性。另外，计算结果还探明了错距和流速比是影响错孔相向射流流动特性的关键控制因子。根据各工况中 div1 与 div2 纵向位置计算结果，提出了相向掺混区长度 l_v 的概念，建立了相向掺混区长度与错距、流速比之间的关系，两者均满足线性关系。

（8）通过对比错孔相向射流与有限空间中单孔射流流场内特征剖面的 u 速度分布特征，发现错孔相向射流在相向掺混区内，各剖面 u 速度分布并不对称，不满足高斯方程，也不具有自相似性。因受射流间相互作用的影响，u 速度分布曲线将沿轴线产生偏移，错距越小，偏移量越大，而流速比越小，偏移量却大大降低。

（9）根据各工况相向掺混区内实测流场，研究分析错距和流速比对主射流内侧展向半宽值分布的影响规律，研究结果表明，当 $0<d/s\leqslant0.20$ 时，主射流内侧展向半宽值扩展率与错距呈指数函数关系；当 $0.20<d/s<0.355$时，其扩展率等于 0.205；而主射流内侧展向半宽值扩展率对流速比变化的敏感性较差。

（10）基于各工况相向掺混区的实验结果，探讨了错距和流速比对主射流轨迹线速度衰减变化的影响规律。研究结果表明，当 $0<d/s<0.325$ 时，主射流轨迹线速度衰减指数与错距呈对数函数关系；当 $0.325\leqslant d/s<0.355$ 时，主射流轨迹线速度衰减指数等于 0.468；当 $0<d/s\leqslant0.20$、$0.4<R\leqslant1.0$ 时，主射流轨迹线速度衰减指数与流速比呈指数函数关系；当 $0<d/s\leqslant0.20$、$0\leqslant R\leqslant0.4$ 时，衰减指数则为一常量，等于 0.468。

（11）基于错孔相向射流实测时均流场，应用流线分析法识别流场中的漩涡，研究得到错距和流速比对时均流场中漩涡分布特性的影响规律。对于错距而言，当 $0<d/s\leqslant0.15$ 时，存在两个逆时针旋转的椭圆形漩涡，而当

d/s 在 0.05 附近变化时，由于射流间存在极强的相互作用，将形成一对反向对称的漩涡；随着 d/s 增加，射流间相互作用减小，将在主射流轴线之间形成一对对称的漩涡；当 d/s 超过 0.15 并继续增长时，射流间相互作用继续降低，左、右漩涡逐渐融合成单个漩涡，其纵向范围充满了整个有限空间；当 $0.325 \leqslant d/s < 0.355$ 时，射流间相互作用十分微弱，时均流场中的单漩涡将消失。对于流速比而言，当流速比较小时，主射流占据绝对主导地位，形成一对偏离主射流的椭圆形漩涡。随着流速比的增大，副射流对主射流的作用增强，左、右漩涡逐渐向主射流靠拢，且涡心点位置、漩涡范围呈现较好的对称性；当 $0 < d/s \leqslant 0.15$，$0 \leqslant R \leqslant 0.4$ 时，时均流场中左、右漩涡将消失。

（12）根据错孔相向射流脉动场的测量计算结果，探讨了错距和流速比对相向掺混区内典型剖面内紊动量分布的影响规律。结果表明，在相向掺混区典型剖面内，射流间相互作用越强，紊动掺混越激烈，各紊动量实测值越大。综合分析错孔相向射流相向掺混区内的流动特性，提出了一个较优的错距和流速比区间，即 $0.15 \leqslant d/s \leqslant 0.20$、$0.7 \leqslant R \leqslant 1.0$，可为船闸分散输水系统的设计提供参考。

参 考 文 献

［1］交通运输部 . 2017 年交通运输行业发展统计公报［EB/OL］. http：//xxgk. mot. gov. cn，2018.

［2］交通运输部 . 2019 年 1 月水路货物运输量［EB/OL］. http：//xxgk. mot. gov. cn，2019.

［3］长江航务管理局 . 三峡航运工作会议［EB/OL］. https：//www. sxthj. org. cn，2017.

［4］李云，胡亚安，宣国祥，等 . 国家高等级航道网通航枢纽及船闸水力学创新与实践［J］. 水运工程，2016（12）：1-9.

［5］宣国祥，李君，黄岳，等 . 中水头巨型船闸闸墙长廊道侧支孔输水系统水动力学研究［J］. 水运工程，2016（12）：36-41.

［6］卡洽诺夫斯基 . 船闸水力学［M］. 华东水利学院水道及海港教研组，译 . 北京：水利出版社，1957.

［7］德乌斯 . 通航船闸［M］. 陈士荫，金煜，译 . 大连：大连工学院出版社，1988.

［8］US Army Engineer Waterways Experiment Station. Hydraulic Design of Navigation Locks［S］. 1985.

［9］JTJ 306—2001 船闸输水系统设计规范［S］. 北京：人民交通出版社，2001.

［10］HITE J E. In-chamber longitudinal culvert design for lock filling and emptying system［R］. US Army Engineer Waterways Experiment Station，Vicksburg，MS，2003：CHL TR-03-8.

［11］HITE J E，STOCKSTILL R L. Hydraulic Design of a Longitudinal Culvert for Lock Filling and Emptying Systems［J］. ASCE，Journal of Hydraulic Engineering，2004，130（5）：381-388.

[12] 刘平昌，刘德邦，韦代君．涪江莲花寺船闸阀门振动原因分析［J］.四川水利，1994，15（4）：32-35.

[13] 刘平昌．船闸廊道复合管水力学研究现状及工程应用［J］.重庆交通学院学报，1999，18（1）：75-85.

[14] 依杰里奇克．水力摩阻［M］.黄骏，夏颂佑，译．北京：电力工业出版社，1964.

[15] Delft Hydraulics Laboratory. Low-head navigation lock door filling emptying systems deve-lopped hydraulic investigation［R］. Netherlands，1973.

[16] SOUCEK E，ZELNICK E W. Lock manifold experiments［J］. Transactions ASCE，1945：110.

[17] 刘平昌，赖志堂．船闸侧墙廊道支管特性及布置研究［J］.重庆交通学院学报，1993，12（3）：8-16.

[18] 刘亚辉，罗家麟．船闸廊道复合管非稳定流的数值计算［J］.水利水运科学研究，1997（1）：55-64.

[19] 杨朝东.船闸复杂分散输水系统输水数学模型及应用研究［D］.南京：南京水利科学研究院，1997.

[20] 杨朝东，宣国祥，张瑞凯．船闸复杂分散输水系统输水数学模型研究［J］.水利水运科学研究，1997（3）：189-200.

[21] 杨朝东，宣国祥，张瑞凯.船闸输水廊道直角边缘单支孔充水阻力系数试验［J］.水利水运科学研究，1997（2）：125-130.

[22] 杨朝东，宣国祥，张瑞凯.船闸输水廊道复合管单支孔阻力系数试验［J］.水利水运科学研究，1998（4）：329-337.

[23] 须清华，连恒铎．船闸廊道复合管水力学研究阶段报告［R］.南京：南京水利科

学研究所，1965.

[24] 张瑞凯．船闸廊道复合管不稳定流水力学研究［R］．南京：南京水利科学研究所，1982.

[25] 米哈依洛夫．船闸闸室中的不稳定流及其对船只停泊条件的影响［M］．须清华，译．南京水利科学院，1961.

[26] 王蛟．不同侧支孔布置型式下的船舶系缆力数值模拟研究［D］．重庆：重庆交通大学，2015.

[27] 王涛．船闸闸底长廊道侧支孔出流特性研究［D］．重庆：重庆交通大学，2016.

[28] 宣国祥，黄岳．西江航运干线桂平航运枢纽二线船闸工程水力模型试验［R］．南京：南京水利科学研究院水工所，2006.

[29] 谭巧矛．金鸡滩水利枢纽船闸输水系统型式选择及优化研究［J］．水利规划与设计，2010（4）：22-24.

[30] 龚延庆，周华兴．大顶子山船闸输水系统设计的演变［J］．水运工程，2004（8）：44-49.

[31] 宣国祥．广西右江航运建设那吉航运枢纽船闸输水系统布置及水力特性分析［R］．南京：南京水利科学研究院，2002.

[32] 徐新敏，宣国祥．岷江东风岩船闸输水系统水力学模型试验研究［R］．南京：南京水利科学研究院，2011.

[33] 刘本芹，宣国祥．嘉陵江沙溪船闸输水系统布置研究［J］．水道港口，2009，30（5）：353-356.

[34] 李令田．九里沟双级船闸长廊道短支管输水系统设计［J］．工程与建设，2008，22（5）：635-636.

[35] 阚延炬，李君，宣国祥，等．蜀山泵站枢纽船闸输水系统水力学模型试验［J］.

水运工程，2017（9）：126-130，143.

［36］张绪进，吕伟东，刘平昌，等 . 贵港航运枢纽二线船闸输水系统水力学试验［J］. 水利水运工程学报，2012（4）：34-38.

［37］STOCKSTILL R L. Innovative lock design. Report 1 case study，New McAlpine Lock filling and emptying system，Ohio River，Kentucky［R］. US Army Engineer Waterways Experiment Station，Vicksburg，MS，1998：CHL TR-INP-CHL-1.

［38］HITE J E. New McAlpine Lock filling and emptying system，Ohio River，Kentucky［R］. US Army Engineer Research and Development Center，Vicksburg，MS，2000：CHLTR-00-24.

［39］曾涛. 渠江金盘子船闸输水系统研究［J］. 水运工程，1998（11）：20-23.

［40］刘平昌，周家俞，王召兵，等 . 渠江金盘子船闸输水系统水力学原型观测研究［J］. 重庆交通大学学报（自然科学版），2011，30（6）：1396-1399，1419.

［41］宣国祥，薛丽金，李中华. 柳江红花水利枢纽工程船闸输水系统布置［J］. 水运工程，2006（2）：74-78.

［42］赖子机，宁子秋，宣国祥，等. 右江那吉航运枢纽船闸闸底长廊道侧支孔输水系统方案水力学模型试验研究［J］. 水运工程，2007（2）：68-73.

［43］卢文蕾，陈作强. 闸底长廊道短支孔（管）分散输水系统布置［J］. 水运工程，2007（12）：103-107.

［44］何文辉 . 山区河流中、高水头船闸输水系统的选型和布置研究［D］. 四川：四川大学，2006.

［45］宣国祥，黄岳，李君 . 桂平二线船闸闸底长廊道输水系统布置研究［J］. 水运工程，2009（3）：109-115.

［46］宣国祥，黄岳，李君. 西江航运干线桂平二线船闸闸底长廊道输水系统水力学模型实验研究［J］. 水运工程，2009（5）：98-102.

［47］金国强，宣国祥. 富春江七里泷航道第二通道工程船闸输水系统布置［J］. 水利水运工程学报，2007（1）：47-52.

［48］金国强，刘本芹，宣国祥，等. 富春江船闸改扩建工程船闸输水系统布置研究［J］. 水利水运工程学报，2012（4）：60-64.

［49］陈作强，宣国祥，黄岳，等. 渠江富流滩船闸输水系统水力学模型试验［J］. 水利水运工程学报，2012（4）：82-86.

［50］吴澎，曹凤帅. 西江长洲水利枢纽 3 号和 4 号船闸总体设计［J］. 港工技术，2014，51（5）：4-9.

［51］RAJARATNAM N. Turbulent jets［M］. New York：Elsevier scientific publishing company，1976.

［52］余常昭. 紊动射流［M］. 北京：高等教育出版社，1993.

［53］董志勇. 射流力学［M］. 北京：科学出版社，2005.

［54］刘沛清. 自由紊动射流理论［M］. 北京：北京航空航天大学出版社，2008.

［55］章梓雄，董曾南. 粘性流体力学［M］. 北京：清华大学出版社，2011.

［56］ANDREOPOULOS J，RODI W. Experimental investigation of jets in a cross flow［J］. Journal of Fluid Mechanics，1984，138：93-127.

［57］SHERIF S A，PLETCHER R H. Measurements of the flow and turbulence characteristics of round jets in crossflow［J］. Journal of Fluids Engineering，1989，111（1）：165-171.

［58］SANG W L，JOON S L，SUNG T R. Experimental study on the flow characteristics of the streamwise inclined jets in crossflow on the flat plate［J］. ASME，

Journal of Turbornachinery，1994，116（1）：97-105.

［59］FERRELL G B，ABYJELALA M T. Lateral jet injection into typical combustor flowfields［J］. AIAA Journal，1984：84-0374.

［60］FERRELL G B，LILLEY D G. Turbulence measurements of lateral jet injection into confined turbulent crossflow［J］. AIAA Journal，1985：85-1102.

［61］HONAMI S，SHIZAWA T. Behavior of the laterally injected jet in filming cooling：Measurements of surface temperature and velocity/ temperature field within the jet［J］. ASME，Journal of Turbo-machinery，1994，116（1）：106-112.

［62］郭婷婷，徐忠，李少华 . 2 种角度横向紊动射流的实验分析［J］. 西安交通大学学报，2003，37（11）：1207-1210.

［63］PAPANICOLAOU P N，LIST E J. Investigations of round vertical turbulent buoyant jets［J］. Journal of Fluid Mechanics，1988，195（195）：341-391.

［64］CATALANO G D，MATHIS J A，CHANG K S. Higher-order statistics of a turbulent jet in a confined crossflow［J］. AIAA Journal，1991，29（12）：2124-2131.

［65］BARATA，JORGE M M. Fountain flows produced by multiple impinging jets in a crossflow［J］. AIAA Journal，1996，34（12）：2523-2530.

［66］KASSAB S Z，BAKRY A E，WARDA H A. Laser Doppler anemometry measurements in an axisym-metric turbulent jet［J］. Review of Scientific Instruments，1996，67（5）：1842-1849.

［67］FALCONE A M，CATALDO J C. Entrainment Velocity in an Axisymmetric Turbulent Jet［J］. Journal of Fluids Engineering，2003，125（4）：620-627.

［68］姜国强，张晓元，李炜 . PIV 在横流中的湍射流实验研究中的应用［J］. 水科学进

展，2002，13（5）：588-593.

[69] 李炜，姜国强，张晓元. 横流中圆孔湍射流的旋涡结构［J］. 水科学进展，2003，14（5）：576-582.

[70] 周丰. 动水环境中射流特性的实验和数值模拟研究［D］. 大连：大连理工大学，2007.

[71] 肖洋，雷鸣，李开杰，等. 横流中多孔射流流动特性实验研究［J］. 水科学进展，2012，23（3）：390-395.

[72] GHASEMI A，ROUSSINOVA V，BALACHANDAR R，et al. Reynolds number effects in the near-field of a turbulent square jet［J］. Experimental Thermal and Fluid Science，2015，61：249-258.

[73] NEW T H，ZANG B. On the trajectory scaling of tandem twin jets in cross-flow in close proximity［J］. Experiments in Fluids，2015，56（11）：1-12.

[74] FORTHMANN E. Uber turbulente strahlausbreitung［D］. German：Georg August University of Göttin-gen，1933.

[75] ALBERTSON M L，DAI Y B，JENSEN R A，et al. Diffusion of submerged jets［J］. Transactions ASCE，1950，115（1）：639-664.

[76] HINZE J O，ZIJNEN B G V D H. Transfer of heart and matter in the turbulent mixing zone of an axially symmetrical jet［J］. Applied Scientific Research，1949（1）：345-361.

[77] ABRAMOVICH G N. The Theory of Turbulents Jets［M］. Translated by Scipta Technical，Massa-chuetts：the MIT Press，1963.

[78] BOUSSINESQ J. Essai sur la théorie des eaux courantes［M］. Paris：Mém. prés. Acad. Sci.，1877.

[79] PRANDTL L. Bemerkungen zur Theorie der freien Tubulenze [J]. ZAMM，1942（22）：241-243.

[80] TAYLOR G I. The transport of vorticity and heat through fluids in turbulent motion [C]. Proc. Roy. Soc. 1932，A：132.

[81] TOLLMIEN W. Berechnung turbulentz Ausbreitungsvorgange [J]. ZAMM，1926（6）：468-478.

[82] GORTLER H. Berechnung von Aufgaben der freien turbulentz auf Grund eines neuen Naherung-sansatzes [J]. ZAMM，1942（22）：244-254.

[83] 张晓元，李炜，李长城. 横流环境中射流的数值研究 [J]. 水利学报，2002（3）：32-38，43.

[84] 张晓元，李炜，李长城. 均匀横流环境中铅直圆形射流数值研究 [J]. 水动力学研究与进展 A 辑，2003，18（1）：73-80.

[85] 郭婷婷，李少华，徐忠. 三维横向紊动射流流场结构的数值分析 [J]. 动力工程，2004，24（2）：244-248.

[86] 郭婷婷，李少华，徐忠. 两种近壁湍流模式对横向紊动射流尾流场的影响 [J]. 水动力学研究与进展 A 辑，2006，21（1）：20-25.

[87] 李志伟，槐文信，钱忠东. 横流中单排多孔射流的流场与浓度特性数值模拟 [J]. 中国科学：技术科学，2012，42（12）：1395-1406.

[88] 高猛，槐文信，曾玉红. 横流中垂直出流式多孔射流稀释特性研究 [J]. 华中科技大学学报（自然科学版），2018，46（6）：94-98.

[89] 肖洋. 横向流动条件下多孔水平动量射流掺混特性研究 [D]. 南京：河海大学，2005.

[90] XIAO Y，TANG H W. Numerical study of hydrodynamics of multiple tandem jets

in cross flow [J]. Journal of Hydrodynamics，Ser B，2011，23（6）：806-813.

[91] STANLEY S A，SARKAR S，MELLADO J P. A study of the flow-field evolution and mixing in a planar turbulent jet using direct numerical simulation [J]. Journal of Fluid Mechanics，2002（450）：377-407.

[92] BOERSMA B J，BRETHOUWER G，NIEUWSTADT F T M. Numerical investigation on the effect of the inflow conditions on the self-similar region of a round jet [J]. Physics of Fluids，1998，10（4）：899-909.

[93] LIN P F，WU D C，ZHU Z F，et al. Large Eddy Simulation of Micro-Particles Transport with Different Mass Flow Rate in Turbulent Planar Jet Flow [J]. Journal of Thermal Science，2012，21（6）：572-576.

[94] XU M S，YANG X L，LONG X P，et al. Large eddy simulation of turbulent flow structure and characteristics in an annular jet pump [J]. Journal of Hydrodynamics，2017，29（4）：702-715.

[95] GLAUERT M B. The wall jet [J]. Journal of Fluid mechanics，1954（1）：625-643.

[96] BAKKE，P. An experimental investigation of a wall jet [J]. Journal of Fluid Mechanics，1957（2）：467.

[97] SCHWARZ W H，COSART W P. The two-dimensional turbulent wall jet [J]. Journal of Fluid Mechanics，1961（10）：481-495.

[98] POREH M，TSUEI Y G，CERMAK J E. Investigation of a turbulent radial wall jet [J]. International Journal of Applied Mechanics，1967（6）：457-463.

[99] VERHOFF A. The two-dimensional turbulent wall jet with and without an external stream [R]. Princeton University，United States，1963：626.

［100］ LAUNDERA B E，RODI W. The turbulent wall jet ［J］. Progress in Aerospace Sciences，1981，19（79）：81-128.

［101］ LAUNDERA B E，RODI W. The Turbulent Wall Jet Measurements and Modeling ［J］. Annual Review of Fluid Mechanics，1983，15（15）：429-459.

［102］ ERIKSSON J G，KARLSSON R I，PERSSON J. An experimental study of a two-dimensional plane turbulent wall jet ［J］. Experiments in Fluids，1998，25 （1）：50-60.

［103］ GEORGE W K，ABRAHAMSSON H，ERIKSSON J，et al. A similarity theory for the turbulent plane wall jet without external stream ［J］. Journal of Fluid Mechanics，2000（425）：367-411.

［104］ AHLMAN D，BRETHOUWER G，JOHANSSON A V. Direct numerical simulation of a plane turbulent wall-jet including scalar mixing ［J］. Physics of Fluids，2007，19（6）：625.

［105］ MOHAMMED A A. On the structure of a plane turbulent wall jet ［J］. Journal of Fluids Engineering，2013（135），084502.

［106］ DEJOAN A，LESCHZINER M A. Large eddy simulation of a plane turbulent wall jet ［J］. Physics of Fluids，2005，17（2）：025102.

［107］ TANGEMANN R，GRETLER W. The Computation of a two-dimensional turbulent wall jet in an external stream ［J］. Journal of Fluids Engineering，2001，123（1）：154-160.

［108］ LI Z W，HUAI W X，QIAN Z D，et al. Numerical study of flow and dilution behavior of radial wall jet ［J］. Journal of Hydrodynamics，Ser B，2010，22 （5）：681-688.

[109] KANNA P R，DAS M K. Numerical simulation of two-dimensional laminar incompressible wall jet flow under backward-facing step [J]. Journal of Fluids Engineering，2006，128（5）：1023-1035.

[110] KANNA P R，DAS M K. Effect of geometry on the conjugate heat transfer of wall jet flow over a backward-facing step [J]. Journal of Heat Transfer，2009，131（11）：1314-1316.

[111] WU S，RAJARATNAM N. Free jumps，submerged jumps and wall jets [J]. Journal of Hydraulic Research，1995，33（2）：197-212.

[112] EAD S A，RAJARATNAM N. Plane turbulent wall jets in shallow tailwater [J]. Journal of Engineering Mechanics，2002（128）：143-155.

[113] EAD S A，RAJARATNAM N. Plane turbulent wall jets on rough boundaries with limited tailwater [J]. Journal of Engineering Mechanics，2004（130）：1245-1250.

[114] KORDI E，ABUSTAN I. Transitional expanding hydraulic jump [J]. Journal of Hydraulic Engineering，2012（138）：105-110.

[115] GUMUS V，SIMSEK O，SOYDAN N G，et al. Numerical modeling of submerged hydraulic jump from a sluice gate [J]. Journal of Irrigation and Drainage Engineering，2016，142（1）：04015037.

[116] AFZAL N，SEENA A. Analysis of apower law and log Law for a turbulent wall jet over a transitional rough surface：Universal Relations [J]. Journal of Fluids Engineering，2011，133（9）：091201.

[117] ROSTAMY N，BERGSTROM D J，SUMNER D. Anexperimental study of a turbulent wall jet on smooth and rough surfaces [J]. Journal of Fluids Engineer-

ing，2011，133（11）：111207.

[118] AFZAL N，SEENA A. Parametric analysis of turbulent wall jet in still air over a transitional rough，with asymptotes of fully rough and fully smooth wall jets [J]. Journal of Fluids Engineering，2013，135（11）：111203.

[119] SFORZA P M，HERBST G. A study of three-dimensional incompressible，turbulent wall jets [J]. Journal AIAA，1970，8（2）：276-283.

[120] NEWMAN B G，PATEL R P，SAVAGE S B，et al. Three-dimensional wall jet originating from a circular orifice [J]. Aeronautical Quarterly，1972（23）：188-200.

[121] RAJARATNAM N，PANI B S. Three-dimensional turbulent wall jets [J]. Journal of Hydraulics Division，1974，100（1）：69-83.

[122] SWAMY N V C，BANDYOPADHYAY P. Mean and turbulence characteristics of three-dimensional wall jets [J]. Journal of Fluid Mechanics，1975，71（3）：541-562.

[123] NARAIN J P. Three dimensional turbulent wall jets [J]. Canadian Journal of Chemical Engineering，1975，53（3）：245-251.

[124] DAVIS M R，WINARTO H. Jet diffusion from a circular nozzle above a solid surface [J]. Journal of Fluid Mechanics，1980，101：201-221.

[125] PADMANABHAM G，GOWDA B H L. Mean and turbulence characteristics of a class of three-dimensional wall jets-Part 1：Mean flow characteristics [J]. Journal of Fluids Engineering，1991，113：620-628.

[126] PADMANABHAM G，LAKSHMANA GOWDA B H. Mean and Turbulence Characteristics of a Class of Three-Dimensional Wall Jets—Part 2：Turbulence

Characteristics [J]. Journal of Fluids Engineering, 1991, 113 (4): 629-634.

[127] ABRAHAMSSON H, JOHANSSON B, LÖFDAHL. The turbulence field of a fully developed three-dimensional wall jet [R]. Department of Thermo and Fluid Dynamics, Chalmers University of Technology, Göteborg, Sweden, 1997: No. 97/1.

[128] WYGNANSKI I, FIEDLER H. Some measurements in the self-preserving jet [J]. Journal of Fluid Mechanics Digital Archive, 1969, 38 (3): 577-612.

[129] FUJISAWA N, SHIRAI H. Mean flow and turbulence characteristics of three-dimensional wall jet along plane surface [J]. Transactions of the Japan Society for Aeronautical and Space Sciences, 1989, 32: 35-46.

[130] KARLSSON R I, ERIKSSON J, PERSSON J. LDV measurement in a plane wall jet in a large enclosure [C] //Sixth International Symposium on Applications of Laser Techniques to Fluid Mechanics, Lisbon, Portugal, 1993, 7: 20-23.

[131] SUN H, EWING D. Effect of initial and boundary conditions on development of three-dimensional wall jets [C]. Proceedings of the AIAA Aerospace Sciences Meeting & Exhibit, 2002, 1: 2002-0733.

[132] CRAFT T J, LAUNDER B E. On the spreading mechanism of the three-dimensional turbulent wall jet [J]. Journal of Fluid Mechanics, 2001, 435 (435): 305-326.

[133] HALL J W, EWING D. Three-Dimensional Turbulent Wall Jets Issuing from Moderate-Aspect-Ratio Rectangular Channels [J]. AIAA Journal, 2007, 45 (6): 1177-1186.

［134］ HALL J W，EWING D. The asymmetry of the large-scale structures in turbulent three-dimensional wall jets exiting long rectangular channels［J］.Journal of Fluids Engineering，2007，129（7）：929-940.

［135］ POOLE B，HALL J W. Turbulence measurements in a corner wall jet［J］. Journal of Fluids Engineering，2016，138（8）：081204.

［136］ MASLOV V，MINEEV B，SECUNDOV A，et al. Experimental study of three-dimensional wall jets［J］. Dynamic Fracture Failure & Deformation，2013，2（3）：655-664.

［137］ GHOLAMREZA-KASHI S，MARTINUZZI R J，BADDOUR R E. Comparison of Far-Field Turbulent Structure of a Rectangular Surface Jet to Three-Dimensional Free and Wall Jets ［J］.Journal of Engineering Mechanics，2008，134（3）：224-233.

［138］ LAW W K，HERLINA. An Experimental Study on Turbulent Circular Wall Jets ［J］. Journal of Hydraulic Engineering，2002，128：161-174.

［139］ PANI B S，PATIL L G. Discussion of Discussion of "An Experimental Study on Turbulent Circular Wall Jets" by Adrian Wing-Keung Law and Herlina ［J］. Journal of Hydraulic Engineering，2003，129：740.

［140］ AGELIN-CHAAB M，TACHIE M F. Characteristics of turbulent three-dimensional wall jets ［J］. Journal of Fluids Engineering，2011，133：021201.

［141］ KIM M，KIM H D，YEOM E，et al. Flow characteristics of three-dimensional curved wall jets on a cylinder ［J］.Journal of Fluids Engineering，2018，140：041201.

［142］ HALL J W，EWING D. Spectral linear stochastic estimation of the turbulent velocity in a square three-dimensional wall jet [J]. Journal of Fluids Engineering, 2010, 132 (5): 1-9.

[143] NAMGYAL L, HALL J W. Coherent streamwise vortex structures in the near-field of the three-dimensional wall jet [J]. Journal of Fluids Engineering, 2013, 135 (6): 061204.

[144] PANIDIS T, SCHWAB R, POLLARD A. The role of vorticity in the near field development of sharp-edged, rectangular, wall jets [J]. International Journal of Heat and Fluid Flow, 2017, 67: 3-22.

[145] LÜBCKE H M, RUNG T, THIELE F. Prediction of the spreading mechanism of 3D turbulent wall jets with explicit Reynolds – stress closures [J]. International Journal of Heat & Fluid Flow, 2003, 24 (4): 434-443.

[146] ISHIKO K, HASHIMOTO A, MATSUO Y, et al. Numerical analysis of three-dimensional wall-jet using anisotropic turbulence model [J]. AIAA Journal, 2013, 1: 1-13.

[147] HUAI W X, LI Z W, QIAN Z D, et al. Numerical simulation of horizontal buoyant wall jet [J]. Journal of Hydrodynamics Ser B, 2010, 22 (1): 58-65.

[148] GILDEH H K, MOHAMMADIAN A, NISTOR I, et al. Numerical modeling of turbulent buoyant wall jets in stationary ambient water [J] Journal of Hydraulic Engineering, 2014, 140: 04014012.

[149] NAGENDRA S V H, NANDA P, BHAGAVANULU D. Numerical study of 3-dimensional wall jet on curved surface [J]. International Journal of Applied Engineering Research, 2017, 12 (16): 5604-5609.

[150] LI Z W, HUAI W X, QIAN Z D. Large eddy simulation of flow structure in the

near region of a circular wall jet〔J〕. Procedia Engineering，2012，31：713-722.

[151] ZHANG S，LAW W K，ZHAO B. Large eddy simulations of turbulent circular wall jets〔J〕. International Journal of Heat & Mass Transfer，2015，80：72-84.

[152] 郭婷婷，李少华，徐中. 横向紊动射流的数值与实验研究进展〔J〕. 力学进展，2005，35（2）：211-220.

[153] 芦琦玲，陈刚. 多孔紊动射流的数值模拟与实验研究进展〔J〕. 水科学进展，2008，19（1）：137-146.

[154] KUNZ R F，D'AMICO S W，VASSALLO P F，et al. LDV measurement of confined parallel jet mixing〔J〕. Journal of Fluids Engineering，2001，123（3）：567-573.

[155] PERUMAL G M，SRIDHAR B T N. Effect of wall on mixing of low speed multiple rectangular jets〔C〕. Earth & Space，ASCE，2006：1-10.

[156] LI Z W，HUAI W X，HAN J. Large Eddy Simulation of the interaction between wall jet and offset jet〔J〕. Journal of Hydrodynamics，2011，23（5）：544-553.

[157] KUMAR A，DAS M K. Study of a turbulent dual jet consisting of a wall jet and an offset jet〔J〕. Journal of Fluids Engineering，2011，133（10）：101201.

[158] MONDAL T，DAS M K，GUHA A. Transition of a steady to a periodically unsteady flow for various jet widths of a combined wall jet and offset Jet〔J〕. Journal of Fluids Engineering，2016，138（7）：070907.

[159] 李艳玲，杨永全，华国春，等. 多股多层水平淹没射流的试验研究〔J〕. 四川大学学报（工程科学版），2004，36（6）：32-36.

［160］杨忠超，邓军，张建民，等．多股水平淹没射流水垫塘流场数值模拟［J］．水力发电学报，2004，23（5）：69-73.

［161］张建民，王玉蓉，杨永全，等．水平多股淹没射流水力特性及消能分析［J］．水科学进展，2005，16（1）：18-22.

［162］DENG J，XU W L，ZHANG J M，et al. A new type of plunge pool — Multi-horizontal submerged jets［J］. Science in China，2008，51（12）：2128-2141.

［163］CHEN J G，ZHANG J M，XU W L，et al. Particle image velocimetry measurements of vortex structures in stilling basin of multi-horizontal submerged jets［J］. Journal of Hydrodynamics，Ser. B，2013，25（4）：556-563.

［164］CHEN J G，ZHANG J M，XU W L，et al. Characteristics of the velocity distribution in a hydraulic jump stilling basin with five parallel offset jets in a twin-layer configuration［J］. Journal of Hydraulic Engineering，2014，140（2）：208-217.

［165］STOCKSTILL R L，NEILSON F M，ZITTA V L. Hydraulic calculations for flow in lock manifolds［J］. Journal of Hydraulic Engineering. 1991（117）：1026-1041.

［166］STOCKSTILL R L，BERGER R C. A three-dimensional numerical model for flow in a lock filling system［C］. World Environmental and Water Resources Congress，2009，Great Rivers：2737-2746.

［167］黎贤访，李云，王勇．船闸闸墙廊道侧支孔射流研究［J］．水利水运工程学报，2011（1）：97-102.

［168］黎贤访．船闸闸墙廊道侧支孔输水系统水力学研究［D］．南京：南京水利科学研究院，2008.

［169］黎贤访，李云，邓润兴．船闸闸墙长廊道侧支孔水力特性［J］．水运工程，2015
　　　（4）：177-179，193.

［170］黎贤访．船闸分散输水系统闸室水动力学研究［D］．南京：南京水利科学研究
　　　院，2011.

［171］陈明，梁应辰，宣国祥，等．船闸输水过程三维水力特性动态仿真研究［J］．水
　　　动力学研究与进展 A 辑，2013，28（5）：559-565.

［172］陈明．船闸集中输水系统水力特性与闸室船舶系缆力数值模拟研究［D］．重庆：
　　　重庆交通大学，2013.

［173］陈明，陶园园，张星星，等．船闸输水系统多孔相向紊动射流研究综述［J］．水
　　　运工程，2016（12）：47-50，58.

［174］彭永勤，彭涛．船闸闸墙长廊道输水系统闸室三维流场数值模拟研究［J］．重庆
　　　交通大学学报（自然科学版），2015，34（3）：72-75.

［175］牛万芬．船闸输水系统三维多孔壁面射流消能特性研究［D］．重庆：重庆交通大
　　　学，2017.

［176］黄海津．船闸输水系统多孔相向紊动射流特性研究［D］．重庆：重庆交通大
　　　学，2017.

［177］陶园园．船闸分散输水系统多孔壁面射流掺混特性数值模拟研究［D］．重庆：重
　　　庆交通大学，2018.

［178］张建伟，马红越，董鑫，等．水平对置双向液体撞击流的振荡特性［J］．化工学
　　　报，2015，66（4）：1310-1317.

［179］张建伟，张学良，冯颖，等．水平对置撞击流的 POD 分析及混合特性［J］．过
　　　程工程学报，2016，16（1）：26-33.

［180］张建伟，马繁荣，张志刚，等．双组水平喷嘴撞击流反应器流场 POD 分析［J］．

化工学报，2018，69（7）：2916-2925.

[181] LI W F，YAO T L，WANG F C. Study on factors influencing stagnation point offset of turbulent opposed jets [J]. Aiche Journal，2010，56（10）：2513-2522.

[182] LI W F，YAO T L，LIU H F，et al. Experimental investigation of flow regimes of axisymmetric and planar opposed jets [J]. Aiche Journal，2011，57（6）：1434-1445.

[183] ONYSHKO P R，LOEWEN M R，RAJARATNAM N. Particle Image Velocimetry Applied to a Deflected Wall Jet [C] // Hydraulic Measurements and Experimental Methods Specialty Conference，Estes Park，Colorado，United States，2002：1-10.

[184] LANGER D C，FLECK B A，WILSON D J. Measurements of a wall jet impinging onto a forward facing step [J]. Journal of Fluids Engineering，2009，131：091103.

[185] 孙倩. 船闸闸墙长廊道输水系统灌水过程闸室水流条件模拟研究 [D]. 重庆：重庆交通大学，2017.

[186] 肖洋，雷鸣，李开杰，等. 横流中多孔射流流动特性实验研究 [J]. 水科学进展，2012，23（3）：390-395.

[187] 陈永平，田万青，方家裕，等. 波浪环境下多孔射流水动力特性试验 [J]. 水科学进展，2016，27（4）：569-578.

[188] 陈永平，孙朴，王娅娜，等. 排放角度对波浪环境中圆管射流运动和稀释特性的影响 [J]. 水科学进展，2017，28（6）：898-907.

[189] 钟强. 明渠紊流不同尺度相干结构实验研究 [D]. 北京：清华大学，2014.

[190] 钟强，王兴奎，苗蔚，等. 高分辨率粒子示踪测速技术在光滑明渠紊流黏性底层

测量中的应用 [J]. 水利学报，2014，45（5）：513-520.

[191] 陈启刚. 基于高频 PIV 的明渠湍流涡结构研究 [D]. 北京：清华大学，2014.

[192] 陈启刚，钟强. 明渠紊流中涡结构的运动规律 [J]. 水科学进展，2017，28（4）：579-587.

[193] 王浩，李丹勋，陈启刚，等. 基于图像处理的明渠紊流近壁区条带结构试验[J]. 水科学进展，2015，26（2）：257-264.

[194] 张鹏. 明渠非均匀流湍流结构研究 [D]. 重庆：重庆交通大学，2018.

[195] 张鹏，杨胜发，胡江，等. 明渠湍流涡运动尺度分布特性 [J]. 水科学进展，2015，26（1）：91-98.

[196] 杨胜发，张鹏，胡江，等. 明渠均匀流 Q 结构分布及运动特性 [J]. 水科学进展，2016，27（3）：430-438.

[197] 陈明，梁应辰，宣国祥，等. 船闸输水过程闸室船舶系缆力数值模拟 [J]. 船舶力学，2015，19（Z1）：78-85.

[198] 杨艳红，陈明，张星星，等. 高水头大尺度船闸闸室消能明沟三维水力特性数值模拟 [J]. 水运工程，2018（4）：84-90.

[199] 邹文楠，赵勇，董茳. 基于流线分析的涡旋识别 [EB/OL]. 中国科技论文在线[2006-09-06]. http：//www. paper. edu. cn/releasepaper/content/200609-99.